JN192579

正信偈講義

安田理深

第三巻

法藏館

正信偈講義 第三巻

＊

目次

第九章　曇鸞章

第十一章　善導章

凡例

一、本書の表記は、新漢字で統一した。

一、出典や経典については、左記のように略記、または本文中に略記の旨を示した。

『真宗聖典』（東本願寺出版部）→聖典

『真宗聖教全書』（大八木興文堂）→真聖全

『大正新脩大蔵経』（大正新脩大蔵経刊行会）→大正

『勧一切衆生願生西方極楽世界阿弥陀仏国六時礼讃偈』→『往生礼讃』

一、漢文とその書き下し文を同時に引用する場合は、漢文を主にし、書き下し文を（ ）に入れて併記した。

正信偈講義　第三巻

第九章　曇鸞章

13、本師曇鸞梁天子

本師曇鸞梁天子　常向鸞処菩薩礼
三蔵流支授浄教　焚焼仙経帰楽邦

本師《ほんじ》、曇鸞《どんらん》は、梁《りょう》の天子常に鸞《らん》のところに向こうて菩薩《ぼさつ》と礼したてまつる。
三蔵《さんぞう》流《る》支《し》、浄教《じょうきょう》を授けしかば、仙経《せんぎょう》を焚焼《ぼんしょう》して楽邦《らくほう》に帰したまいき。

『論註』の思想的事業とは何か

『大無量寿経』（以降、『大経』と略）の歴史的展開に寄与する曇鸞大師の事業と言えば、『浄土論註』（以降、『論註』と略）の御制作であるが、ここでたたえられているのはそのことではなく、伝説に基づいた曇鸞大師の行徳である。これは、注意しなければならない。「正信偈」の七高僧の偈文のうち、行徳についての讃歌は、龍樹菩薩と曇鸞大師のお二人である。和讃に照らせば、さらに源空上人についてもたたえられているが、「正信偈」では龍樹菩薩と曇鸞大師のお二人について、いずれも伝説によって特に行徳が述べられている。龍樹菩薩については『楞伽《りょうが》経』の懸記《けんき》の経文により、曇鸞大師については迦才の『浄土論』（『尊号真像銘文』聖典五二〇頁参照）や『続高僧伝』（大正五〇・四七〇・上～中）に従っている。

初めの二句には、南朝の天子である梁の武帝が北方に向かって曇鸞大師を菩薩と拝まれたことが述べられている。曇鸞は、中国の方であり中夏の高僧なのだが、ここでは菩薩として扱われている。伝説では、龍樹・天親と同じくインド西天の菩薩と同様に取り扱われている。龍樹・天親が菩薩であることは誰もが承認していることであるが、曇鸞もまた菩薩として尊敬されている。だから、ここで曇鸞を菩薩としているのは親鸞聖人の私的な思いからではなく、伝説が菩薩としているところに基づいておられるからである。句の数から見ても、「正信偈」の曇鸞大師は、龍樹菩薩・天親菩薩と同様に十二句である。道綽禅師になると八句になる。

人について菩薩と言うならば、その人の制作されたものは論であるはずである。しかし、曇鸞大師が制作されたのは『論註』だから論そのものではなく、論の註である。それを親鸞聖人は『註論《ちゅうろん》』と言われ、「云」でなく「曰」の文字を用いられる（『教行信証』聖典三一四頁参照）。つまり、『論註』の思想的事業に高い評価をしておられる。『論註』は、形は註であっても内容は『十住毘婆沙論』や

『浄土論』に匹敵する意義をもつと、親鸞聖人は見られたのである。『論註』は単なる注釈書ではなく、『浄土論』や『十住毘婆沙論』がそうであるように、そこには独創的なものがある。その独創的な事業を要約して、親鸞聖人は『教行信証』の「証巻」に「宗師（曇《どん》鸞《らん》）は大悲往還《おうげん》の回向《えこう》を顕示して、ねんごろに他利利他の深義《じんぎ》を弘宣《ぐせん》したまえり」（聖典二九八頁）と言われている。『論註』の中心的意義を一言であらわすならば、「正信偈」では「往還回向由他力（往《おう》・還《げん》の回向《えこう》は他力《たりき》に由《よ》る）」（聖典二〇六頁）と押さえられているように、『浄土論』に説かれている本願力の回向を他力と表現されたことである。たとえ『浄土論』があっても『論註』がないならば、そこに他力回向という意義を見出すことはできないのである。

曇鸞大師は『浄土論』を解釈して薄めるのではなく、背景を明らかにされた。学問の事業の一つに背景を浮かび出させるということがあるが、曇鸞大師は無量寿経の選択本願に照らして、『浄土論』を超えて『浄土論』の意義を明らかにされたのである。論を超えて経に立って、つまり本願に照らして論をご覧になったのである。

選択本願に立って、初めて他力回向ということが出る。『浄土論』の回向に他力という意義を見出してこそ、『浄土論』が無量寿経の歴史的展開となり、無量寿経が歩みをもつものであることを示すこととなる。天親菩薩がどう考えたかを明らかにするのではない。それなら、『浄土論』は瑜伽の論に過ぎない。無量寿経の論、無量寿経の歴史としての『浄土論』の意義を明らかにするのが、『論註』御制作の意義である。天親菩薩を超えて、天親菩薩を見ているのである。

『論註』を通せば、無量寿経と『浄土論』とは交互的意義をもつ

『論註』には「この『無量寿経優婆提舎《むりょうじゅきょううばだいしゃ》』は、けだし上衍《じょうえん》の極致《ごくち》、不退の風航なるものなり。「無《む》量寿《りょうじゅ》」はこれ安楽浄土《じょうど》の如来の別号なり。釈迦牟尼仏《しゃかむにぶつ》、王舎城《おうしゃじょう》および舎衛国《しゃえこく》にましまして、大衆《だいしゅう》の中にして、無量寿仏《むりょうじゅぶつ》の荘厳功徳《しょうごんくどく》を説きたまう。すなわち、仏の名号《みょうごう》をもって経の体《きょうのたい》とす。後《のち》の聖《しょう》者《じゃ》・婆藪槃頭菩薩《ばそばんずぼさつ》、如来大悲《だいひ》の教を服膺《ふくよう》一升の反して、経《きょう》に傍《そ》えて願生《がんしょう》の偈《げ》を作れり」（『教行信証』聖典一六八頁）とある。ここでは、『浄土論』の背景が三経であることが明らかにされている。また、『無量寿経優婆提舎』の「無量寿」という「仏の名号」が、無量寿経の体であること、つまり仏の名号が三経に一貫して説かれていることが指摘されている。この「仏の名号」は選択本願の名号であるから、親鸞聖人が「三経の真実は、選択《せんじゃく》本願《ほんがん》を宗とするなり」（『教行信証』聖典三三九頁）と言われるのは、ここによるのであろう。そして「婆藪槃頭菩薩、如来大悲の教を服膺して、経に傍えて願生の偈を作れり」と、曇鸞大師は選択本願に照らして、論をご覧になっておられるのである。

つまり『論註』を通せば、無量寿経と『浄土論』とは交互的意義をもつことになる。『浄土論』から無量寿経を照らせば、『浄土論』は無量寿経に相応するための瑜伽の教ということになるが、『論註』を通せば、つまり、無量寿経で論を照らせば、『浄土論』は我らの聖典、真宗の聖典となる。我われは、曇鸞大師によって初めて『浄土論』に触れることができるのである。特に行徳をたたえる意義が、そこにある。

天親和讃に「釈迦《しゃか》の教法《きょうぼう》おおけれど　天親菩薩《てんじんぼさつ》はねんごろに　煩悩《ぼんのう》成就のわれらには　弥陀《みだ》の弘《ぐ》

誓《ぜい》をすすめしむ」（『高僧和讃』聖典四九〇頁）とあり、これは、曇鸞和讃の「論主《ろんじゅ》の一心ととけるをば　曇鸞大師《どんらんだいし》のみことには　煩悩《ぼんのう》成就のわれらが　他力《たりき》の信とのべたまう」（同四九二頁）と対応している。『浄土論』は「煩悩成就のわれら」をして菩薩たらしめる論、「煩悩成就のわれら」のための論、本願から出た論であることが『論註』で明らかになったのである。唯識論をもって『浄土論』を照らすと瑜伽の論だが、無量寿経で『浄土論』を照らすと「煩悩成就のわれら」の論である。

『浄土論』の「普共諸衆生」の衆生とは、どのような衆生か

「願生偈」の終わりに「我《われ》論を作り、偈《げ》を説きて、願わくは弥陀仏《みだぶつ》を見たてまつり、普《あまね》くもろもろの衆生《しゅじょう》と共に、安楽国に往生《おうじょう》せん」（『浄土論』聖典一三八頁）とある。「願生偈」には一貫して「我」という字が用いられているが、その我の分際を明らかにする必要がある。曇鸞大師は『論註』の八番問答の第一問答で、「普くもろもろの衆生と共に」が、我の分際を明らかにしているとご覧になった。つまり「普くもろもろの衆生」を代表する我であるという、そういう我の分際を明らかにされたのである（真聖全一、三〇七頁参照）。

しかし「もろもろの衆生」という概念は漠然としているので、それをはっきりさせないと我の分際は決まらない。だから阿弥陀仏の本願に立ちかえって、その分際を決定するのである。本願成就の経文にかえって、決定する。「諸有」（『大経』聖典四四頁）は「あらゆる」と読むこともあるが、そう読むと、本願成就文の諸有衆生は、十方衆生と同じである。だから、「有」を三有の有と読む。三有の

衆生ということは、迷った衆生をあらわす。三有の三を「諸」と言うのである。五趣・六道や三界の生死の世界が有であり、生死する者は凡夫である。本願成就の経文の「諸有の衆生」によって、「もろもろの衆生」である「我」の分際が凡夫という限定をもった衆生であると決定される。「凡聖逆謗斉回入（凡聖《ぼんしょう》、逆謗《ぎゃくほう》、ひとしく回入《えにゅう》すれば）」（「正信偈」聖典二〇四頁）とあるが、本願成就については特に凡夫と言いあらわされているのである。本願は言葉としては『大経』に本願文として説かれているが、本願が衆生の上にリアライズ（realize）する場合、どんな状態の衆生にリアライズされるのか。凡夫とは、いかなる状態の衆生を指すのか。

　凡夫には、善悪ということがある。曇鸞大師は『観無量寿経』（以降、『観経』と略）に照らして、さらにお考えになった（真聖全一、三〇七～三〇八頁参照）。『観経』の九品は、『大経』の三輩を開いたものであるから、あらゆる衆生、衆生のあり得るあらゆる場合である。『観経』の「下品下生《げぼんげしょう》」（以降、下下品と略）は人間の限界状態を示すのであるが、そこで初めて称名が説かれている（『観経』聖典一二〇頁参照）。下下品とは悪人、悪人凡夫、悪人という状態の凡夫である。下下品のような存在、自己の本来を失っている、悪という状態にある凡夫であっても、つまり人間がいかなる状況であっても、本願に感動し得る、本願が衆生の上に成就するのである。いかに悪が重くても、それによって本願が碍げられることがない。そういう法が本願である。善悪平等の世界に衆生を転ずるのである。

　このように『論註』では、『浄土論』の「衆生」を決定するのに、背景である本願に照らして決定してある。本願は、いかなる衆生をもって機とするかと、本願の意義を尋ねることによって『浄土論』の衆生を確定する。『歎異抄』には「弥陀《みだ》の本願には老少善悪《ろうしょうぜんあく》のひとをえらばれず。ただ信心を要《よう》とすとしるべし」（聖典六二六頁）とあるが、こういうことは『浄土論』だけでははっきりしない。本願成就の機は煩悩成就の機であるということが明らかになることによって、法についても他力回向ということが明瞭になってくる。

他力の世界とは、因果一如の世界である

『論註』の八番問答には、『浄土論』の解釈だけではなく、新たな問題が提起されてある。八番問答で取り上げられているのは『浄土論』の最後にある「我作論説偈」以下の四句であるが、その解釈だけではなく、その問答は一論の要義という意義をもつ。その次第は、『大経』と『観経』（や『般若経』）、『観経』と『業道経』、業道と念仏の問題、となっていて、宿業と本願との関係が問題になっている。そこに「心に在《あ》り、縁《えん》に在《あ》り、決定《けつじょう》に在《あ》り」（『教行信証』聖典二七四頁）という三決定が出ている。これは業を超えるという意味である。三決定は、独創的な解釈であって、典拠はどこにもない。本願他力をあらわすものである。本願他力は、機である我われの側からすると、我らのためである。機を通して、本願他力が回向成就するのである。

二十九種荘厳功徳では、「観」という字が三か所に出ている。その中でも特に荘厳清浄功徳である「観彼世界相　勝過三界道」（『浄土論』聖典一三五頁）と荘厳不虚作住持功徳である「観仏本願力　遇無空過者」（同一三七頁）は、「願生偈」にとって大事なところである。「観仏本願力　遇無空過者」の

「観」は、本願が本願自身を証明しているという意味の「観」である。曇鸞大師は「不虚作住持」を解釈するのに、「言うところの不虚作住持は、本法蔵菩薩《もとほうぞうぼさつ》の四十八願と、今日阿弥陀《あみだ》如来の自在神力《じんりき》とに依《よ》る。願もって力《りき》を成ず、力もって願に就《つ》く。願、徒然《とねん》ならず、力、虚設《こせつ》ならず。力・願相符《あいかの》うて畢竟《ひっきょう》じて差《たが》わず。かるがゆえに成就と曰《い》う」（『教行信証』聖典一九八～一九九頁）と言われる。三願的証のところでは、他力というのは増上縁であり、仏願力、仏力と言ってある（聖典一九五頁参照）。つまり曇鸞大師にとっては、他力は法蔵の願力であり、また同時に阿弥陀の仏力なのである。願は未来であるが、力は現在である。未来と現在とが交互に証明する。そういう形で因果が一如である世界が、『浄土論』である。因果一如が、他力の世界である。他力の世界は、人間の努力の世界ではない。因果の交互性を明らかにするのは、『論註』の独創的な仕事である。その意味で『論註』はほとんど論と言ってよい。いろいろな点で、論の風格がある。形としては注釈であるが、内容は論と言えるものである。それを宗論という形にしたのが『教行信証』である。

曇鸞大師の『論註』がなければ、我われが『浄土論』の精神に触れることはないであろう。『浄土論』が、煩悩成就の我らの論にならない。曇鸞大師の『論註』を通して我われのものになる。曇鸞大師の御苦労に対して、満腔の謝意を捧げるために、親鸞聖人は、特に行徳を挙げられたのである。『論註』を制作することによって『浄土論』を成就する事業を、「本師曇鸞梁天子」（「正信偈」聖典二〇六頁）以下四句で述べられるのである。我われが『浄土論』に触れることができるのは、曇鸞大師によるのである。

仏道の問題は、不退転地に帰着する

先ほど触れたように、『浄土論』の背景に三経を見出されたのは曇鸞大師であるが、『浄土論』に先立って龍樹菩薩の『十住毘婆沙論』があったことを見出されたのも、曇鸞大師である。曇鸞大師が『浄土論』を註解なさるとき、その巻頭に「謹《つつし》んで龍樹菩薩《りゅうじゅぼさつ》の『十住毘婆沙《じゅうじゅうびばしゃ》』を案ずるに」（『教行信証』聖典一六七頁）と言われている。天親菩薩は瑜伽の教学の人であるけれども、曇鸞大師は四論、龍樹学派の人である。だから『浄土論』を解釈するのに、龍樹菩薩の『十住毘婆沙論』で解釈されている。

親鸞聖人は「正信偈」で曇鸞を本師と言われるが、曇鸞大師は『讃阿弥陀仏偈』で、龍樹を本師と言われる（『教行信証』聖典三一七頁参照）。なぜそう言われるかというと、曇鸞大師は『浄土論』の背景として『十住毘婆沙論』の「易行品」があることを見出されたからである。易行道を離れて『浄土論』があるのではない。易行道を受けて、易行道を基礎づける。易行の易ということを明らかにするのが、他力回向である。そうでないと易行は、わずかな努力で、という意味になる。

最初に易行を明らかにしたのは、親鸞聖人が「行巻」に引用されているように、『十住毘婆沙論』である（『教行信証』聖典一六七頁参照）。『十住毘婆沙論』は、仏道の問題を論ずる。仏道の問題には、これでおしまい、これで済んだ、ということがない。その無限の道に、人間がいかにして耐え得るかということが問題となったときに、不退転地が問題になってくる。大悲は無倦であるが、人間は有倦である。やり始めても、それが末徹《すえとお》らないのである。易行道は、無限の仏道を無限の仏道でなくするのではない。人間が無限の仏道に耐え得るには、不退転地が明らかになることが大切である。人間の努力では、無限の仏道に耐えられはしない。

仏道は、仏道から出発する。彼方の到着点にあるものを、出発点に奪う。目的である仏道を、自己の根拠、つまり動機に転ずる。そのときに不退転地が明らかになる。一歩一歩が仏道である。到達点がただ到達点なら、到達するまで確信できない。その間、常に退転の危険にさらされる。仏道は必ず仏道から始まるのである。不退転地に立つならば、無限に耐え得る。仏道の問題は、不退転地に帰着する。

そのようなことが『十住毘婆沙論』に出ている。十住の住は、不退転に住することである。しかし、曇鸞大師と龍樹菩薩の間には、難易二道の解釈について多少の違いがある。曇鸞大師は、「難行道は、いわく五濁《ごじょく》の世、無仏の時において、阿毘跋致《あびばっち》を求むるを難とす」（『教行信証』聖典一六七頁）と、五濁無仏の世という形で難行道を明らかにされ、さらに五つの相を挙げ「五つには、ただこれ自力《じりき》にして他力《たりき》の持《たも》つなし」（同一六八頁）と、最後はひとえに自力によると言われる。それに対して、易行道は他力とされ、難易二道の所以《ゆえん》を自力・他力で明らかにされている。他力は、仏本願力である。

曇鸞大師は、龍樹菩薩を通した無量寿経の歴史の上に『浄土論』を置かれた

五濁無仏は穢土である。穢土において阿毘跋致を求むることは、容易ではない。自力によって不退転地を得るのは容易ならないことである。「「易行道《いぎょうどう》」は、いわく、ただ信仏の因縁《いんねん》をもって浄土《じょうど》に生まれんと願ず」(『教行信証』聖典一六八頁)と言われるように、他力の世界、つまり本願力の世界において初めて成就するのである。曇鸞大師は、『論註』で「信仏の因縁」や「阿弥陀如来を増上縁とする」と言われているように、難易ということを行の「縁」を通して明らかにしておられる。

龍樹菩薩は、「行」それ自体について難易と言われる。「信方便の易行《いぎょう》」(『教行信証』聖典一六五頁)と、易行について信をもって方法とされる。曇鸞大師は、その信仏方便を因縁と改められ、「信仏の因縁」と言われるのである。本願を信ずれば、信は因となり、仏が縁となる。因縁の力が、易行である。自力は因縁でない力であるから、人間の計度《けたく》の世界である。因縁の反対は計度であり、計度が難行道である。このように曇鸞大師は、龍樹菩薩の難易二道で『浄土論』を明らかにされ、また逆に『浄土論』によって難易二道の意義を明瞭にしてこられるのである。

大切なのは、曇鸞大師も龍樹菩薩を受けておられるということである。難易二道が、無量寿経の歴史を決定した。龍樹菩薩がおられなければ、無量寿経は難行の経典であるかも知れない。龍樹菩薩において、易行の歴史が生まれた。無量寿経を易行が説かれている経典と解釈することが、無量寿経自身の待ち望んでいた解釈である。龍樹菩薩によって初めて、無量寿経は易行の大道であるということが明らかになった。

龍樹菩薩なくして、我われは無量寿経に遇えない。龍樹菩薩を通した無量寿経の歴史の上に『浄土論』を置かれたのが、曇鸞大師である。だからこのお二人がおられなければ、三経一論の歴史に遇うことができない。その御苦労をたたえて、特にこのお二人について行徳を述べられるのである。

『論註』を通して、龍樹菩薩や天親菩薩に伝承があることが見出される

曇鸞大師の讃歌である初めのこの四句で、その行徳が説かれている。次の八句「天親菩薩論註解（天親菩薩《てんじんぼさつ》の『論』、註解《ちゅうげ》して）」（「正信偈」聖典二〇六頁）以下は正《まさ》しく『論註』に基づいているが、それに先立つこの四句は伝説である。迦才の著わした『浄土論』に基づいて、曇鸞大師の行跡がたたえられてある。このように伝説を引く例として、「正信偈」では他に龍樹章がある。龍樹菩薩については『楞伽経』の伝説であるが、曇鸞大師の場合は『続高僧伝』であり、その御趣旨を前に述べたのである。

初めの二句「本師曇鸞梁天子　常向鸞処菩薩礼（本師《ほんじ》、曇鸞《どんらん》は、梁《りょう》の天子　常に鸞《らん》のところに向こうて菩薩《ぼさつ》と礼したてまつる）」（「正信偈」聖典二〇六頁）は、迦才の『浄土論』に基づいている。曇鸞大師は、地域という観点から見ると中夏の高僧である道綽や善導と同じ部類に属するが、ここでは、龍樹や天親と同格に取り扱われている。地域は中国・東夏であるが、人については地域を超えて菩薩と呼ぶのである。菩薩の御制作ということで、親鸞聖人は『論註』を『註論』とお呼びになった（『教行信証』聖典二八四頁など参照）。『論註』の内容は「論」の格である、とされる。『論註』は、註という形をとった論であるとして、親鸞聖人は「証巻」で『註論』と言われている（同頁参照）。そして親鸞聖人は、経典に対しては「言」、論に対して「曰」、釈に対しては「云」と使い分けておられるのだが、「行巻」の引用では『論註』に対して「曰」という字を使われる（同一六七頁、一九〇頁など参照）。『論註』は、本来は釈だから「云」という字を使われそうだが、「曰」であらわしておられるのである。

善導大師の名号釈にある、「言南無者」（真聖全一、四五七頁）の「言」は、仏の真言という意味である。

親鸞聖人が、曇鸞を龍樹・天親と同じように菩薩として取り扱われたのは、自分勝手にではなく、伝説を通してそうされたのである。「正信偈」では、龍樹・天親・曇鸞までは偈の数が多い。他の七高僧と曇鸞大師と、安心《あんじん》に区別があるわけではないが、曇鸞大師は教学の格が高い。『教行信証』を見ても一か所の例外（「不実の功徳」〈聖典二三八頁〉）はあるが、龍樹・天親・曇鸞は前五巻に引かれている。論家の言葉は、おおむね前五巻に限られている。

ところで、真実は方便を離れてはいない。三経一論と言うが、三経は真実として一つであるから、一経一論という言い方もできる。「化身土巻」には「三経の真実は、選択本願《せんじゃくほんがん》を宗とするなり」（『教行信証』聖典三三九頁）と親鸞聖人が言われるのは、そういう意味である。

ところが「教巻」では『大経』について、「如来の本願を説きて、経の宗致《しゅうち》とす」（『教行信証』聖典一五二頁）と言われる。本願を説くということは『大経』独自の宗であって、『観経』『小経』では本願を説かれてはいない。だから「三経の真実は」と言われる。真実という点からは、三経に区別はない。『大経』は本願を説くことが宗であり、『観経』『小経』は方便をもって、本願の真実を彰《あらわ》す。彰された真実は、すなわち『大経』の本願である。『観経』『小経』では、経典が立体的になっているのである。それが隠顕ということである。

親鸞聖人は『観経』を信心の智慧をもって照らされ、『観経』の教説に隠顕があることを見出され、さらにこのことから推して、『小経』にも隠顕があることを見出された。隠顕は廃立とは違い、隠顕という言葉自身が立体的である。真実を立体化するのは方便である。真実は、「平常心是道（平常心是れ道なり）」（『馬祖語録』）と言われるように、何も不思議なことではない。目立たず、変わらないものである。真実を立体化してくるのが方便である。三経一論と言われた場合、三経に真実が一貫している。真実が一貫しているという意味で、龍樹・天親・曇鸞の教学は格が高いのである。

道綽禅師になると初めて、直接にではなく、方便を通して真実を彰《あらわ》す。七高僧は一貫して、大聖興世の正意を彰し、如来の本誓が機に応ずることを明かすが、教学については、真実を直接に顕《あらわ》しているか、方便を通して真実を彰しているかの区別がある。そういう点から親鸞聖人は、曇鸞大師は中国の方であるにもかかわらず、インドの論師と同じに取り扱われるのである。

龍樹菩薩や天親菩薩に伝承があることは、『論註』を通して見出された。『論註』を離れて、親鸞聖人御自身が言われたのではない。伝承のあるところから、『大経』に方向を与えたのが、龍樹菩薩である。その方向というのは、易行道である。龍樹菩薩によって『大経』に方向が与えられ、そこから三経の独自の歴史が生まれた。親鸞聖人を生み出すに至る歴史が始まったのである。伝承のないところからは、思想も教学も何も生まれない。

思想は現在の問題に関係してあり、現在の問題に触れることによってもう一度根元にかえって考え直される。そこにかえって考え直す、そのかえる場所が伝承である。カントもヘーゲルも、現代のハイデッガーも、アリストテレスにかえる。かえる場所があることが、我われにとって伝承がもつ大きな意義ではないか。だから伝承によって歴史が成り立つ。伝承がなければばらばらであり、個々別々である。歴史が、前を承《う》けて次を展開する。連続が伝承である。伝承は過去を承けているが、未来を約束している。何が出るか予想がつかないが、伝承を無視すると何も出ない。

個人も伝承から生まれるのであり、伝承の歴史を離れた単なる個人はない。己証も、伝承の歴史が生み出したものである。『大経』『観経』『小経』を見ても、それらから『歎異抄』が出るとは考えられない。三経を裏から見ても横から見ても、何も出てきそうにないが、そこには伝承がある。『華厳経』や『般若経』のように深遠な思想があるわけではないが、人類の真《まこと》に響くものがある。

龍樹菩薩によって、『大経』の歴史が決定した。これまでにない易行の歴史を開いたが、しかし龍樹菩薩が『大経』を勝手に変えられたのではない。『大経』は難行の聖典とも易行の聖典とも受け取れる、というのではなく、易行として明らかにされることこそが『大経』自身の本来の面目である。龍樹菩薩が易行を見つけられたことは龍樹菩薩にとって一大事であったが、『大経』が龍樹菩薩を見つけたことは、なおさら一大事である。龍樹菩薩を得て初めて、『大経』は自己の本来の面目をあらわすことができたのである。

本当のものからは、必ず歴史が生まれる

一論の歴史は、曇鸞大師から始まる。三経の歴史は、龍樹菩薩から始まる。「願生偈」は、一応は瑜伽の論である。『浄土論』に「与仏教相応（仏教と相応せり）」（聖典一三五頁）とあるように、天親菩薩において仏教に相応する方法は、瑜伽である。そう見ると『浄土論』は、唯識の他の論に比べて

何か特別に目立つものではない。しかし、それが大きな意義をもってきた。『浄土論』の意義を明らかにするものは『教行信証』である。『教行信証』は新しい『浄土論』であると言える。これは『論註』があったからである。『論註』がなければ、我われは『浄土論』に遇えなかったであろう。

龍樹菩薩がおられなければ、『大経』は我われのための聖典、易行道の聖典にはならなかったであろう。龍樹菩薩がおられてもおられなくても『大経』に遇えるというのではなく、歴史を通して『大経』に遇うのである。歴史を通さない『大経』は、単なるbook（本）である。本には遇うも遇わないもない。出遇いは本にあるのではなく、教えにある。経は常にあり、いつでもあるものには、遇うという意義はない。いつでもあるものに今遇ったというのは、教えに遇ったのである。教えは、自己に関係するのであり、教えられたから教えと言える。自己にとって意味をもった場合が、教えなのである。その経によって教えられたとき、今、初めて経に遇うという意義が生まれるのである。

我われが『大経』の教えに遇うことができるのは、龍樹菩薩による。『大経』の特殊な歴史は、龍樹菩薩から始まった。『大経』は、歴史において今生きている。『大経』は決して過去の経典ではなく、「今現在説法」（『阿弥陀経』聖典一二六頁）の経典である。七高僧がその事実を証明している。『大経』から論・釈が生み出されたという事実が、『大経』の本願が今生きていることを証明しているのである。論・釈は歴史の荘厳であり、真の意味の歴史的文献である。死んだものは歴史を生まない。歴史が生まれたことが『大経』の真実を証明している。歴史を生まないものは、一時のものである。

本当のものからは、必ず歴史が生まれる。歴史があるがゆえに、悠々と自己を掘り下げることができる。これは、歴史への信頼である。龍樹菩薩がおられなければ、我われは『大経』に遇うことはできない。その『大経』の歴史の上に一論を置かれたのが、曇鸞大師である。『浄土論』は、瑜伽の論であるとともに、単に瑜伽の論ではなく、本願の展開としての意義をもつ。本願の歴史における『浄土論』の歴史的意義を明らかにするのが、『論註』の仕事である。『浄土論』をただ学問的に明らかにするのではなく、超越的意義を明らかにする。

『大経』の歴史としての『浄土論』があり、それが我われの『浄土論』になる。経にしても論にしても、それらが我われの教えになる。三経に遇うのは龍樹菩薩から始まり、一論に遇うのは曇鸞大師から始まる。親鸞聖人からご覧になると、我がために龍樹菩薩が出興して『大経』を明らかにされ、我がために曇鸞大師が出興して『浄土論』を明らかにされたことになるのである。龍樹菩薩や曇鸞大師が出興されたのは、親鸞聖人にとっては親鸞聖人御自身のためであったのである。

龍樹菩薩と曇鸞大師の偈の初めの方に、行跡が述べられているのは、我がためにあったということなのである。曇鸞を「本師曇鸞梁天子　常向鸞処菩薩礼」と、龍樹・天親と同じく菩薩としてあらわされている。『論註』は御制作の意義から言えば論である。龍樹・天親はインドの大乗を代表する論家であり、民衆を代表するインテリである。そのような方々が浄土教の歴史の初めに、同時に置かれているということに、浄土教が大乗仏教とともに始まっているという深い意義がある。このように見ると、『論註』は大乗仏教の上に大きな意義をもつのである。

他力や回向というような浄土教の教相は、仏教のある限られた派だけで意義をもつのではなく、大乗仏教にとって大きな意義をもつ。今、そのことが徐々に証明されてきている。もし今、日本人が哲学辞典を作るなら、往相回向や還相回向という字を出すのではないだろうか。真宗から大乗仏教を明らかにすることが大切であり、その場合には他力回向が重要である。教えを説かれた仏陀と変わらないような思想の担い手が、菩薩である。そのような菩薩の意義を明らかにしたのが『教行信証』である。

曇鸞大師の回心を、親鸞聖人は我が身に引き付けていただかれた

曇鸞大師の偈の二行目には「三蔵流支授浄教　焚焼仙経帰楽邦（三蔵流支《さんぞうるし》、浄教《じょうきょう》を授けしかば、仙経《せんぎょう》を焚焼《ぼんしょう》して楽邦《らくほう》に帰したまいき）」（「正信偈」聖典二〇六頁）とある。これは、一行目とは違う内容の伝説である。二行目の伝説は曇鸞大師の回心である。自力の立場を捨てて他力の易行に帰せられた曇鸞大師の回心・転身を伝える伝説が、痛烈に書かれている。仙経を焼き捨てたことも、曇鸞大師の特色である。天親菩薩には、そのようなことはない。龍樹菩薩にはなかったとも言い切れないが、曇鸞大師の場合には、転身に重みがある。明確な回転《えてん》があったことがわかる。このような伝説からも、親鸞聖人は曇鸞大師を菩薩と讃嘆された。つまり、我がために回心・転身してくださったと、親鸞聖人は我が身に引き付けていただかれた。親鸞聖人は御自身の体験に照らして、曇鸞大師の転身の伝説を深い感銘をもってたたえられたのである。

「真仏土巻」に引用されているように、曇鸞大師は『讃阿弥陀仏偈』の中で、「本師《ほんじ》龍樹《りゅうじゅ》摩訶薩《まかさつ》」

（『教行信証』聖典三一七頁）と言っておられる。龍樹菩薩の『十住毘婆沙論』をもって、『浄土論』の位置を決定されている。そもそも曇鸞大師は、四論宗において出家された。四論とは、龍樹菩薩の『中論』『十二門論』『大智度論』、および提婆の『百論』の四つの論を指す。その意味では『論註』は、根本命題を諸法皆空とする般若の立場にある。曇鸞大師は、諸法皆空を学ばれた。しかし、伝説によると、『大集経』の註解を書く志を起こされたが、病気になられたために、まず長生不死の法を求められたということである。その法を南方の揚子江流域に求められた。梁の天子も南方である。曇鸞大師は、陶隠居の仙経の噂を聞き、南方に長生不死の法を求めて仙経十巻を得られた。まず健康になって、長生きするようになってから註解を書こうということであろう。そして戻ってこられると、菩提流支三蔵に遇われた。ここでかなり得意気に話されたのであろう。菩提流支、笑って答えて曰く、とある。冷笑して、まだそんなところにおるのか、長生が得たければ仏教こそ真の長生不死の法であるとして、『観経』を授けたと言われている。

曇鸞大師がまず健康になろうとしたというのは、迷い始めたということである。四論から出た方なのだから、真空妙有を学んだはずである。そういう人でさえも、たまたま病になると迷い始めるのである。なぜ迷うかはわからないが、しかしそれが現実である。親鸞聖人にも、迷い始めたという体験がおありになったのであろう。だから、曇鸞大師が迷い始められたことが、親鸞聖人には我がこととして身に沁みて感じられたのではないか。それまでは仏教を学んでいたつもりでいた。しかし、現実には迷い始めるのである。龍樹菩薩の空は否定であるが、否定をも否定する否定である。論理的否定ではなく、存在の否定である。それが回心懺悔である。分別が廃《すた》るところまで、分別を否定した。般若は、真宗の教学で言えば第十八願の世界である。その世界は、第二十願の回心懺悔を通さないと触れることができない世界である。分別の否定は、刀折れ矢尽きた世界である。軍門に降《くだ》ると言うが、軍門が自己自身であった。この分別が廃る世界が、曇鸞大師にはわかっておられなかったのではないか。般若を抽象的に理解しただけで、具体的には自分の智慧になってはいなかったのである。それで『大集経』という具体性を求められたのであろう。『論註』を見ると、その癖が残っているのがうかがえる。

仏法不思議と神秘的な不思議

曇鸞大師は「南無不可思議光」（真聖全一、三六五頁）と言われる。天親菩薩は「帰命尽十方　無碍光如来」（『浄土論』聖典一三五頁）と言われる。天親菩薩は『浄土論』では「阿弥陀」の字を使っておられ、「故我願生彼　阿弥陀仏国」（同一三七頁）、「願見弥陀仏」（同一三八頁）と言われ、「尽十方無碍光」（同一三五頁）とあらわしておられる。それに対して曇鸞大師は、「不可思議」（『教行信証』聖典二八二頁）とあらわしておられるのである。親鸞聖人は、「阿弥陀」の意義を「無碍」と「不可思議」であらわされる。「真仏土巻」では、初めは「不可思議光如来」（同三〇〇頁）、終わりは「無碍光如来」（同三二三頁）となっており、「正信偈」では「帰命無量寿如来　南無不可思議光」（聖典二〇四頁）となっている。曇鸞大師の信仰体験を代表するのは、「不可思議」ではないか。

曇鸞大師は『論註』に「五種の不可思議あり」（『教行信証』聖典三一五頁）という説を出されている。『浄土論』では「荘厳功徳」を天親菩薩が自ら解釈されて、「不可思議力《りき》を成就せるがゆえに」（聖典一三九頁）と言われているが、曇鸞大師はそれを解釈するのに『大智度論』の「五種不思議」をもって、仏法不思議を明らかにされている。『浄土論』の不可思議力は仏法不思議をあらわすのだと解釈し、不可思議に力点を置かれるのである（『教行信証』聖典三一五頁参照）。

曇鸞大師の不可思議の中には仏法ではない不可思議も多少あり、これは不可知という意義をもった不思議である。その一方で、仏法不思議はわかったことを不思議と言う。合理・不合理を超えているのが仏法の不可思議であり、それに対して他の四種の不思議は不合理的不思議、神秘的な不思議である。曇鸞大師は、神秘的な不思議に関心がおありだったのではないか。神秘的な不思議に迷い、またそれを回転するところに、神秘的な不思議を超えて平常的な不思議である仏法不思議に出遇われた。曇鸞大師の転身を、このように読み取ることができるであろう。

龍樹菩薩の『中論』の「中」の意味は、「空」と同じである。「空」は「妙有」とも言うが、「妙」は不可思議ということである。般若の教学では「妙有」は「空」であると言うが、ただ「空」を考えるだけではない。一番近い「空」は、「私」がタートザッヘ（Tatsache）、つまり事実として存在していることにある。「私」は、事実的に存在している。あらゆるものが、事実から出発しなければならない。私の存在は事実である。事実が最後の道程であり、いかなる理論も事実を曲げるわけにはいかない。事実は出発点にして到達点であり、一番近いものである。「空」は最も近い事実であり、かつ一番遠いもの、深遠なものである。最も近いものが、最も深遠なのである。「空」が、私という事実の実相であり、「空」と私との事実を不思議と言う。不思議を向こう側へ置くと、不思議にはならない。最も遠い「空」が、一番近い私という存在の事実として成就しているのが、不可思議である。自己自身が、不可思議である。般若の立場では、自己自身の心が「空」で不可思議であることが、大乗の安心である。合理の分別も非合理の分別も完全に捨てたところに、不可思議に触れるのである。しかし曇鸞大師の場合には、不可思議を多少神秘主義的に考えられたのではないか。

曇鸞大師は龍樹菩薩の教学を学ばれたが、その学びは仏法の神秘主義的理解ではなかったか。神秘主義は、人間の分別から始まる。神秘主義は、矛盾の極限を超えようとする。理性と感情、あるいは自由と必然というような、分別から出た矛盾を超えようとするとき、分別で超える道はない。分別から出た矛盾を、分別で超えようとするのが、神秘主義である。仏道の人間的理解を、一方の究極的な形で押さえると、神秘主義になる。神秘主義をあらわす概念は、いくらでもある。矛盾の一致、パラドクス（paradox）など、これらは結局、神秘主義ではないだろうか。

曇鸞大師は龍樹菩薩を学んだけれども、結局はわからなかった。回心懺悔することなく「空」に触れるのが神秘主義である。これは回心懺悔ではなく、七花八裂（ばらばらに砕け散ること）である。絶対矛盾に死ぬことなく生きるのが、神秘主義である。曇鸞大師は、仏教を学んでいたけれども頭で学んでいた。自己の魂にまで深く仏教に触れたというのが本当の般若、回心懺悔である。曇鸞大師はそこまでいかれなかった。長生不死とは、外道一般をあらわす。学んでいるのは般若であるが、立場は外道であった。

『観経』は、曇鸞大師という人間の骨髄までをも仏道たらしめた聖典である

仏道の外なる道としての外道は仏道以外の道として自己の外にあるが、仏道を外れるという意味での外道は仏道を歩もうとする自己にある。歩もうとする道は仏道であっても、道を外れるなら、外道は自己にある。仏法を学ぶ自己に、外道はあるのである。仏教の思想を頭で学んでいるが、本人の立場は外道である。仏道の中に入ってはいるが、自己は仏道を外れている。仏道を学ぶことは、仏道が自己となることである。仏道が自己となるまで学ぶことは、容易ではない。だから、たまたま病気になって人生の無常をはじめとする人生全体に悩み始めると、迷って仙経のような外道を求める。これは馬脚があらわれたのである。自己は外道だった。それで、曇鸞大師は菩提流支から痛棒を喫したのである。

生きて死なないのが、外道である。仏教では、生まれたものは死ぬ。生は同時に死である。生が死であることは、奇跡でも神秘でもない。生が同時に死である者が、生が死であることに安んじることができたら、それは不可思議である。人間により分別された死が、分別する人間を脅かす。脅かされる不安から逃れるために、仙経を求める。逃れようとすれば、一層迷いを深める。菩提流支の痛棒は、曇鸞大師に出直せということであった。それゆえ、曇鸞大師に『観経』を授けたのである。

菩提流支が『観経』を授けたというのは、事実かどうかはわからない。又聞きの又聞きのようなものであるから、伝説なのである。伝説は作品である。『観経』が、曇鸞大師における頭で学んだだけの仏教を魂《たましい》の仏教にした。曇鸞大師の外なる分別の立場を回転《えてん》して内なる本願に転じた媒介が、『観経』であった。『観経』は、曇鸞大師という人間の骨髄までをも仏道たらしめた聖典であった。『観経』のことを、親鸞聖人は「化身土巻」に取り上げておられるが、曇鸞大師の伝説を取り上げたのも、親鸞聖人御自身の体験に基づくのである。

親鸞聖人は、「化身土巻」の御自釈で「しかるに濁世《じょくせ》の群萌《ぐんもう》、穢悪《えあく》の含識《がんしき》、いまし九十五種の邪道《じゃどう》を出《い》でて、半満・権実《ごんじつ》の法門に入るといえども、真なる者は、はなはだもって難《かた》く、実なる者は、はなはだもって希《まれ》なり。偽《ぎ》なる者は、はなはだもって多く、虚《こ》なる者は、はなはだもって滋《しげ》し。ここをもって釈迦牟尼仏《しゃかむにぶつ》、福徳蔵《ふくとくぞう》を顕説して群生海《ぐんじょうかい》を誘引し、阿弥陀如来《あみだにょらい》、本《もと》誓願を発《おこ》してあまねく諸有《しょう》海《かい》を化《け》したまう。すでにして悲願います。「修諸功徳《しゅしょくどく》の願」と名づく、また「臨終現前《りんじゅうげんぜん》の願」と名づく、また「現前導生《げんぜんどうしょう》の願」と名づく、また「来迎引接《らいこういんじょう》の願」と名づく。また「至心発願《ししんほつがん》の願」と名づくべきなり」（『教行信証』聖典三二六～三二七頁）と言われている。真も実もなく、あるのは偽であり虚、つまり虚偽である。人間は虚偽であり、外道である。虚偽であることは、親鸞聖人の外であり内でもあった。「真仏弟子《しんぶつでし》」（同二四五頁）と言われるが、親鸞聖人御自身には、偽の仏弟子であるという懺悔がある。それにもかかわらず、自己は真の仏弟子であるとされる。これは、深い懺悔を通した喜びをあらわす。このように見れば、虚偽は親鸞聖人御自身でもあり、比叡山の教団でもあった。たまたま法然上人に出遇って、痛棒を喫せられた。そのような親鸞聖人御自身の身近な体験が、曇鸞大師の伝説を取り上げさせたのである。曇鸞大師は、迷いを通して覚ってくださった。それゆえに、曇鸞大師の教えが親鸞聖人自身の教えになる。曇鸞大師は親鸞聖人のために迷い、迷いを転じて真実の仏道を証明してくださった。曇鸞大師が仙経を焼かれたという句には、このような深い感謝が込められていると思う。

ここまでは曇鸞大師の行徳をたたえてあるところである。「正信偈」においては、龍樹菩薩と曇鸞大師のお二人について特に行徳をたたえてある。伝説を通して、二つの意義の重要性があらわされている。一つは、龍樹菩薩が『大経』について易行を明らかにされたということの意義、もう一つは、曇鸞大師が『浄土論』を註解された『論註』の事業によって、初めてそこに自ずから三経一論が出てきたということの意義である。

龍樹菩薩によって初めて『大経』の歴史が始まり、その歴史を通して初めて我われは『大経』に接することができる。龍樹菩薩がおられてもおられなくても『大経』に接することができるのではない。それと同じく天親菩薩の『浄土論』も、もし『論註』がなければ瑜伽の論に終わったが、『論註』によって初めて浄土教の聖典となった。それで親鸞聖人は、特に曇鸞大師の行徳をたたえられるのである。

14、天親菩薩論註解

天親菩薩論註解　報土因果顕誓願
往還回向由他力　正定之因唯信心

天親菩薩《てんじんぼさつ》の『論』、註解《ちゅうげ》して、報土の因果、誓願《せいがん》に顕《あらわ》す。
往《おう》・還《げん》の回向《えこう》は他力《たりき》に由《よ》る。正定《しょうじょう》の因はただ信心《しんじん》なり。

曇鸞大師は、菩提流支を通して龍樹菩薩に本当に遇うことができた

ここからは正しく、『論註』を通して明らかにされた教学である。『論註』は、形は注釈であるが単なる注釈ではなく、本当の解釈である。だから『論註』の「論」と「註」の文字を逆倒して、「証巻」では『註論』と言われる。曇鸞大師について親鸞聖人は、人については伝記によって菩薩と言われ、その註解の制作については論と言われる。これは、上三祖として龍樹・天親と同じ格で曇鸞が取り扱われていることを示している。

我われが『大経』の精神に相応するためには、「願生偈」自体が『無量寿経優婆提舎願生偈』と題されているから、『浄土論』によることが不可欠である。しかしこの論は、瑜伽の教学をもって『大経』の教えに相応しようとするから、経は『大経』であっても瑜伽の論である。しかし曇鸞大師の『論註』は、『浄土論』によって経を明らかにするとともに、経に依って『浄土論』を明らかにしている。『浄土論』を超えて『浄土論』を見る。ここに『論註』の事業の意義がある。『論註』の事業によって初めて、『浄土論』が瑜伽の論でありつつ、同時にそれに違わず浄土真宗の聖典となることができたのである。伝説にある菩提流支の授けた浄教は、おそらくは『観経』であろうと言われている。曇鸞大師は、最初から『大経』ではなく、『観経』を通して『大経』に触れられたのである。

　そのことを親鸞聖人は御自身の深い体験を通して、特に伝説によって「三蔵流支授浄教　焚焼仙経帰楽邦」とあらわされる。曇鸞大師が仙経に迷う体験を通して仏道に帰されたことを受け取られている。形は仏道であっても、本当に内面まで仏道であることは容易ではない。内面の形の問題もある。内面の形は思想である。仏道が本当の魂にまで純化されることは、容易ではない。だから絶えず外の思想に動かされる。形は仏道であっても外の思想に動かされるということが、曇鸞大師が仙経に迷われたことにあらわれる。

　「本師曇鸞」と言ってあるが、曇鸞大師は龍樹菩薩を『讃阿弥陀仏偈』で「本師《ほんじ》龍樹《りゅうじゅ》摩訶薩《まかさつ》」（『教行信証』聖典三一七頁）と言われる。般若の立場では「空」が安心になる。考える心も「空」になるのが、純粋仏道である。だが曇鸞大師は空になれなかった。そのために、龍樹菩薩の教学の中にありつつ、仙経という外道の思想に動かされたのである。それが菩提流支に遇うことによって仏道に触れた。菩提流支が『観経』を授けたと言われるが、そのこと自身が曇鸞大師における『観経』、つまり第十九願の成就である。曇鸞大師はそのことを通して『大経』に触れられ、第二十願を通して、純粋な選択本願である第十八願に龍樹菩薩の「空」が具体化していることを覚られた。曇鸞大師は、菩提流支を通して、本当に龍樹菩薩に遇うことができたのである。

親鸞聖人の道程においても、初めから選択本願に立たれたのではなく、曇鸞大師と同様のことがあった。歩みということで、第十九願が深い意義をもつ。外から内への転入、外道から仏道への転入、聖道門から浄土門への転入、さらに浄土門の内においての三願転入と、幾重にも転入がある。それが親鸞聖人御自身の歩みである。『教行信証』の前五巻は、親鸞聖人が到達した世界であり、「化身土巻」はそこまで歩まれた道程である。そういう歩みをもつ親鸞聖人だからこそ、曇鸞大師の道程に深く共鳴されたのである。

『観経』の韋提希や阿闍世も昔話ではなく、親鸞聖人の置かれた時代が、王舎城の悲劇の現代版としての意義があった。韋提希や提婆の悲劇という構成も、親鸞聖人御自身のためであった。韋提希が道を求めたのも、親鸞聖人御自身のためである。単なる昔話ではなく、親鸞聖人は御自身を王舎城の悲劇の中に見られたのである。「正信偈」に曇鸞大師の伝説を出されるのも、自己を離れて讃嘆されたのではない。親鸞聖人御自身のためであった、といただかれたという意味があると思う。

曇鸞大師が菩提流支から授けられたのは『観経』であったのかも知れないが、『観経』を通して『大経』の本願に触れられた。「化身土巻」に「三経の真実は、選択《せんじゃく》本願《ほんがん》を宗とするなり」（『教行信証』聖典三三九頁）とある。三経を三経たらしめるものは選択本願であり、そこに立って曇鸞大師は『浄土論』を解釈され、解釈の原理を『浄土論』自身の中に見出された。その原理が、「不虚作住持功徳《ふこさじゅうじくどく》」（同一九八頁）、つまり「仏の本願力」（同頁）である。「不虚作住持功徳」に、『大経』の選択本願があらわされている。「仏の本願力」に立って、『浄土論』全体を見出す。『大経』の歴史としての『浄土論』という意義を見出すことが、『論註』の思想的意義である。『浄土論』は方便教化のための書としてではなく、浄土真宗をして浄土真宗を語らしめる書としてあることを、曇鸞大師は明らかにされたのである。

曇鸞大師は、「速」の字を手がかりとして他力とは何かを明らかにされた

曇鸞大師が天親菩薩の『浄土論』を註解されたその全体を、親鸞聖人は「報土因果顕誓願（報土の因果、誓願《せいがん》に顕《あらわ》す）」（「正信偈」聖典二〇六頁）と言っておられる。普通我われが『浄土論』と呼んでいるものは、もともとは天親菩薩によって「願生偈」と題されているものであるが、『入出二門偈』第一段には「宗師これを『浄土論《じょうどろん》』と名づく。この論をまた『往生論《おうじょうろん》』と曰《い》えり」（聖典四六〇頁）とあるように、『往生論』とも言われている。「願生偈」を『浄土論』『往生論』と言い換えるところに、『大経』に依って『浄土論』を照らす意義があらわれてくる。『浄土論』という名は『大経』の上巻の意義であり、『往生論』という名は下巻の意義である。『観経』『小経』が往生だけを説く経であるのに対して、『大経』は往生の背景として、如来浄土の因果の本願をも明らかにしている。『大経』と「大」が付くのは、そういう意味がある。上巻は「如来浄土《じょうど》の因果」（『教行信証』聖典一八二頁）を、下巻は「衆生往生《しゅじょうおうじょう》の因果」（同頁）を、つまり上巻は如来の事業を、下巻は衆生の事業を明らかにする。如来の事業は衆生をたすけることであり、衆生の事業はたすける仏法にたすけられることである。

『浄土論』と『往生論』という二つの名があるというところに、もうすでに「願生偈」が双巻経の論であることがあらわれている。『浄土論』の名が二つあることを考えると、「報土の因果」は「如来浄土の因果」であるとともに、「衆生往生の因果」であろう。一切が本願によって成就するということである。

次に「正定之因唯信心（正定《しょうじょう》の因はただ信心《しんじん》なり）」（「正信偈」聖典二〇六頁）とある。一切が本願によって成就する。そうすると最後に残る問題は「唯信心」である。論をもって経を照らすとともに、経をもって論を照らし、『浄土論』が『大経』の唯一の論であることを明らかにする。それが「報土因果顕誓願」である。報土の因果は、一応は如来の因果であろうし、本願成就の浄土であろう。しかし、本願が本願自身を成就しているのが報土であるから、その報土の救いにあずかることもまた、本願の成就である。そのことが『大経』下巻の意義である。「報土因果顕誓願」と明らかにされたのは、こういうことである。

『論註』では、重要なところに「本」の字を推す。「覈《まこと》にその本を求むれば、阿弥陀《あみだ》如来を増上縁《ぞうじょうえん》とするなり」（『教行信証』聖典一九四頁）とあるが、これは他力を明らかにしてあるところである。『浄土論』の解義分の最後に「自利利他して速やかに阿耨多羅《あのくたら》三藐《さんみゃく》三菩《さんぼ》提《だい》を成就したまえることを得たまえるがゆえに」（聖典一四五頁）と、「速」という字が出ている。「願生偈」では「速」の字が大切であり、横超をあらわす。龍樹菩薩は「疾」（真聖全一、二五四頁）と言われる。さかのぼれば『大経』の「即」（聖典四四頁）である。「即」が大切である。曇鸞大師は、「速」の字を手がかりとして他力とは何かを明らかにされた（真聖全一、三〇四頁参照。不虚作住持功徳のところに「我れ成仏せん時、我に値遇せん者《もの》の、皆速疾に無上大宝を満足せしめんと」とある）。さかのぼれば「願生偈」の偈文の中にも、すでに「速」という字が出ている。このことは、「不虚作住持功徳」の「能令速満足」（『浄土論』聖典一三七頁）の「速」の一字が、「不虚作住持」の眼目であることをあらわすのである。

親鸞聖人は、『教行信証』で他力を明らかにされるのに「不虚作住持」を出せばよさそうなものであるが、それを出されるのではなく、『浄土論』の結びの「速得成就阿耨多羅三藐三菩提」（聖典一四五頁）の「速」を解釈した、『論註』の三願的証の言葉を出された。ここは、「いま的《ひと》しく三願を取りて、もって義の意を証せん」（『教行信証』聖典一九五頁）と、三願をもって他力を明らかに証明するところである。これは『論註』の終わりにある。曇鸞大師は、『浄土論』を解釈する原理を解義分の最後の「速」に見出されたが、曇鸞大師が触れられたのは長行（解義分）の結びの「速」ではなく、偈文（総説分）の中の「速」である。

偈文は、如来の世界をたたえている。偈文の一心は「世尊我一心」（『浄土論』聖典一三五頁）である。穢土における一心が、穢土を超えている。穢土の中に如来を実現してあるのは、一心である。偈文は如来の世界をあらわし、長行はその世界の歴史をあらわす。だから、偈文を解釈することは如来を解釈することであり、それは如来が如来になった道を明らかにすることである。だから解義分と言う。総説分は如来の世界、つまり信仰の世界をあらわす。解義分は信仰の歴史をあらわす。「速」は如来の力だが、如来を証明するのは菩薩である。菩薩と言うが、それは行者である。「速」のところに、菩薩が自利利他して速やかに阿耨多羅三藐三菩提を成就することのできるのは何によってであるかが明らかにされている。

仏願の本末とは何か

天親章に「広由本願力回向（広く本願力《りき》の回向《えこう》に由《よ》って）」（「正信偈」聖典二〇六頁）とあった。「本願力回向」という句は、三経や七祖の聖教のどこにでも出てきそうに思われるが、実は天親菩薩の偈文にしかない。

親鸞聖人が「広由本願力回向」と言われたのは、誰の本願力であるか。一応は菩薩の本願力であるが、再応は如来の本願力であり、如来の本願力として菩薩の本願力が証明されたのである。『論註』に「覈《まこと》にその本を求むれば、阿弥陀《あみだ》如来を増上縁《ぞうじょうえん》とするなり」（『教行信証』聖典一九四頁）と「本」という字が出て、その後にはさらに「これをもって他力《たりき》を推《すい》するに」（同一九五頁）と「推」という字もある。「推す」とは推求すること、「本」を推求することである。「本」を推求することが学問である。『論註』の中に、真宗教学の方法が示されている。だから曇鸞大師は「末」という字は用いられていないが、「本」と言えば「末」に対して「もと」である。「本」から出た「末」だけが「本」を推し得る。ここに「本末」の意義がある。

親鸞聖人が「仏願の生起《しょうき》・本末《ほんまつ》」（『教行信証』聖典二四〇頁）と言われたのは、曇鸞大師が推された「本」に対して「末」を加えられたのである。「末」は信心である。本願を推す権利はどこにあるか。

人間が本願を論ずることができる権利を有するのは、人間自身が本願の中にあるからである。本願成就の人間であるがゆえに、本願を推すことができる。如来を他としてではなく、自己の根拠として、信心の中に信心を超えて信心を成就する力として、本願が議論されている。

信心の他に、如来を議論するのではない。如来を信心の中に発見したのが、願である。「末」の信心における自己解釈が、「本」の本願である。この本願と信心という関係が「本末」である。「本」の成就としての「末」があり、これは信心の体験である。しかし、「末」において「本」を証明するのは、学問である。体験の学である。

「仏願の」「本末」ということに、意味があると思う。衆生往生の因果は「末」であり、如来浄土の因果は「本」である。『大経』の上巻の意義と下巻の意義は「本末」である。「本」によって「末」を成就し、「末」によって「本」を明らかにする。如来の本願が成就するとは、如来の本願が如来として成就するということである。それが、浄土である。しかし、如来の本願が、衆生を成就するという意味もある。

『浄土論』に「回《え》向《こう》を首として大悲心を成就することを得たまえるがゆえに」（聖典一三九頁）とあり、回向と大悲が出ている。大悲は心であり、回向は行である。心から言えば大悲であり、行から言えば回向である。大悲心が大悲心として成就する道が、回向である。しかし、成就の意味が二つある。如来の大悲が満足した成就もあるが、この場合の「成就」は衆生にかかるのではないか。如来の大悲心が、衆生に徹底するのである。衆生に徹底した大悲心は、信楽である。

「信巻」の信楽釈には、もっぱら『涅槃経』に依って、「「信楽《しんぎょう》」というは、すなわちこれ如来の満足大悲・円融無碍《えんゆうむげ》の信心海なり」（『教行信証』聖典二二七頁）と、信心は大慈悲心であることが明らかにされている。如来の大悲心が、衆生の上に信楽として円融満足している。そのように見ると、回向は欲生である。衆生を如来の大悲心に目覚めさせるはたらきが、回向である。大悲の本願（『弥陀大悲の本願を開闡《かいせん》す」（『教行信証』聖典二三一頁参照））が、衆生に成就する。本願の成就ということは、内には如来に成就し、外には衆生に成就するという、二重の意義をもつ。

衆生として仏が成就すれば、成就された仏は衆生となった仏となる

「報土因果顕誓願」に「報土」とあるが、「真仏土巻」を見ると「大悲《だいひ》の誓願《せいがん》に酬報《しゅうほう》する」（『教行信証』聖典三〇〇頁）と言われる。文学的には荘厳と言い、学問的には酬報と言われている。「大悲の誓願」に酬報すると言われることが、大切である。第十七願と合わせて第十二願、第十三願を「大悲の誓願」と言われる。これらの三願は浄影寺慧遠によって「摂法身の願」と呼ばれているように、如来自身を成就する願である。阿弥陀仏は、ただ成仏するのではなく、四十八願を負って成仏する。阿弥陀仏は、四十八願を満足する仏が自分の願う仏であるとする。第十二願と第十三願は法身の願であり、本来これらの二願には土という意味はないのである。寿命は法身の象徴であり、光は法身の光輪である。これら二願は土の願ではなく、身の願である。しかし、法身が同時に土である。我が法身をもって一切衆生の国土となろうと願うところに、大悲の誓願に酬報するということが出てくるのである。

その意味で、報土とは大悲満足の世界である。報土の中に、すでに衆生を包んでいる。衆生の国土となり、身となる仏である。衆生の国になるとは、大悲心である。仏の中に、衆生を包んでいる。そのような仏が実現すると、衆生として実現するのである。

衆生として仏が成就すれば、成就された仏は衆生となった仏である。仏と衆生との関係は、このような関係である。如来が成就することに、すでに衆生を包んでいる。衆生の成就することの中に、仏が衆生として成就する。仏と衆生とが、交互に媒介している。どちらも本願成就である。悲願の成就である。単純に仏と衆生という関係ではなく、仏と言えばもう衆生を包んでいる。衆生が成就すれば、如来の成就としての衆生である。「報土因果顕誓願」とあるように、報土の因果も、誓願なのである。因果は、如来の因果であるとともに衆生の因果であり、これで充分にあらわされている。如来報土の因果が誓願であり、その中に衆生を包んでいる。

どうして親鸞聖人は、成就をこのようなものとして言われたのか。二十九種荘厳功徳を「観彼世界相　勝過三界道」（『浄土論』聖典一三五頁）以下に述べてあるが、成就の点から言うと、『浄土論』の「荘厳《しょうごん》功徳成就」（同一三九頁）と『阿弥陀経』の「成就如是　功徳荘厳」（聖典一二七頁）とは同じ成就である。

しかし親鸞聖人は、『阿弥陀経』に止《とど》まってはおられない。二十九種荘厳は、光の世界である。光を解釈するのに、『論註』には「仏本《もと》何が故ぞ此《こ》の荘厳を起したまうと」（真聖全一、三〇三頁）とある。本は因本であり、光を果として解釈する。因果は範疇である。因と果とがあるのではなく、すでに有るものを果と見るのである。たとえば「この煙草盆は果である」というのは、客観的存在として有るのであり、幻影ではない。それは因をもったものであり、存在するに充分な理由をもったものである。光が果であるとは、光が因本をもったものであるということ、つまり光が酬報であるということである。光を解釈するのに、因の本願を通してし、本願を光にあらわされたと受け取られ、光は悲願を象徴する言葉であると解釈される。

また「観彼世界相　勝過三界道」（『浄土論』聖典一三五頁）の「勝過」であるが、これは『大経』の言葉では「超発」（聖典一四頁）、「超世」（同二五頁）に当たり、超という果をあらわす。三界の道に勝過した浄土とは、本願の超越性をあらわす。この超越という意味は、上に超えることであり、浄土から見ると、有限を無限に超えることである。浄土の象徴するところは、本願の超越性である。浄土は、時間・空間を永遠に超えたことをあらわす。本願が三界を超越するのであるが、それは同時に、永遠が時間に超越することである。これは実存的超越であり、永遠が実存となることである。永遠が実存となることをあらわすのが、本願である。

浄土が「広大無辺際」（『浄土論』聖典一三五頁）であることは、願心が「広大無辺際」であることをあらわす。願は意識を破った心であり、意識を超越した心である。願心が「広大無辺際」であるというのは、意識を超越した心であることをあらわす。『論註』は、二十九種荘厳一々について、その本《もと》を明らかにしている。荘厳された浄土には形があるが、その形は形のないものをあらわしている。光は、単に光をあらわすのではない。浄土を荘厳するというのは、如来が人間に超越することによって、浄土を人間として荘厳するのである。

　因本があるから、光が荘厳になる。因本がないならば、光は酔う光になってしまう。浄土には、地下室がある。それは苦悩の衆生となった如来であり、法蔵菩薩である。それを光が象徴する。光が、隠れた根を象徴する。曇鸞大師は、二十九種荘厳の一々を選択本願に照らし解釈され明らかにされた。ここに、二十九種荘厳功徳成就の一心を表明された『浄土論』を、四十八願に立って解釈された『論註』の意義がある。

「願生偈」は、天親菩薩の本願成就の一心の表白である

　曇鸞章の初めの二句については、すでに述べた。これ以下は『論註』に基づいて述べられるところである。「報土因果顕誓願」の一句は、親鸞聖人が『浄土論』の意義を『論註』によって明らかにされたことを示す。『浄土論』全体の意義を明らかにしておられる。瑜伽の論でもある『浄土論』の、『大経』の歴史としての意義を明らかにした『論註』の事業の意義を、総じてあらわしている。

　『浄土論』を単独で見れば、その偈文は願生をあらわす偈であるが、曇鸞大師を通すことによって本願をあらわす偈となる。「願生偈」は、『浄土論』とも『往生論』とも言われる。『入出二門偈』には異本があって、ある部分とない部分があるが、宗祖真蹟本〈と伝えられる福井県法雲寺本〈聖典一〇一六頁参照〉〉によると、初めのところに、「入出二門」という課題は「『無量寿経論』」〈『入出二門偈』聖典四六〇頁〉から出たこと、そして「願生偈」の名前や作者については『論註』に従って述べられること

が記されている。ここには「優婆《うば》提舎願生《だいしゃがんしょう》の偈《げ》、宗師これを『浄土論《じょうどろん》』と名づく。この論をまた『往《おう》生論《じょうろん》』と曰《い》えり」（同頁）とある。「願生偈」は、『浄土論』と『往生論』という二つの名で呼ばれている。これは「願生偈」が『大経』の論であることをあらわす。『論註』を俟たなくても、「願生偈」自体『無量寿経優婆提舎願生偈』と標されており、『浄土論』には、発起序に「与仏教相応」（聖典一三五頁）とあって、『大経』に依って「願生偈」を作ること、そして「願生偈」を作るのは『大経』の教えに相応することである、とあらわされている。しかし『浄土論』は、立場としては瑜伽の教学であって、瑜伽の教学としての論なのである。

瑜伽という言葉は、相応という意味だと言われる。『浄土論』では、『大経』に相応する方法は瑜伽行である。瑜伽を、経に相応する行としている。瑜伽の行を止観（奢摩他・毘婆舎那）と言う。奢摩他・毘婆舎那の行によって『大経』の教えに相応しようとする。つまり、『浄土論』の行は『大経』止観である。だから、『浄土論』の二十九種荘厳功徳を見ても、「観」が置かれている。解義分で説かれる五念門の行も、止観の実践体系であるとも言える。作願・観察の前提として、礼拝・讃嘆の二門がある。

止観の果として、回向が出る（『浄土論』聖典一三九頁参照）。このように「観」をもって行とする。観察が行になる。もちろんこの観察は、散心でするのではない。三昧に住して観察するから、「止」という字が付いている。外観ではなく、内観する。『大経』の教えを自己の上に明らかにする方法として止観を行とする場合には、教法が止観の対象になる。教法を広く言えば、十二部経である。唯識の場合も、唯識の教法を止観する。「観」という字が観心をあらわす。教法を観ずるのだが、教えを受けた心を観ずるのである。止観を行ずる場合、外境はその対象にならない。対象は内境であり、三昧の心を観ずるのである。教法は、三昧の心に影現《ようげん》したものであり、三昧の心に影現したものを、特に影像《ようぞう》と言う。わかりやすく言うと、教えを受けた心を観ずるのである。教えと言っても、教えを外に観ずるのではない。教えは、教法を聞いた心に影像としてあらわれている。その影像を観ずる。心が明らかになるということが、教法に相応することになる。その意味で「願生偈」は『大経』の論に違いないが、相応するのは瑜伽の止観を行じて『大経』に相応するのである。その点から見ると、「一心」の立場は瑜伽の安心である。「願生偈」は、瑜伽の論としての意味をもっている。

それに対して『論註』は、『浄土論』が『大経』の論であることを明らかにする。これが『論註』の意義である。曇鸞大師は、『浄土論』を解釈するに先立って、「謹《つつし》んで龍樹菩薩《りゅうじゅぼさつ》の『十住毘婆沙《じゅうじゅうびばしゃ》』を案ずるに」（『教行信証』聖典一六七頁）と、「易行品」によって『浄土論』の位置を決定しておられる。これは、『大経』の展開の歴史の第一歩が、龍樹菩薩にあることをあらわす。

易行道を説く経典としての『大経』の歴史は、龍樹菩薩に始まると言える。『大経』は難行の経典として読めないこともない。もちろん、易行の意義は龍樹菩薩の主観ではなく、『大経』の本来の意義である。『大経』が龍樹菩薩を得たことは、むしろ『大経』が龍樹菩薩を発見したということである。『大経』の独自の意義、易行の独自の意義を明らかにしたのが、龍樹菩薩である。そのために、親鸞聖人は『楞伽経』の懸記によってその徳をたたえられたのである（『正信偈大意』聖典七五二頁参照）。

『大経』は、龍樹菩薩によって独自の展開をもった。その歴史の上に『浄土論』を見たのが、『論註』である。天親菩薩御自身の意識から『浄土論』を見ると、『浄土論』は瑜伽の論である。しかし、『大経』の歴史として『浄土論』の意義を明らかにしたのが『論註』の事業である。『論註』は天親菩薩を超えて、天親菩薩を述べたのである。「顕大聖興世正意　明如来本誓応機（大聖《だいしょう》興世の正意《しょうい》を顕《あらわ》し、如来の本誓《ほんぜい》、機《き》に応ずることを明かす）」（「正信偈」聖典二〇五頁）ということの意義を明らかにしたのが、『論註』である。

『浄土論』から『論註』になると、『大経』に依って『浄土論』を照らす意義が出てくる。天親菩薩の立場を否定するのではなく、瑜伽の論であるとともにまた『大経』の論でもあると、易行の意義としての『大経』の論であることを明らかにした。『大経』の論であることをあらわすのが『浄土論』と『往生論』という二つの名である。『論註』によって、『浄土論』が真宗の聖典になった。三経一論が確立したのは、曇鸞大師からである。龍樹菩薩が出られなければ、『大経』は我われの聖典にはならない。菩薩道一般の経典に止《とど》まる。そして曇鸞大師を通さなければ、『浄土論』は菩薩の論であり、我われの論にはならないのである。

『浄土論』と『往生論』という二つの名前は、『大経』の上巻の内容である「如来浄土の因果」と、下巻の内容である「衆生往生の因果」とにそれぞれ対応している。『大経』が双巻経とも呼ばれるのは、上巻と下巻が問題を異にし、二つの因果をあらわす意味があるからである。『観経』『小経』は衆生の往生だけを述べる。曇鸞大師が「願生偈」を二つの名でお呼びになる（聖典四六〇頁参照）ことが、

『大経』の論であることを示している。

「願生偈」の総説分は、如来の世界を明らかにし、解義分は、衆生往生の因果として五念門・五功徳門を説いている。この二つの名が『大経』の論であることをあらわす。

願生という意味を『大経』の本願から明らかにしてみれば、願生の一心は如来の本願成就の一心である。願生は、「欲生我国」の成就としての「願生彼国」である。「願生偈」の帰敬序の「一心」は願生を内容とする一心であり、本願成就を表白された一心である。「願生偈」は、天親菩薩の本願成就の一心の表白であることになる。

そのことを、親鸞聖人は「報土因果顕誓願」の一句であらわされた。これは、曇鸞大師が天親菩薩の『浄土論』を註解された趣旨を、明らかにされたのである。曇鸞大師の『論註』によって、『浄土論』が真宗の聖典になった。報土の因果は「如来浄土の因果」であり、その中に「衆生往生の因果」を包む。「如来浄土の因果」は本であり、「衆生往生の因果」は末であり、これが「本末《ほんまつ》」（『教行信証』聖典二四〇頁）である。『論註』の事業として、「本末」が初めの一句で明らかにされている。

天親菩薩の信仰告白は、我われのために告白してくださった

次いで『論註』の中から、特に曇鸞大師の思想的事業の中心になるものを展開される。それが、「往還回向由他力　正定之因唯信心」である。『教行信証』の「証巻」の最後に、『浄土論』と『論註』の意義を明らかにして、「論主《ろんじゅ》（天親《てんじん》）は広大無碍《むげ》の一心を宣布《せんぷ》して、あまねく雑染堪忍《ぞうぜんかんにん》の群萌《ぐんもう》を開化《かいけ》

す。宗師（曇鸞《どんらん》）は大悲往還《おうげん》の回向《えこう》を顕示して、ねんごろに他利利他の深義《じんぎ》を弘宣《ぐせん》したまえり」（聖典二九八頁）と、二回向四法を包んであらわしてある。これが『浄土論』と『論註』の思想的事業を結晶した言葉である。

論旨は「一心」にある。それゆえに親鸞聖人は、『浄土論』を「一心の華文《かもん》」（『教行信証』聖典二一〇頁）と言われ、一心の偈であることをあらわされている。『小経』にも「一心」（聖典一二九頁）があるが、『浄土論』の「一心」（聖典一三五頁）は『小経』の「一心」とは区別される。『小経』の「執持」（聖典一二九頁）や「不乱」（同頁）という字が、やはり『観経』の場合と同様に、隠顕があることをあらわしている。『観経』『小経』の顕の義は方便であり、隠は真実である。本願には隠顕はないが、本願を説く釈尊の教法の上に隠顕がある。『大経』は、明確に方便を選び捨てて真実を顕説してある。『観経』『小経』は、一応見れば方便であるが、再応見ると真実である。

経に隠顕があることは、経が立体的になっているということである。表から見れば顕であり、裏から見れば隠であるのではない。念仏はあっても、表から見れば自力の念仏であり、裏から見ると他力の念仏である、ということではない。これでなければならない、と明確にすることが、隠顕である。表から見ると、経文には顕としては書いていないことになるが、隠として書いてある。一応見ると、方便が主になっている。隠は、方便を通して真実を彰《あらわ》す。隠顕があることが最も顕著なのは、『観経』である。そういうことから推すと、『小経』にも隠顕があると考えてよいだろう。経文自身にそのことがあらわれている。『小経』は第二十願に基づいた教説であり、『観経』は第十九願に基づいた教説である。『小経』の「執持」は執着ではないが、執は執取という意味もある。「執持」の場合は、取でなく持の意味をあらわす。こういうことが経文の上にあらわれていると、親鸞聖人はご覧になった。『浄土論』では「住持」（聖典一三六頁）という言葉で言われている。

『小経』の「不乱」（聖典一二九頁）には、二つに分かれている心を一つにしようとする努力があらわされている。こういうことから、『小経』の「一心」は、顕としては努力の「一心」に見える。しかし、純粋な「一心」に触れて努力の「一心」が転ぜられるという隠の意義を、経典が語っている。努力を肯定しているのではなく、努力の回転《えてん》があらわされているのである。

この『小経』の隠顕から照らすと、「願生偈」の「一心」は、純なるものである。一にしようとするような努力の「一心」ではない。乱れた心を取り繕う「一心」ではない。乱れている心の状態を責めて、一にするのではない。「願生偈」の「一心」は、乱れたままが一に帰するのである。心が乱れている状態を否定して一になろうとするのではない。『小経』では、「不乱」であろうとすることが、かえって乱のままであって一にはならないことを証明している。「願生偈」の「一心」の場合、不乱であろうと努力する必要はない。「願生偈」の「一心」は乱のままで一であるという純粋な「一心」である。だから親鸞聖人は、「広大無碍《むげ》の一心」（『教行信証』聖典二九八頁）と言われるのである。

「広大」は如来の本願を、本願の智慧をあらわす。「無碍」は本願の光であり、果成の光明である。「広大無碍」は如来の因果、つまり本願と光をあらわす。如来をあらわす「広大無碍」の語をもって、「願生偈」の「一心」をあらわしてある。「広大無碍」の如来を、衆生の狭小有碍の心で信ずるのではない。「一心」の語において、如来成就の「一心」をあらわす。「一心」のところに、如来が成就している。だから天親菩薩は、「一心」を開いて二十九種荘厳功徳と言われた。「一心を宣布《せんぷ》して、あまねく雑染堪忍《ぞうぜんかんにん》の群萌《ぐんもう》を開化《かいけ》」（『教行信証』聖典二九八頁）された。如来成就は、世間の中に埋没している衆生に、「広大無碍」の「一心」を与える。パスカルの言葉で言うと「葦のように弱い」（パンセ）衆生、世間に埋没している衆生に、如来の確信を与える。この如来成就の「一心」を、論主は述べられたのである。

天親菩薩は自己の信仰を告白されたのであるが、我われから見ると、我われのために告白してくださったのである。天親菩薩は、我われが如来に成ることの証《あか》しに立ってくださった。だから「一心偈」である。親鸞聖人は「一心」という言葉において、天親菩薩の一論の意義を押さえておられる。だから前の天親章で、「為度群生彰一心（群生《ぐんじょう》を度せんがために、一心を彰《あらわ》す）」（「正信偈」聖典二〇六頁）と言われた。本願力回向の「一心」であるがゆえに、「広大無碍の一心」なのである。

大悲心を衆生に徹底する方法が回向である

それに対して曇鸞大師については、「宗師（曇鸞《どんらん》）は大悲往還《おうげん》の回向《えこう》を顕示して、ねんごろに他利利他の深義《じんぎ》を弘宣《ぐせん》したまえり」（『教行信証』聖典二九八頁）と言われる。『大経』と同じことを繰り返すのでは、展開にならない。『大経』にないことを言わないと、天親菩薩の己証にはならない。『大経』と『浄土論』とは、交互関係にある。『大経』の深い意義は、『浄土論』によって逆に明らかになる。そして『論註』の功績は、『浄土論』が易行の意義としての『大経』の歴史上の論であることを明らかにしたことにある。親鸞聖人は、その意義を「大悲往還の回向」と「他利利他の深義」と要約されている。これが「往還回向由他力」の内容である。

「他利利他」の「利他」は、他力をあらわす。曇鸞大師は『論註』で、利他を仏力とも言われている（『教行信証』聖典一九四頁参照）。親鸞聖人が「往還回向由他力」と言われる他力を、曇鸞大師は「他利利他の深義」としてあらわされているのである。『論註』の別しての意義は、「往還回向由他力」にある。「往還回向由他力」を基礎として、「正定之因唯信心」になる。

回向は、『浄土論』の五念門の第五回向門を受けている。第五回向門を受けて往・還を明らかにされたことは、その回向が他力に由ることをあらわす（『教行信証』聖典一九三～一九五頁参照）。他力を証明するのは、「証巻」では結びの御自釈の「他利利他の深義《じんぎ》」（同二九八頁）であるが、しかし曇鸞大師は『論註』の最後で他力に触れられたのではない。曇鸞大師が初めから回向を往・還の二相に開かれたところに、親鸞聖人は回向の意義が一変したことを感得されたのであろう。

天親章の「広由本願力回向」の回向を、曇鸞大師は往・還の二相に開かれた。回向が往相だけならば、他力でなくても考えられるが、還相回向になると我われの立場からの回向ではない。それまでの回向は、衆生が回向する回向であった。もちろんその衆生は菩薩であって、凡夫ではない。

重要なのは、布施ではなく回向である。回向は菩薩の行であって、後得智のはたらきである。『浄土論』の言葉で言うと「巧《ぎょう》方便《ほうべん》回向《えこう》」（聖典一四三頁）である。「巧」は善ということである。善にもいろいろな意味があるが、一つは「巧《たく》みな」という意味がある。「巧方便回向」は善巧方便回向という意味である。この方便は、権化方便ではなく善巧方便である。一時的な方便ではなく、未来際を尽くす方便である。回向は、善巧方便智のはたらきである。善巧方便智は、後得方便智という意味である。後得方便智は、無分別を止めて分別するのではなく、無分別のままで分別する。分別することは世間に属するが、後得智ということは、無分別智が出世間智のままで分別する。後得清浄世間智の清浄世間が、回向をあらわす。布施も世間智のはたらきであるが、布施は、ただ布施というだけならば汚染された世間であって、清浄ではない。出世間の般若に基づいた布施にして初めて、布施波羅蜜になる。それに対して、回向は初めから後得清浄世間智のはたらきであり、出世間が世間としてはたらく。布施は生天の果を得る行であるが、回向はもっと高いものである。

後得清浄世間智は、如量智とも言われる。量が分別であり、如量が善巧方便である。智慧と慈悲という分け方もあるが、その区別は教学的ではなく、世間的である。教学的には、後得方便智が慈悲である。慈悲が、智のはたらきである。後得方便智は、方便般若とも言われる。

後得方便智は、完全に相手の立場に立つ。無分別智を得た者にして、初めて完全に相手の立場に立つことができるのである。この智は、自己を主張するのではない。自己は無であって、主張すべき何ものもない。主張すべき何ものもない智にして初めて、完全に相手の立場に立ち得る。自己を主張したのでは、方便にならない。回向は、如量智のはたらきである。慈悲のはたらきである。

こういうことから、天親菩薩も『浄土論』に「回向《えこう》を首として大悲心を成就することを得たまえるがゆえに」（聖典一三九頁）と言われている。観察は智慧のはたらきであり、回向は大悲心のはたらきである。回向は行であるが、これに親鸞聖人は「回向心」と、心の字を付けておられる（『教行信証』聖典二三二〜二三三頁）。ここになると、回向心は欲生となっている。普通は、回向は行である。しかし、親鸞聖人は大悲心を信楽としてご覧になる。回向は、大悲心が大悲心となる方法である。大悲心を菩薩が満足することもあるが、同時に大悲心を衆生に徹底する方法が、回向なのである。如来の大悲心が如来の大悲心であることを失わずに、衆生の上に成就する。それが信心である。

因が成就して果になり、果が因を成就する

菩薩行としての回向に対して、『論註』では五念門の解釈のところで、往還二種の相を立てられた。このような解釈は、通常はできない。五念門だけを見ると往相である。ここに、還相を開かれたことが大きい。五念門は因であり、それに対して果の五功徳門がある。ここで言われる因果、仏教の因果は根本的な範疇である。外国の思想では、因果は自然科学の範疇であって、仏教の因果を外国の思想で翻訳するのは無理である。

カントは、判断の範疇として十二を立てたが、ショーペンハウアーは因果で充分だとそれを批判する。仏教は、あらゆる範疇を因果に摂《おさ》める。因果と縁起とは違って、縁起は第一義諦である。縁起は仏教にしかない。龍樹菩薩では、縁起は諸法の実相であり、それを空と言われる。世親菩薩では、縁起と実相とは分けて語られる。縁起が仏教独自の範疇であるのに対して、因果はそうではない。アリ

ストテレスもカントも、因果ということを言っている。縁起は勝義諦であり、因果は世俗諦、つまり世間智である。第一義諦である縁起を、世俗諦である因果であらわす。

縁起と言えば如であり、如理である。仏教で因果と言えば、縁起をあらわす因果であるから、因果一如である。因果は、ただ施設《せせつ》したものであり、因の面、果の面とある、というだけのものである。カントの十二範疇のように種々の範疇が考えられるが、仏教はあらゆる範疇を因果に摂める。そして小乗は六因を、大乗は十因を立てる。小乗も大乗も、果は五果を立てる。

ヨーロッパでは、因果は自然界の法則であって、歴史の世界や生物の世界には通用しない。仏教では、因果で一如の世界をあらわす。因も如来であり、果も如来である。『浄土論』で五因・五果と言われるその因の五念門は、親鸞教学から言うと、五念仏門である。念仏は名号であり、因果と言っても南無阿弥陀仏の因果である。自然科学では、因果に時間が入る。仏教では、時間の入る因果も、時間の入らない因果もある。時間の入らないのは等流因果であり、時間の入るのは異熟因果である。だから仏教で言われる因果は、説明・解明の方法であって、それ以上のものではない。因の位、果の位と言われるが、因の面と果の面と言ってもよい。因と果との体は一つである。一如の二面であり、一如の二位である。

回向門は、五念門の中の第五門である。ところが、曇鸞大師が還相回向と言われるのは第五功徳門である。第五功徳門の園林遊戯地門をもってあらわされたのが、還相回向である。『浄土論』をよく見ると、回向門は因であり、園林遊戯地門は果である。園林遊戯地門は、回向ではなく回向の果である。回向によって得た果を、因に包む。回向の果を、回向に包む。包む場合を、還相と言う。『浄土論』だけからこれを考えれば、因によって果を得たことになる。これだけなら、果は因の回向の終わりであり、因に何も加えない。果は因が結果したものに過ぎず、園林遊戯地門は消極的なものになってしまう。果は別に独立の意義をもたない。

ところが曇鸞大師からすれば、その思考法は、果の教学に過ぎない。因の終わるところが果であるが、曇鸞大師は、終わるところから始まるとされる。果の園林遊戯地門が単なる果ではなく、かえって果によって因の回向を満足するのである。因を成就し満足するものが、果である。主語が同時に客語になる。因が成就して果になったとともに、果が因を成就する。曇鸞大師が、このように果に積極的な意義を発見されて、ここに因果が交互になるのである。

因が果を成就するとともに、果が因を成就する。これが曇鸞大師の教学である。果に積極的意義を与えられた。だから、回向門によって園林遊戯地門の果が生まれた。園林遊戯地門を生み出すのが、回向である。結果こそ回向の意義を明らかにする。これが、曇鸞大師が第五功徳門で回向を明らかにされた理由である。曇鸞大師は、回向の意味を拡大されたのである。

還相回向は、衆生の立場では考えることができない。園林遊戯は、自然という意味である。「証巻」の『論註』からの長い引用の最後に、「鼓《こ》する者なしといえども、音曲《いんぎょく》自然《じねん》なるがごとし」（『教行信証』聖典二九八頁）と、「阿修羅《あしゅら》の琴《きん》」（同頁）の喩えが出されている。無作《むさ》の作《さ》をあらわすのは還相である。我われ衆生であれば、作（やる）か無作（やらない）かの、どちらかである。だが無作の作はどちらでもない。還相は、無作にして作《な》す。これは、人間には考えられない回向である。曇鸞大師が、回向を往相の他に還相という形でもあらわされ、その還相に、親鸞聖人は如来回向を直観されたのである。

七祖は一人一人独立し、しかも前を承けて後を起こしている

曇鸞大師は、『浄土論』を『大経』から照らして明らかにし、『浄土論』の『浄土論』たる意義をあらわされた。『浄土論』『往生論』という名が付けられたのは、易行の意義をもつ『大経』の論であるからである。

『大経』は、昔から双巻経と言われるように、上下両巻からなっている。内容が大きいという意味で双巻の経と言われ、『大経』と言われる。量的な意味から『大経』と言うのではない。双巻経と言われる所以《ゆえん》を明らかにしたのは、憬興師の解釈である（『教行信証』聖典一八二頁参照）。『観経』『小経』が往生を説くだけであるのに対して、『大経』は本願成就を明らかにする。その点で根本法輪の意義がある。

上巻の「如来浄土の因果」を明らかにする「浄土の論」の意義を承けて、下巻の「往生の論」の意義が出てくる。しかも「如来浄土の因果」と「衆生往生の因果」とは別々ではない。したがって、我われ衆生を往生せしめるのも本願成就である。「浄土の論」としては、報土の因果は「如来浄土の因果」であるが、「往生の論」としては「衆生往生の因果」である。『大経』は本願を説きたまえる経で

ある。本願は、内には如来を、外には衆生を成就する。「正信偈」の「往還回向由他力」の一句は、天親菩薩が『浄土論』を著された全体の意義をあらわす。

『浄土論』について親鸞聖人は、『尊号真像銘文』では「世《せ》親菩《しんぼ》薩《さつ》、弥陀《みだ》の本願を釈しあらわしたまえる御《み》ことを、論というなり」（聖典五一七頁）と、「本願の論」という意義を明らかにされる。それは『論註』による。『論註』の意義は、『浄土論』によって『大経』を照らし、『大経』によって『浄土論』を照らすことである。これが「願生偈」の全体であるが、『尊号真像銘文』では、別して『浄土論』『往生論』と言われる意義について、特に『論註』独特の見方を次に挙げておられる。

「顕大聖興世正意　明如来本誓応機」は、三国の高僧いずれもが諸仏興世の正意を顕らかにされたということ、そして諸仏興世の正意である如来の本誓が機に応ずることを明かすということを述べている。そのように、七祖はいずれも如来の本誓を明らかにされているが、同時に、七祖の間には『大経』の歴史における前後の関係がある。七祖は一人一人独立しているが、しかし前を承けて後を起こしているという関係にある。ここに、法の展開がある。七祖それぞれに、一つ一つ、絶対であるとともに相対の意義、つまり前を承けて後を起こす意義がある。二つを包んで、法の歴史がある。七祖には、誓願が機に応ずることを明らかにする法の歴史がある。機に応ずることを明らかにする点では、『十住毘婆沙論』には『十住毘婆沙論』の、『論註』には『論註』の、それぞれ独自の意義がある。それが、親鸞聖人が「往還回向由他力　正定之因唯信心」以下を展開される意義である。

「証巻」の終わりに、法の歴史を簡潔にあらわして、「論主《ろんじゅ》（天親《てんじん》）は広大無碍《むげ》の一心を宣布《せんぷ》して、あまねく雑染堪忍《ぞうぜんかんにん》の群萌《ぐんもう》を開化《かいけ》す」（『教行信証』聖典二九八頁）と言われて、天親菩薩の一論の意義を要約されている。四十八願全体を「一心」という形で述べられた。このことは「広由本願力回向　為度群生彰一心」に当たる。そして、前の『浄土論』を承けて後の『論註』を起こすということに相応するのが、「宗師（曇鸞《どんらん》）は大悲往還《おうげん》の回向《えこう》を顕示して、ねんごろに他利利他の深義《じんぎ》を弘宣《ぐせん》したまえり」（同頁）であり、この言葉で『浄土論』を註解された『論註』の中心の意義を明確にしておられる。『浄土論』を読むにしても『論註』を読むにしても、中心を押さえるのが学問である。

バルトの本を読んだら、集中という言葉があった。キリスト論の集中であり、神学における人間残滓を払拭することをあらわすのだが、残滓を払拭するというその一点に集中する。その一点が明確になっていないと、あらゆるキリスト論の問題をつかむことができない。この理由でバルトは、ゴーガルテンやブルンナーと袂《たもと》を分かった。

親鸞聖人の「証巻」や「正信偈」は、『論註』の事業を集中的に明らかにしている。「親」「鸞」という名告《なの》りからも、天親の『浄土論』と曇鸞の『論註』の事業を承けられたことがわかる。親鸞聖人は、『浄土論』と『論註』とによって念仏が真宗であることを明らかにされる。

「由」は安心の基礎づけをあらわす

天親章に「広由本願力回向」とあって、今度は「往還回向由他力」とある。「由」が大切である。「文類偈」には「由本願力回向故（本願力の回向に由《よ》るがゆえに）」（『略文類』聖典四一二頁）とあるが、ここに「故」とあるのはもとの『浄土論』の形によっている。『浄土論』の最後に一か所だけ「以本願力回向故（本願力の回向《えこう》をもってのゆえに）」（真聖全一、二七七頁、聖典一四五頁）とあるこの言葉に、親鸞聖人は、真宗教学の全体を見通す原理を感得された。しかしそこには「由」という字はない。第五功徳門を述べてあるところに出ている「以本願力回向故」を、親鸞聖人は「由本願力回向故」と変えられた。

この「由」の字は、善導大師から来る。「三心釈」の「至誠心釈」のところで、法蔵菩薩の意義を明らかにされて、「何をもってのゆえに、正《まさ》しくかの阿弥陀仏《あみだぶつ》、因中に菩薩《ぼさつ》の行を行じたまいし時、乃至《ないし》一念一刹那《いっせつな》も、三業の所修みなこれ真実心の中《うち》に作《な》したまいしに由《よ》ってなり、と」（『教行信証』聖典二一五頁）とある。ここにある「由」を、親鸞聖人は「信巻」で大切にしておられる。巻頭の信心の徳が述べてあるところに「何をもってのゆえに。いまし如来《にょらい》の加威力《かいりき》に由《よ》るがゆえなり。博《ひろ》く大悲《だいひ》広慧《こうえ》の力に由《よ》るがゆえなり」（同二一一頁）と言ってある。「由」は因由、由来することである。由来という意味から、いろいろな場合に親鸞聖人は「由」を用いておられるが、そのもとは善導大師にある。

現在では、因由という言葉は、基礎づけることである。親鸞聖人は、法然上人・善導大師の教えを通して安心を念仏の信心として見出されたが、それには安心の基礎づけという問題がある。基礎づけることが教学である。安心が安心に終わらず、安心が自己自身を基礎づけていく。安心が安心に止《とど》まらず、基礎づけるところに、教学の問題がある。

安心の基礎づけを、親鸞聖人は上三祖に、特に『浄土論』『論註』を中心に見出された。「正信偈」の中で「由」の字は、天親菩薩と曇鸞大師のところだけにある。『浄土論』には「由」の字はないが、「以本願力回向故」を基礎づけとされる。『論註』における基礎づけは、「他力《たりき》を推《すい》するに増上《ぞうじょう》縁《えん》とす」（『教行信証』聖典一九五頁）の「縁」である。『浄土論』や『論註』にはない字であるにもかかわらず、わざわざ因由の意味の「由」の字を用いられたのは、善導大師によってである。そこに、『教行信証』における善導大師の意義があらわされている。

竊以と謹案

その点から言うと、「大悲往還《おうげん》の回向《えこう》を顕示して、ねんごろに他利利他の深義《じんぎ》を弘宣《ぐせん》したまえり」（『教行信証』聖典二九八頁）と言われ、先だって『教行信証』「教巻」の御自釈の冒頭に「謹《つつし》んで浄土真宗を案ずるに、二種の回向《えこう》あり」（同一五二頁）と言われている言葉で、深い感銘があらわされているのであろう。ただ平静に述べられるのではなく、「それ、真実の教《きょう》を顕《あらわ》さば、すなわち『大無量寿経《だいむりょうじゅきょう》』これなり」（同頁）と、『大経』に遇う時期が到来して、『大経』に遇うことができたという感動がある。『教行信証』の「総序」の「竊以（竊《ひそ》かに以《おもん》みれば）」（聖典一四九頁）も、善導大師の言葉を承けられたものである（真聖全一、四四二・五五九頁など参照）。本文については「謹案（謹《つつし》んで案ずるに）」（『教行信証』聖典一五二頁）と言われ、この言葉は『論註』巻頭に出ている（同一六七頁参照）。「謹案」も「竊以」も、卑謙の言葉として漢文の古典の始まりに使われる定型句であるが、これらの場合は卑謙というだけの意味ではない。言葉の上だけではなく、内容にも相応するものがある。「竊以」という言葉は、歴史以前の真理をあらわす言葉でもあり、真理の本当の意味の歴史的現象について「謹案」と言われる。歴史を取り扱うのではなく、歴史として流れる真理に対する畏敬の念をもって「龍樹《りゅうじゅ》菩薩《ぼさつ》の『十住毘婆沙《じゅうじゅうびばしゃ》』を案ずるに」（同一六七頁）の位置を決定する。

この「謹案」は、龍樹菩薩が『大経』は易行の道であることを明らかにされた伝統をあらわす。『大経』の独特の方向を決定したのが、龍樹菩薩である。曇鸞大師は、その歴史の流れの上に『浄土論』を置かれた。『大経』や『浄土論』を別々に解釈するのではなく、本願を証明する文献として『浄土論』をご覧になる。そこに、念仏の歴史がある。そのような教法の伝統について、「謹案」と言われる。親鸞聖人の場合には、法然上人の伝統があるのではないか。法然上人によって遇うことのできた浄土真宗を、謹んで『論註』によって案じてみると、二種の回向があることが見出された。浄土真宗を二種の回向で明らかにするのが、真宗教学である。親鸞聖人において、『論註』は『浄土論』の脚注である。

『浄土論』の中で、回向という語が最初に出ているのは、解義分で五念門の名を挙げるところであり、『浄土論』全体で回向の語は、数か所に出てくる。その中で特に「回向為首（回向《えこう》を首として）」（聖典一三九頁）のところに親鸞聖人は注目された。「首」とは、初めのことである。つまり、回向が真宗の初めである。親鸞聖人は、その回向の語を真宗の初めの回向であると見られたのである。

『論註』は、『浄土論』に対しては釈論の形をとっている。その『論註』が、『教行信証』では宗論の形をもたされている。釈論に止《とど》まるか、宗論であるかでは、意義が違う。しかし同じ『論註』である。このことから見ても、『浄土論』の回向は、真宗教学の重要問題の一つであるというだけに止まらず、根本的基礎づけという意義をもっている。還相回向、つまり「他利利他の深義《じんぎ》」（『教行信証』聖典二九八頁）の「利他」は、他力をあらわす。親鸞聖人は、「利他」の概念に注意された。これはアクティヴ（能動）かパッシヴ（受動）かという文法上の問題だが、それだけなら詮議である。曽我量深先生は、利他は聖語であり、他力は俗語であると言われる。

教学の問題は、集中と展開との二つがなければ成り立たない。集中がなければ解体してしまう。集中では、頑固が大切である。ここは譲れないという集中がなかったら、教学は成り立たない。集中は一つの排外性であり、それがないと、全部がなし崩しのリベラリズム（自由主義）になる。信念には、頑固さと排外性がある。曠劫已来の無明も、目覚めた一念には敵《かな》わない。仏教の教学はあらゆるイデオロギーに対して、頑固さと排外性がなければならない。集中がなければ、教学が危うい。集中は深く高い確信であるが、形は無味乾燥な骸骨の形をとる。教学は、集中つまり深く高い確信と、展開の二つ以外にはない。無味乾燥であることが、無限の深みをもつ。数学の公式のようなものであり、簡潔であればあるほど応用が利《き》く。簡潔性・公式性・応用性のすべてがなければ、教学が動かないのではないか。教学は、流行思想に解体しないことが大切である。流行思想を包まないような教学も困るが。

我われから考える回向ではなく、我われがそれによって成り立つ回向

さて曇鸞大師の教学における集中は、回向である。第五回向門という、五念門の終わりから始まっているところに、『論註』の教学がある。これは、大きな仕事である。インドの論家は菩薩道であるから、因から果へ向かう。それを曇鸞大師は回転《えてん》しておられる。菩薩は衆生に違いないが、凡夫と仏の中間の形をとっている。

五念門も、出発は善男子・善女人である。しかし五念門を行ずることによって、善男子・善女人が菩薩とされる。仏に成る衆生を菩薩と言うが、同時に仏から衆生を成就するという意味が、菩薩である。『十地経』では、第七地までは、仏による衆生の成就という意味がまったくないとは言えないが、中心は仏への方向である。しかし、第八地になると、仏と菩薩とが区別できない。はたらかないのが仏の位である。寂然不動が仏である。はたらくのは菩薩である。仏は、仏としてははたらくわけにはいかない。仏は、菩薩としてはたらくより仕方がない。だから作さずして作す。作さない静の面は仏であり、作す動の面は菩薩である。仏のはたらきを菩薩と言う。総じて言うと、仏菩薩である。論家の菩薩道は仏へ向かう。しかし『論註』は、その仏への方向を転じて仏からの方向を明らかにする。『論註』は果からの教学である。それが、『浄土論』との大きな違いである。『論註』は果に重きを置く。『浄土論』は因の教学である。

仏の本願力は因をあらわした言葉であるが、曇鸞大師は、本願力と仏力とを分けて因果二相にされる。仏力は成就である。本願成就は、本願が成就するという意味もあるが、同時に本願を成就すると

いう解釈がある。因から果に向かう方向は、自力の三乗である。果から因に向かう方向は、本願一乗の教学である。本願一乗とは、人間から仏を見る考え方を回転《えてん》して、仏から人間を見る。それは如来の教学であり、如来から衆生を見る。衆生そのものが如来である。これが『論註』の教学である。

利他と言えば、仏から見た教学である。衆生から言えば他利と言うべきである。我われから言うと自利他利であるが、それを曇鸞大師は転じて仏からの立場に立った。他利という言葉は、我われの立場から言っている。利他は、仏から言った言葉である。他力は通俗的であり、利他は純粋な概念である。他力は、衆生から如来を見る立場、そして利他はまったく如来から衆生を見る立場をあらわす。その点から、利他は還相である。

二種回向は、還相が大切である。曇鸞大師までは、回向と言えば往相しかなかった。回向の還相の面を明らかにされたところに、二回向の意義がある。二つの面を明らかにされた意義は、回向は往相に尽きないということである。還相の意義によって、かえって如来への往相という方向も如来から成り立つと言える。往相は還相による、という意義がある。『浄土論』では、第五功徳門は回向の果であった。曇鸞大師は、第五功徳門の果が成り立つなら、これを成り立たせる回向があると見直されたのである。曇鸞大師以前の回向の考えを、一変させたのである。

第五功徳門の園林遊戯とは、自在を象徴している。一如のはたらきである。はたらくものなくしてはたらくのが一如である。はたらいたままが何もはたらいていない。『論註』は一如の運動としての意義を、回向の概念に与えた。これまでの回向の概念の、価値転換である。学問も道徳も、利他の菩提心で実践すれば、菩提の意義をもつ。利他の菩提心で実践することは一如のはたらきであるという、まったく新しい内容を回向の概念に与えた。スタティック（static）、静的に対して、一如のはたらきはダイナミック（dynamic）、動的である。「真空妙有」の妙有をあらわすのが、回向である。

それであればこそ、親鸞聖人は他利利他の文法上の問題を手がかりとして、文法以上の問題を明らかにした。親鸞聖人は、他利利他は深義であると見破られたのである。それによって、回向の考え方が一変してくる。我われが、それから考えることのできる回向である。我われから考える回向ではなく、我われがそれによって成り立つ回向である。「往還回向由他力」の他力を明らかにするために、「証巻」の最後に「他利利他の深義《じんぎ》」（『教行信証』聖典二九八頁）を明らかにされた。この深義は、『論註』以前にも以降にもない、独自の意義である。龍樹菩薩の易行が、この深義で明らかになる。ただ易行、イージーと言うと、わずかな努力という意味になる。

龍樹菩薩は、行体について易行と言われるが、曇鸞大師は行縁について、易行を明らかにされた。縁は行を為さしめるものである。難行・易行と言うが、なぜ行が難であるのか、何が行を易たらしめるのか。その問いに、縁を押さえることによって答えたのである。自力によるから、行が困難である。他力回向に立つがゆえに、易行である。曇鸞大師が明らかにされた利他が、龍樹菩薩の易行の基礎づけになるのである。

『浄土論』を『大経』の論として見ると、五念門の中心が移動する

「往還回向由他力」に次いで「正定之因唯信心」とあるが、「文類偈」では「正定之因唯信心」に相当する句は略されている（聖典四一二頁参照）。そして「正信偈」では、次に「惑染凡夫信心発」（聖典二〇六頁）と続く。これは、前の天親章で「広由本願力回向　為度群生彰一心」と言われた、その御心に相当する。天親章では二句が切れずに続いており、「広由本願力回向」の句と「為度群生彰一心」の句の間にはつながりがある。それに対して「往還回向由他力」の句と「正定之因唯信心」の句との間は、切れているように見える。だから「文類偈」では「正定之因唯信心」に相当する句が略されているのであろう。だが、やはり「往還回向由他力」から見れば、「正定之因唯信心」と言われる御心がある。

『論註』では、三不信（『教行信証』聖典二一四頁参照）ということが明らかにされている。これには大切な意義がある。三不信をもって『浄土論』の「一心」の意義を明らかにされてあるのが、『論註』である。三不信のところで、信心を「一心」として明らかにされた。唯信心という精神を、『論註』が尽くされた。親鸞聖人においても、信心について「信巻」に「三心一心問答」（同二二三頁参照）を出されるが、至心・信楽・欲生という本願の三心に対する解釈は、『観経』の至誠心・深心・回向発願心の三心に対する善導大師の解釈によっておられる。「一心」は「願生偈」の一心を受けているが、三心は『大経』の本願の三心である。

「三心一心問答」は『教行信証』の眼目、つまり中心問題である。問答の形をとることが、中心問

題であることをあらわす。真宗の教学は全体が南無阿弥陀仏であって、その南無阿弥陀仏の中心問題を三心一心に開いてある。本願の三心は、善導大師の解釈を通す。そうでないと『大経』の本願文の至心・信楽・欲生が、三心であることはわからない。善導大師の『観経』の「三心釈」は『観経』を『大経』の本願の心に照らして出たのであり、本願の三心の脚注になるものである、と親鸞聖人は洞察された。『論註』の言葉と、善導大師の「散善義」の言葉を前提として、問答が開かれている。

『論註』の三不信は、五念門の第二讃嘆門を解釈されるところに出されている（『教行信証』聖典二一三頁参照）。第二讃嘆門を解釈されるのに、初めは、大行の徳を述べて、「かの無碍《むげ》光如来《こうにょらい》の名号《みょうごう》よく衆生《しゅじょう》の一切の無明を破す、よく衆生《しゅじょう》の一切の志願を満てたまう」（同頁）と言われる。

『浄土論』だけで見ると、五念門の中心は止観にある。瑜伽の観法として、五念門の行は止観である。これは仏教の伝統であり、奢摩他・毘婆舎那の実践体系である。五念門の行の場合は、『大経』止観である。そのために礼拝門・讃嘆門が付けてある。阿弥陀仏の止観を、作願門と観察門とであらわす。そして回向は、その結果である。『浄土論』を『浄土論』の範囲で見ると、止観が中心であるから、大切なところに「観」が置かれている。

しかし『論註』になると、第二讃嘆門に中心が移動する。阿弥陀仏の本願に立って行を考えると、称名が行である。『浄土論』を『大経』の論として見ると、五念門の中心が移動する。本願を離れれば、行と言えば「観」であるが、本願に立つならば、南無阿弥陀仏が行である。そのため、親鸞聖人は「行巻」に大行を掲げるのに、『浄土論』の第二讃嘆門を解釈された曇鸞大師の言葉によって、「しかれば名《みな》を称するに、能《よ》く衆生《しゅじょう》の一切の無明《むみょう》を破し、能く衆生《しゅじょう》の一切の志願を満てたまう」（『教行信証』聖典一六一頁）と親鸞聖人御自身の言葉を述べられる。「信巻」の『論註』の引用に戻ると、一応の解釈としてまず名号の徳が述べてある（同二一三頁参照）。南無阿弥陀仏を述べるとともに、本願成就の名号の徳を述べて、無明を破り志願を満たすはたらきと言われる。ここに、名号の徳を解釈されている。名号の他に称名も正念もない。名号と称名と憶念を分けて考えるのは常識的解釈であって、間違いである。それであるから「行巻」に御自身による転釈がある。称名と言っても、名に称を加えたのではない。称えられるべきものが名である。名によって、称することができ、また念ずることができる。称の中には、称讃の意義がある。

名号という語は、名は因位の名を、号は果位の名をあらわす（『末燈鈔』聖典六〇二頁参照）。名と号とで、如来の全体をあらわす。法蔵菩薩や阿弥陀仏がおられたのではなく、南無阿弥陀仏の因位の名が法蔵菩薩であり、果の名が阿弥陀仏である。称名は、どちらかと言うと号の方を称する。因位のときの名を念ずるのが憶念である。名号の他に称名憶念はないのである。今、名号の徳を明らかにすることによって、第二讃嘆門を解釈された。本願のはたらきで行は済んだようだが、しかしそこに大きな問題が出てくる。そこで問答が開かれる。これが大切なことである。

南無阿弥陀仏を称える南無阿弥陀仏が、信心である

「しかるに称名《しょうみょう》憶念《おくねん》あれども、無明なお存《そん》して所願を満てざるはいかんとならば」（『教行信証』聖

典二一三頁）とある。これは大きな問題である。我われの問題は、南無阿弥陀仏にすでに成就されているにもかかわらず、機である自己が成就していない、ということである。この曇鸞大師の問答の深い意義は、問題を提出し、かつ答えを与えてあることにある。機と法の分際を明らかにされたことが、大切な点である。南無阿弥陀仏を法として成就していることは、必ずしも機が成就していることにならない。たすける法が成就していることが、皆がたすかっていることにならない。法が完全であると言っても、必ずしも我われが完全であることにはならない。

「念仏でたすからないのは念仏がつまらないからだ」と思うのは、機法の混乱である。これは、『歎異抄』の第二条の問題である（聖典六二六頁参照）。念仏しても満たされないのは、南無阿弥陀仏の内において、外にいるからである。紙一重とはこれである。「念仏にたすからず、他に往生の道を知りたいと思うのは、無理もない。そう言うのならば南都北嶺へ行きなさい」と言われる。「念仏してたすからないのは、他の法文《ほうもん》・教学が必要なのではないか」という疑問が出たのであろう。親鸞聖人はそれに答えて、「たすからないのは念仏がつまらないからだと思うのは、とんでもない誤解である」と言われる。

この問題は、機法の混乱にある。親鸞聖人を訪ねてきた関東の人は、青二才ではなく信仰の古強者である。そこに信仰の冷却がある。それを埋めようとして、念仏で埋める。埋めようと努力すると余計に溝が広がり、いても立ってもいられなくなる。これは機法の混乱である。このために、たすける法が成就したことが、たすかる機が成就したことにならない。たすける法は仏の問題である。南無阿弥陀仏を成就したところで、仏の仕事は終わった。阿弥陀仏は、隠居した姿である。仏は、直接に自分の手を出して衆生を救うことはない。

救うということは、法のはたらきである。救う必要もないのが法性であり、法性が救いである。法が救うところまで具体化したのが、南無阿弥陀仏である。南無阿弥陀仏として、たすける法を成就された。たすかるかたすからないか、これは我われに残された問題である。法がつまらないのではなく、我われがつまらないのである。ここに問題が一転し、行の問題から信の問題が開けている。

問題が一転していることから考えてみても、信の問題は、行の問題がないところにはない。しかし、問題は行ではない。行の問題を、信と言う。行は問題ではない。問題のないのが、行の世界である。大行たる南無阿弥陀仏の中において、人間が問題になる。問題になるのは、我われなのである。南無阿弥陀仏のないところに我われがいるのではなく、南無阿弥陀仏の中にいて、しかも遇わない。遇わないのは、我われが南無阿弥陀仏に遇わないのである。ここに「称名《しょうみょう》憶念《おくねん》あれども、無明なお存《そん》して所願を満てざるはいかん」（『教行信証』聖典二一三頁）と言われる、大きな問題がある。これは、客体的問題でも教理的問題でもない。自問自答すべき問題である。恥ずかしくて他人には出せない問題である。

信心の問題は、人と議論を戦わせるような問題ではない。人と議論を戦わせるのであれば、教理問題である。曇鸞大師は、自問自答すべき信心の問題として、讃嘆門の行を解釈される中に問題を提起され、結果として天親菩薩の「一心」をあらわされる。称名は、如実修行相応である。にもかかわらず無明なお存して所願を満たさないのは、行を行じても如実でないからである。名義と相応せず、名義の如くならず、如実修行しないからである、という形になっている。これは、名義不相応ということである。南無阿弥陀仏の中にいても、南無阿弥陀仏の名義と相応しないからである、と言われている。

曇鸞和讃に「如実《にょじつ》修行相応《そうおう》は　信心ひとつにさだめたり」（『高僧和讃』聖典四九四頁）とある。これは、行に相応するのは行ではなく信心であるということである。信心が明瞭でないから、南無阿弥陀仏の名義と相応しない。南無阿弥陀仏が、問答の答えである。自己が客として本願に召されたから、称名讃嘆する。ところが、自己が永遠に客であることは、名義に相応しないことである。自己が客になって客に止《とど》まり、主にならない。そうなると、南無阿弥陀仏の中にいるにもかかわらず、内に入らない心と同じである。内にあって外にいる。外の心をもって内に入っている。南無阿弥陀仏の内にいて、内にいるのと外にいるのは、薄紙一枚なのである。まったく外にいるならば、紙ではなく壁である。

称えられるものも称えるものも、どちらも南無阿弥陀仏にならないと、紙一重を突き抜けることはできない。南無阿弥陀仏を主とすると、我われは客体になる。我われを主とすると、南無阿弥陀仏は客体になる。信心は、オブジェクトサイド（object side）、つまり客体としての南無阿弥陀仏ではない。南無阿弥陀仏を称える南無阿弥陀仏が、信心である。単なる意識ならば、南無阿弥陀仏の外にいる。南無阿弥陀仏を称える意識は、南無阿弥陀仏である。称える意識が南無阿弥陀仏にならないと、紙一重を突き抜けることはできない。法も南無阿弥陀仏だが、機も南無阿弥陀仏になる。南無阿弥陀仏は、ただ法というだけではなく、初めから機法一体なのである。

親鸞聖人が「三心一心問答」を開かれたのは、『論註』と同じ問題をもたれたからである。『大経』の歴史において、初めての問題ではない。最初に問題を提起されたのは曇鸞大師である。相応の問題は、それほど大事な意味をもっている。『論註』に「「与《よ》仏教《ぶっきょう》相応《そうおう》」は、たとえば函蓋《かんがい》相称するがごとしとなり」（『教行信証』聖典一七〇頁）という言葉がある。「函蓋相称」とは、函と蓋とは二にして不二ということである。完全に一つであるなら、相応は要らない。まったく別ならば、相応と言えない。信じるものも信じられるものも、南無阿弥陀仏である。それが、南無阿弥陀仏が南無阿弥陀仏として成就することであり、このような成就が如実修行相応である。

曇鸞大師の第二讃嘆門の解釈は、曇鸞大師が天親菩薩に遇われた記録である

如実修行相応は、天親菩薩の「世尊我一心」（『浄土論』聖典一三五頁）の「一心」の問題である。これが問題となって、ここに初めて三不信を明らかにされている（『教行信証』聖典二一三～二一四頁参照）。三不信は、信心が純粋ではないということであり、それが不相応である。南無阿弥陀仏を称えても南無阿弥陀仏に相応できないのは、南無阿弥陀仏を称える心が不相応だからである。不相応に対して、純粋な信心を明らかにし、「このゆえに論主《ろんじゅ》建《はじ》めに「我一心《がいっしん》」と言《のたま》えり」（同二一四頁）と言われる。天親菩薩が「一心」と言われたのは、この相応であったのか、と言われるのである。

天親菩薩の「我一心」は『浄土論』の初めにあるが、曇鸞大師が「一心」に遇われたのは第二讃嘆門においてである。曇鸞大師は、称名念仏の生活を通して、後から初めの「一心」に遇われた。「一心」とはこれであったか、ということである。三不信は、曇鸞大師が天親菩薩に面接した記録である。

善導大師の「三心釈」と曇鸞大師の第二讃嘆門によって、親鸞聖人は「三心一心問答」を開かれた。善導大師の「三心釈」の解釈にとって大切なのは、『大経』の「勝行段」（聖典二六頁参照）である。南無阿弥陀仏を成就するには、五劫思惟のみならず、不可思議兆載永劫を要する。我われが南無阿弥陀仏にたすけられるには、永劫を要することになる。五劫思惟の経文の意義は「行巻」にあるが、不可思議兆載永劫の経文の意義は「信巻」にある。「勝行段」を、善導大師は『観経』の経文の三心の中の一つを解釈する至誠心釈に用いて、「何をもってのゆえに、正《まさ》しくかの阿弥陀仏《あみだぶつ》、因中に菩薩《ぼさつ》の行を行じたまいし時、乃至《ないし》一念一刹那《いっせつな》も、三業の所修みなこれ真実心の中《うち》に作《な》したまいしに由《よ》ってなり」（『教行信証』聖典二一五頁）と言われる。

「三心釈」は、善導大師が法蔵菩薩に遇われた記録である。曇鸞大師の第二讃嘆門の解釈は、曇鸞大師が天親菩薩に遇われた記録である。一心と「勝行段」は、遇った、という意義のものであり、これはある意味では『大経』の神話を克服したことである。天親菩薩を神話とは言えないが、歴史の距離を克服したことである。不可思議兆載永劫の経文の意義は、「行巻」ではなく「信巻」に譲ってある（『教行信証』聖典二二五頁参照）。天親章の「広由本願力回向　為度群生彰一心」を展開してあるのは、「信巻」である。曇鸞章の「正定之因唯信心」は、信は行から生まれ、行を成就するのが唯信心である、ということを述べておられるのである。

信心を主題的に取り上げているのは、「信巻」である。信心に注意を払われたのは、一見天親菩薩であって曇鸞大師ではないように見えてしまう。天親菩薩が「一心」を表白されたところに一論の意義があるが、親鸞聖人はこの一心を取り上げられるのに、直接に天親菩薩ではなく、曇鸞大師の解釈を通される。曇鸞大師においては、信心の問題は第二讃嘆門に出る（『教行信証』聖典二一三～二一四頁参照）。この点は大事である。第二讃嘆門のところで「信心淳《あつ》からず」「信心一ならず」「信心相続せず」（同二一四頁）であることが三不信であると言われ、みな信心という言葉を使っておられる。

「正信偈」では、曇鸞大師について「往還回向由他力」と言われる。「由」は基礎づけである。これは、行として南無阿弥陀仏がすでにあったということをあらわす。その力が「正定之因唯信心」に帰結する。南無阿弥陀仏は、すでに成就している。そうであれば、後に残されているのは我われがそれにうなずくことだけである。行が成就していないならば、信などと言ってはいられない。信は、行にうなずくのでなければならない。南無阿弥陀仏にうなずくのであるが、うなずくためには、うなずく者も南無阿弥陀仏でなければならない。南無阿弥陀仏のはたらきが、法としての南無阿弥陀仏としてだけではなく、機である我われとして成就しなければならない。南無阿弥陀仏がサブジェクトサイド（subject side）、つまり主体になる。南無阿弥陀仏が、本当に衆生となる。仏たる法が、さらに衆生となる。

法が、このように自己を限定してこなければならない。本願自身が、本願を信ずる我われにまで、自己を成就してこなければならない。本願を信ずる我を、本願が成就するのである。信じる我は、我の力で成り立つのではない。

龍樹菩薩は、「信方便の易行《いぎょう》」（『教行信証』聖典一六五頁）と言われる。これは、信が方法になるということである。易行の道は、信をもって方便とする道である。念仏は、信心の道なのである。信方便の易行は、『大経』に依って明らかになる。

因縁が他力

『大経』と『浄土論』とを別々に見るのではなく、『大経』から生まれて『大経』を基礎づけるのが『浄土論』であるとご覧になる。これが、曇鸞大師の見方である。だから『論註』では、信を中程ではなく、巻頭に述べておられる。『論註』は、龍樹菩薩の易行道から生まれて、易行道を基礎づける。それゆえに、『論註』の巻頭で「信仏の因縁《いんねん》」（『教行信証』聖典一六八頁）と言われて、龍樹菩薩の「信方便」を「信仏の因縁」と言い換えておられる。

因縁が他力である。他力という言葉は俗語であるが、因縁の力を他力と言うのである。インドには、依《え》他《た》起《き》という言葉がある。依他起は他に依って起こることである。他に依って起こることは、縁起である。依るとは、因も縁も「よる」と訓《よ》む。無性菩薩は因縁を威力と言われる（「證決定有阿頼耶識爲彼因縁　於今欲纒加行善心爲増上縁。不共因故威力勝故。（決定して阿頼耶識有りて彼の因縁と為り、今欲纒の加行の善心に於ては増上縁と為ることを證す。不共の因なるが故に、威力勝るが故に。）」〈大正三一、三九四頁ａ〉）。我われに意識が起こると、すぐに意識そのものがノエシス（意識の作用的側面）とノエマ（意識の対象的側面）の形をとる。これはなぜかと言えば、因縁の威力によるからである。意識が何かの形をとってあらわれるのは、因縁の威力であって、たとえ法律で禁じても止められない。怒鳴られても引っ込まない。

こういうことから考えると、因縁が他である。他は自己の存在に対する他の存在ではなく、考え・思いにとっての他である。依他起の反対は、計度《けたく》である。依他起は、計度にとって他である。計度は、我われの思いである。自力は、計度つまり我われの思いである。他力に立つというのは、因縁に任せることである。「ただ信仏の因縁《いんねん》をもって浄土《じょうど》に生まれんと願ず。仏願力《ぶつがんりき》に乗じて、すなわちかの清《しょう》浄《じょう》の土《ど》に往生《おうじょう》を得しむ。仏力《ぶつりき》住持して、すなわち大乗正定《しょうじょう》の聚《じゅ》に入《い》る」（『教行信証』聖典一六八頁）という言葉があらわすのは、「住不退転」（『大経』聖典四四頁）である。「信方便の易行《いぎょう》」（『教行信証』聖典一六五頁）を「信仏の因縁《いんねん》」（同一六八頁）と改めて、本願成就の経文に照らして「信方便」を明らかにされているのである。

「ただ信仏の因縁をもって」、漢文では「但《ただ》以信仏因縁」（真聖全一、二七九頁）であるが、この「但」は「唯」と同じである。「唯信」であり、そこに「正定」が出てくる。曇鸞大師が易行を説明している言葉は、直截簡明に言えば讃嘆門の言葉であるが、「正定之因唯信」の「唯信」が、易行道全体を代表する。易行道は、唯信心の道である。行はすでにある。信じて行ずるのは、自力の方向である。その場合は信行であり、信は教に付く概念である。信行が、自力の立場の次第である。信行が当たり前なのであって、行信というのが異常なのである。信行の場合の信は所信、ビリーフ（belief）である。

信行は、ある特定の教理を承認するということである。それは信仰ではなく、認識であり理解である。真宗は、所信能行ではなく能信である。能信は、教理の肯定ではない。主体として成就した南無阿弥陀仏が、能信である。能信は、主体的真理としての信仰である。

易行道は信仰の道であり、行が内容である。理が内容なのではない。行が内容になっている意義が、信仰である。行は真理の実現であり、真理そのものがそこにリアライズ（realize）されている。その行が内容になっているのが、易行の信である。南無阿弥陀仏の行があれば、後に残るのは信の問題である。行がなければ、行が問題になる。聖道では、信は問題にはならない。聖道の面目は行であるが、真宗では信が面目である。念仏為本と言うが、信心が要である。念仏に、真理が実現している。そうであれば、信が我われにとっての問題である。聖道では、信は易信であって、難行の行こそが聖道の問題である。我われにおいては易行難信であり、信こそが問題である。信の問題は、局所的には讃嘆門にあるが、総じて言えば『論註』全体を包む。

他力は、依他起

「正定之因唯信心」に、唯信心と強調してあることには、如実修行相応という問題もある。信心を主題として取り扱われるのは「信巻」であり、そこに『浄土論』の「一心」と本願の三心についての問答がある。信を掘り下げ、信の中に信を証明する原理として三心を見出し、三心において信心を批判し証明するのである。しかしそこで、天親菩薩の「一心」を、信心として親鸞聖人が引かれる場合に、曇鸞大師の『論註』の特に讃嘆門の如実修行相応を通して引かれる（『教行信証』聖典二一三頁参照）。本願の三心についての解釈は、『観経』の三心（至誠心・深心・回向発願心）についての善導大師の「三心釈」（同二一五〜二一八頁参照）を参考にしておられる。

「正信偈」の他のところでも「唯信心」が強調されてはいるが、その点については「三不三信誨《おしえ》慇懃《おんごん》（三不三信の誨、慇懃にして）」（聖典二〇六頁）と道綽禅師に譲り、この「正定之因唯信心」によって示されているのは、「唯信心」は「正定之因」ということである。親鸞聖人が、龍樹菩薩の「易行道」に対する曇鸞大師の解釈である「ただ信仏の因縁《いんねん》をもって」（『教行信証』聖典一六八頁）をお引きになる場合は『論註』全体を代表する意味がある。「正定之因唯信心」は、「ただ信仏の因縁をもって」を受けてあらわされた言葉であると思われる。

「正信偈」では「正定之因唯信心」の前に、「往還回向由他力」と言われている。天親菩薩が利他と言われる意義を、曇鸞大師が初めて他力と明らかにされた。『浄土論』の利他の意味を、他利と区別して、他力とあらわすのである。これは、『論註』の大きな事業である。『論註』は『浄土論』の註であるが、「易行品」の伝統を通して『浄土論』をご覧になっている。『論註』は、「易行品」の歴史として、さらに求めれば『大経』の歴史として、易行道の歴史の上に『浄土論』を置いて、『浄土論』の意義を明らかにするのである。

『論註』は、易行の易たる所以《ゆえん》を他力とあらわし、難行の難たる所以を自力とあらわした。易行と他力と、二つがあるのではない。龍樹菩薩の易行を受けて、『浄土論』によって易行の意義を明らかにされたのが、他力である。仏の本願力によって、初めて易行が成り立つ。ただわずかな努力で、ということではなく、およそ努力そのものが必要ないというのが易行である。

その易行を、龍樹菩薩は「信方便の易行《いぎょう》」（『教行信証』聖典一六五頁）と言われる。易行とは、信をもって方便とする道を言う。信の内容は、称名念仏である。「信方便」は、信心が道であることをあらわす。念仏においては、信心が要である。念仏としてすでに行が与えられており、残る問題は、ただ信心である。難行道の道は行が問題であり、信じたことを行ずるのが、難行の主眼である。難行道の要をなすのは、行である。ところが易行道においては、行はすでにあり、残る問題は信ずることだけである。だから、行信と言う。真宗は、信行道ではなく、行信道である。努力を必要としない道が、信心である。

この龍樹菩薩の「信方便」（『教行信証』聖典一六五頁）を、曇鸞大師は「信仏の因縁《いんねん》」（同一六八頁）と言われる。「信」を「信仏」に、「方便」を「因縁」に改めておられる。信じられる仏が信の縁であり、仏を信ずるのが因である。信ずる仏（信心）と信ぜられる仏とが、因縁として総合され組織される（同一九〇頁参照）。この因縁の力を、他力と言うのである。

曽我先生は、他力を仏教に求めると、依他起しかないと言われた。『摂大乗論』の解釈には世親釈と無性釈とがあるが、その無性菩薩の解釈に、依他起は「縁起」と言うとある（『摂大乗論釈』〈無性〉の中ではあるが、実は『摂大乗論』の部分である。「論曰。若依他起自性實唯有識。似義顯現之所依止云何成依他起。何因縁故名依他起。従自熏習種子所生。依他縁起故名依他起。（論に曰く、若し依他起の自性は実に唯だ識のみ有りて、義に似て顕現することの所依止なりとせば、云何《いかん》が依他起を成じ、何の因縁の故に依他起と名づくるや。自の熏習の種子に従《よ》り生ぜ所《ら》れ、他の縁に依って起こるが故に依他起と名づく。)」〈大正三一、四〇三頁a〉)。縁によって生起する。縁起と依他起とは同じであって、縁を依他と言うのである。自己自身で起こすものではなく、縁によって起こる。依他起と言う場合は存在の実相をあらわし、縁起と言う場合は存在の根拠を言う。しかし、縁起と実相とは、ライプニッツの言う充足理由律のようなものである。ものが存在するということは、存在する理由をもって存在する。有るものは成ったものであり、成った他《ほか》に有ることはない。存在における存在性は、存在の条件の中に還元される。存在しているものは縁起したものであるがゆえに、その実相は縁起されたものとして有る、ということである。その場合に、依他起と言う。つまり、依他起は実相である。

その依他起を、無性菩薩はまた縁起の威力（「縁起諸法威力大故。」〈大正三一、四〇〇頁c〉）と言う。これは、他力ということではないか。依他起とは、唯識で遍計所執と区別される言葉である。遍計所執の計は、計度《けたく》である。あるいは分別と言ってもよいが、厳密な意味の分別を計度と言う。感覚も知覚もみな分別だが、特に勝れた意義における分別は、思惟《しゆい》である。思惟の分別を、計度と言う。遍計所執は、思惟によって妄執されたものである。つまり、無いにもかかわらず、ただ有ると思われて有るもの、単に妄執されたものに過ぎない。

遍計所執に対して、依他起と言う。これは、充分な理由をもって有るものである。遍計所執は思いであり、その思いを自力と言う。依他起は、他力である。思われたものは無いにしても、思うということは有る。思うことも、一つの存在である。そして、思いを起こすことは、思いを超えている。条件が揃えば、いかに思うまいとしてみても、思いは起こる。思いが起こることは、分別を超えている。他力は、縁起という意義がある。

縁起は、ある意味での客観性をあらわす。だから、同じ易行ということについて、龍樹菩薩は難行・易行を行じ難い・行じ易いと言われたが、曇鸞大師は縁によって難易を明らかにされた。これが「信方便」（『教行信証』聖典一六五頁）を「信仏の因縁《いんねん》」（同一六八頁）と言い換えられた理由である。

信心成仏には法則があり、法則に則れば、則った信が法則に縁って成就する

『論註』に「他力《たりき》を推《すい》するに増上縁《ぞうじょうえん》とす」（『教行信証』聖典一九五頁）とある。因縁の縁には、因と縁ということと、もう一つ、因が縁だということと、二義ある。因も一つの縁であるが、因以外の縁を増上縁と言う。そもそも、縁は存在の条件であって、条件の他に存在はない。存在をして存在たらしめるのは、縁である。縁は充足理由律であって、その中で因は根本条件である。因は、因果として果に結合する言葉である。縁は、縁生として生に結合する言葉である。果に成るものを因と言う。果に成るのは、因の意志で成るわけにはいかない。因から演繹されない偶然なものが、縁である。

因は、果に成るものであるというのが、因果の条件である。縁がなければ、因は永遠に因に止《とど》まる。因果を包むものが、縁起である。果自身であるような因は、根本条件である。果のないときに、因があることはない。そうすると、因も一つの条件である。その場合に因縁は、因は根本条件であり、他

のものは増上縁である。力は因ではない。因を果にするものを縁と言うが、他力の力はせしめるもの、つまり縁である。信は仏に成るものであり、仏である。信心と成仏は、一つのものである。信心が仏に成るのは結論ではなく、理由である。ただ、信心成仏の全体を包むものは縁である。仏が、縁になる。信ずることが、縁に総合されてくるのである。

「他力《たりき》を推《すい》するに増上縁《ぞうじょうえん》とす」（『教行信証』聖典一九五頁）と、他力は増上縁だと言われている。増上とは、勝れていることであり、また強縁とも言う。増上縁は善導大師の御言葉であるが、因縁や縁起は無性菩薩では威力（「證決定有阿頼耶識爲彼因縁　於今欲纒加行善心爲増上縁。不共因故威力勝故。（決定して阿頼耶識有りて彼の因縁と為り、今欲纒の加行の善心に於ては増上縁と為ることを證す。不共の因なるが故に、威力勝るるが故に。）〈大正三一、三九四頁ａ〉」、あるいは「縁起諸法威力大故。」〈大正三一、四〇〇頁ｃ〉）である。果に成るものは因だが、因も縁がなければ因を失うから、生かすも殺すも縁次第である。ある一つのものがそのものとして成り立つには、そのもの以外すべてが存在条件となる。それが、増上縁ということである。増上縁が特に強縁と言われるのは、威力をもたないものも条件になるからである。あるものが成り立つためには、そのもの以外の増上縁があることが条件であり、これを強縁と言われる。しかし、そのもの以外の増上縁がないということもまた、条件である。普通は妨げのないことは勘定に入れないが、実際には妨げのないことも条件になる。一切と言うと、有るものだけではなく、無いものも含めて一切である。

具体的に言うと、信心に対して、信心以外のものはみな条件となる。その場合に、妨げることも縁となる。『浄土論』では、有仏の国土に生ずるということがあるが、最後に無仏の世界への願生を語る。無仏も信の縁になる、ということである。

このように、「信仏の因縁《いんねん》」（『教行信証』聖典一六八頁）が強調され、「信仏の因縁」を述べてあるところでは信仏と言われるが、その仏は仏の本願力である。『浄土論』の不虚作住持功徳に「観仏本願力」（聖典一三七頁）とあるこの本願力を、曇鸞大師は法蔵菩薩の四十八願と阿弥陀如来の自在神力で押さえられる（『教行信証』聖典一九八頁参照）。龍樹菩薩の「信方便の易行《いぎょう》」（同一六五頁）を、曇鸞大師は「信仏の因縁《いんねん》」（同一六八頁）と言われ、因縁の縁は増上縁であり、他力とはその増上縁であると押さえられたのである（「他力《たりき》を推《すい》するに増上縁《ぞうじょうえん》とす」（同一九五頁））。つまり曇鸞大師は、龍樹菩薩の易行を、仏の本願力、他力によって基礎づけたのである。「阿弥陀《あみだ》如来の本願力に縁《よ》るがゆえに」（同頁）、易行である。思いを捨てて、因縁の法則に則《のっと》るのである。だから、信心成仏は思いの力で成仏することではないが、非法則的に成仏することでもない。そこには、法則がある。合理的な力ではなく、同時に非合理でもない。法則に則れば、則った信が法則に縁って成就する。信が成就する法則がある。

曇鸞大師は、『論註』の初めに『浄土論』の位置を決定して「『無量寿経優婆提舎《むりょうじゅきょううばだいしゃ》』は、けだし上衍《じょうえん》の極致《ごくち》、不退の風航なるものなり」（『教行信証』聖典一六八頁）と言われる。『浄土論』は大乗の極致であると言われ、風航ということで易行であることをあらわされる。そのときに、龍樹菩薩の易行道を通してある。易行の歴史として『浄土論』を見るとともに、『浄土論』によって易行を基礎づける。

「易行道者謂但以信仏因縁願生浄土。乗仏願力便得往生彼清浄土。仏力住持即入大乗正定之聚」（真聖

全一、二七九頁）（「「易行道《いぎょうどう》」は、いわく、ただ信仏の因縁《いんねん》をもって浄土《じょうど》に生まれんと願ず。仏願力《ふつがんりき》に乗じて、すなわちかの清浄《しょうじょう》の土《ど》に往生《おうじょう》を得しむ。仏力《ぶつりき》住持して、すなわち大乗正定《しょうじょう》の聚《じゅ》に入《い》る」〈『教行信証』聖典一六八頁〉）とある。これが「信仏の因縁」である易行を語った言葉である。

『論註』では、易行の意義が龍樹菩薩と多少違ってきている。曇鸞大師は易行を、因縁をもって語っておられる。龍樹菩薩は、行それ自体が易であると言われるのである。この引用の中に、「正定」がある。「但（ただ）」は「唯」と同じであり、唯信である。「唯」は「亦《また》」ではなく、「のみ」ということである。善導大師は、摂取不捨を解釈して「唯観念仏衆生、摂取不捨故名阿弥陀」（『往生礼讃』真聖全一、六五三頁）（「ただ念仏の衆生《しゅじょう》を観《み》そなわして、摂取《せっしゅ》して捨《す》てざるがゆえに、阿弥陀《あみだ》と名づく」〈『教行信証』聖典一七四頁〉）と言われる。善導大師は「但」を「唯」と改められた。「正信偈」の「正定之因唯信心」は、易行他力を語る言葉である。真宗の要は信心である、ということであろう。

無限が有限となることが、本当の意味の実在である

ただ仏の因縁のみを信ずるのである。そして、願生浄土が本願を信じた内容である。仏を信心の対象に置くのではなく、信仰自身の中に仏を自覚したのが、願生である。信心の外にあれば光であり、信心の中に仏を自覚するとなれば願である。願は、信仰が信仰自身の根底を自覚した言葉である。それを「正定之因唯信心」とあらわす。願生という語は「易行品」にはない。『論註』では「仏願力に乗じて、すなわちかの清浄の土に往生を得しむ」の仏願力と、「仏力住持して」の仏力と、二度言わ

れる。願は、浄土に往生させる。浄土に往生させれば、仏力はそれを持して「正定」を得させる。これは、往生によって成仏させることをあらわす。往生は願力により、成仏は仏力によるのである。

「即得往生　住不退転」（『大経』聖典四四頁）の不退転が、「正定」である。これを、龍樹菩薩は「必《ひっ》定《じょう》」（『教行信証』聖典一六三頁）と言われる。不退転とは、仏道において退転しないという意味である。仏道から退転せず、二乗に退転しない。地獄を恐れるのは、二乗である。菩薩が恐れるのは、二乗に堕ちることである。二乗に堕ちる恐れのないことが、「不退の風航」（同一六八頁）である。二乗に堕ちることを、菩薩の死と言う（真聖全一、二五三頁参照）。二乗に退転することは、菩薩の致命傷である。地獄に堕ちるのは、菩薩の死ではない。地獄を恐れるのが、菩薩の死である。地獄を恐れるのは分別であって、理性が非合理を恐れるのである。退転しないとは、仏道から退転しないということである。

不退転は、無上仏道の問題であり、諸仏に共通の問題である。一方、往生は阿弥陀仏の別願の課題である。往生によって、仏教の課題である成仏の問題を解決する。別願によって、総願を成就するのである。阿弥陀仏の本願は、仏道から生まれた。不退転ということが重要であり、そのことがなければ、願往生は外道か二乗になる。願往生は、無上仏道の根本問題である。無上仏道が無上仏道自身を成就する道が、願生である。無上仏道は、宗教心であり、それが願生心を生み出した。不退転が、地である。地は、不退転を解決した言葉である。

無上仏道の問題は、いかにして不退転を得るかということに帰着する。無上仏道を歩もうとするとき、難行・易行が出てくる。無上仏道は、終わりのない道、無限の道であって、無上仏道に卒業はない。ところが無限の道を歩むのは、有限の存在である人間である。いかにして有限が無限の道に耐え得るかという、大きな問題が出る。これが、不退転の問題である。有限が無限の道に耐えるためだからといって、無限を有限に縮めるわけにはいかない。有限が無限の道に耐え得るのは、有限が無限の限定であり、また表現である場合である。有限と無限とを分けて考えていると、結合しない。本当の有限は、無限の中にある。

　有限から切り離された無限は本当の無限ではなく、無限から切り離された有限も本当の有限ではない。有限は無限から始まる。有限が、有限を超えた無限の初めとして、自己を見出してくる。有限の一歩一歩が無限である。無限は、有限の彼方《かなた》にあるのではなく、有限となる。有限即無限である。無限が有限となることが、本当の意味の実在である。無限が有限となる立場を、初地と言う。初地に立って仏道を歩む。仏道によって仏道のために仏道を歩むのである。

『論註』に、「仏願力《ふつがんりき》に乗じて、すなわちかの清浄《しょうじょう》の土《ど》に往生《おうじょう》を得しむ。仏力《ぶつりき》住持して、すなわち大乗正定《しょうじょう》の聚《じゅ》に入《い》る」（『教行信証』聖典一六八頁）と、簡潔な形で第十八願の成就をあらわされている。阿弥陀仏の本願が成就して、仏道の真因たる信心成仏の道が成り立つことをあらわしている。曇鸞大師は仏願力と仏力と言われるが、今は力を強調するために仏願力と仏力と言う。願と力と言ってもよい。「邪定」「不定」に対して区別して「正定」と言われるが、「正定」は思いで決めたのではない。定は決定であるが、「正定」は決めたのではない。決めたのは「邪定」であり、決まらないのは「不定」である。人間の力では、決めるか決まらないか、どちらかしかない。決まらないから、決めずにいられないし、決めたことが決まらないことを告白するのである。決めるのでも決まらないのでもなく、無限の力で有限が決まる。その力を縁と言う。決められたものは、因である。本願を信ずれば、願自身が信を決定する。信そのものが、仏に成るのである。

無限の表現としての有限なるものが、正定聚の機であり菩薩である

このように、「正信偈」の「正定之因唯信心」は、一句にして『論註』の「信仏の因縁《いんねん》」（『教行信証』聖典一六八頁）の意義をあらわした言葉である。「信仏の因縁」が、『論註』の全体を代表している。しかしその信が問題とされている場合は、「如実修行相応」（同二一三頁参照）となる。その問題は、「正信偈」では道綽禅師の「三不三信」に譲ってある。「三不三信」の教説には三信の一つとして「一心」が出されるが、深くは「信巻」（同聖典二一四頁）に譲ってあって、「正信偈」の道綽章には出ない。『論註』の初めには、易行を他力と明らかにしてある（『教行信証』聖典一六八頁参照）が、最後には「他力の乗ずべきを聞きて、当《まさ》に信心《しんじん》を生ずべし」（同一九六頁）とあり、途中では、「不虚作《ふこさ》住持功徳成就は、けだしこれ阿弥陀《あみだ》如来の本願力なり」（同一九八頁）と、他力は「不虚作住持功徳」であると明らかにされる。解釈は、原理がなければできない。曇鸞大師は、『浄土論』を読む原理を『浄土論』から読み取られ、「不虚作住持功徳」に『浄土論』を読む眼、つまり原理を見出された。『浄土論』の偈文では、不虚作住持功徳に「能令速満足　功徳大宝海」（聖典一三七頁）と「速」があり、最後にも「速やかに阿《あ》耨多羅《のくたら》三藐三菩《さんみゃくさんぼ》提《だい》を成就したまえることを得たまえるがゆえに」（同一四五頁）とあって、

「速」が二度も出ている。

曇鸞大師は、『浄土論』の偈文の「能令速満足　功徳大宝海」（聖典一三七頁）の「速」において、「不虚作《ふこさ》住持功徳成就は、けだしこれ阿弥陀《あみだ》如来の本願力なり」（『教行信証』聖典一九八頁）と、如来の本願力を見出された。そして、『浄土論』の最後の「菩薩、かくのごとく五念門の行を修して、自利利他して速やかに阿耨多羅《あのくたら》三藐三菩提《さんみゃくさんぼだい》を成就したまえることを得たまえるがゆえに」（聖典一四五頁）の「速」のところでは、「利他」を仏力と言われた（『教行信証』聖典一九四頁参照）。

『浄土論』の偈文に「観仏本願力　遇無空過者」（聖典一三七頁）と本願力が出ているが、親鸞聖人は本願力を、『浄土論』の最後の「本願力の回向《えこう》をもってのゆえに」（同一四五頁）をもって、「広由本願力回向」、「由本願力回向故」（『文類聚鈔』聖典四一二頁）と明らかにされた。

しかし、曇鸞大師が本願力に触れられたのは、『浄土論』の最後ではなく偈文においてである。曇鸞大師が、勝手にそのようにご覧になったのではない。天親菩薩は、偈文の「仏本願力」の語の前に、特に「観」の語を置かれた。「観仏本願力」（聖典一三七頁）が、『浄土論』の眼目である。曇鸞大師は『浄土論』に順《したが》って称名を行じ、安楽世界を観ぜられて、仏の本願力を見出された。

親鸞聖人が「正信偈」の天親章に『浄土論』の最後の「本願力の回向」という言葉を用いられた理由は、『浄土論』のここで本願力の回向が証明されているからである。『論註』で、仏の本願力として他力が出されるのは『浄土論』の「不虚作住持功徳成就」の偈文についての解釈のところであるが、本願力の回向の証明は、最後になされている。「いま的《ひと》しく三願を取りて、もって義の意を証せん」

（『教行信証』聖典一九五頁）と言われて、本願力の回向を三願をもって的確に証明されている。

偈文は、仏の境界としての浄土を語る。これは、仏の本願が仏力として成就している世界である。本願から生まれ、仏力によって統一されている世界が、浄土である。浄土は、本願力の虚しくないことが証明されている世界である。一方『浄土論』の最後は、菩薩を明らかにしている。菩薩とは、菩提を目指す求道者である。一般的な言葉で言うと、大乗の行者である。その行者において、仏を証明する。さらに言えば、衆生において仏を証明する仏道が、大乗の至極としての真宗である。仏を証明している衆生が、菩薩である。仏の力が、衆生の上に輝いている。『論註』の最後では、菩薩において三願が成就されていることをもって、本願力を証明している。これは、衆生の上に他力を証明しているのである。

「正信偈」の「正定之因唯信心」の「正定」は、龍樹菩薩は「必定」と言われるが、これは菩薩の位である。だから、衆生と言っても、ここではただの凡夫ではない。凡夫が、菩薩として成就する。必定・正定の菩薩の成就が、正定聚である。凡夫が凡夫であることを捨てずして、凡夫において仏を証明するところに、菩薩がある。信心によって、仏を証明するのである。

「信巻」の標挙の文に、「正定聚の機」とある。機という概念は梵語から訳されたのであるが、一旦翻訳されると含蓄をもった言葉になる。機微や機関、あるいは機宜《きぎ》と解釈されることは、含蓄が深い。機は、おそらく感応ということであろう。そのために、概念を把握し難い。悪人が機であると言われるが、機は一応は人と言ってもよい。しかしもっと概念的規定をもたせると、人がそのまま機であるとは言えない。人を、ただ眼があり鼻があるものとしてだけ見る場合には、機とは言えない。機として意味をもってくるには、法に関係しなければならない。人が法と関わりをもってくるときに、機になる。

機が感ずれば、法は応ずる。感応は、交互的関係である。人が関係において法と関わりをもつときに、機になる。人間を機として成就させるのが、信心である。機は、成就された人間を言うのである。成就されない人間は機ではない。人と機は、このような概念である。成就された人間が、ボーディサットバ（bodhisattva 菩提薩埵、略して菩薩）である。無限が自己自身を限定した、無限の表現としての有限なるものが、正定聚の機であり菩薩である。人はどれほどの悪人であっても、機である。いかなる状況にあっても、最悪の状況に置かれていても、人が法の機となることに障りがない。そのような悪人をして機であらしめることで、純粋な法がそこに出る。その純粋な法が、本願である。

仏教は、本願において初めて、仏を人間の他者としてではなく、人間の根底として見出す。人間の深い根底、それが仏である。本願における仏が、本当に純粋な仏である。仏が人間の根底であるときに、仏は願・仏性になる。仏性は、仏の衆生性である。仏性をもっと具体的にあらわすと、本願である。本願こそが、善人においても悪人においても不増不減の仏性である。親鸞聖人は、仏性を本願として言い当てられた。「某《それがし》はまったく善《ぜん》もほしからず、また悪《あく》もおそれなし」（『口伝鈔』聖典六五二頁）と言われるような人間が成り立つ。それが「正定聚の機」となるということである。

人間が「正定聚の機」となった。「正定聚の機」が、本願成就としての人間成就である。念仏は、正定の業である。だから念仏の本願を信ずれば、誰でも「正定の機」にならしめられる。「文類偈」では、「正定」の言葉がなく、「往還回向由本誓」の後、すぐに「煩悩成就凡夫人」に移っていく（『文類聚鈔』聖典四一二頁）。「正信偈」では「往還回向由他力」の次に、「正定之因唯信心」とあり、それを受けて「惑染凡夫信心発」と出ているのである。

15、惑染凡夫信心発

惑染凡夫信心発　証知生死即涅槃
必至無量光明土　諸有衆生皆普化

惑染《わくぜん》の凡夫《ぼんぶ》、信心発《ほっ》すれば、生死即涅槃《しょうじそくねはん》なりと証知せしむ。必ず無量光明《こうみょう》土に至れば、諸有《しょう》の衆生《しゅじょう》、みなあまねく化《け》すといえり。

縁起と発起

この四句は、「正定之因唯信心」を受けて展開されている。「文類偈」には「正定之因唯信心」はないが、「証知生死即涅槃」（『文類聚鈔』聖典四一二頁）という形としてある。この証知の証は、教・行・信・証の証である。「惑染凡夫信心発」と「証知生死即涅槃」（「正信偈」聖典二〇六頁）とは、信と証との関係である。続いて「必至無量光明土　諸有衆生皆普化」（同頁）とあり、これら連続する四句をもって、往相・還相の意義を信心について明らかにされている。

信を発するところに証があり、その証は浄土の真証である。それからさらに「諸有衆生皆普化」とあり、信を発するところが還相まで連続している。これは時間的連続という意味ではなく、信を発するところに一挙に往・還の二回向が成り立つことが示されている。「惑染凡夫信心発」を、「文類偈」では「信心開発即獲忍」（『文類聚鈔』聖典四一二頁）という句に換えられて、次に「忍」の字の意義を開いて「証知生死即涅槃」（同頁）とあらわす。「忍」は無生法忍である。信に証を具している。信を獲て、さらに別に生死即涅槃の証があるのではなく、信に証の知を具している。「文類偈」では、証を「忍」であらわしておられるのである。

「正信偈」に戻ると、前にも「能発一念喜愛心」（聖典二〇四頁）とあったが、ここでも「惑染凡夫信心発」と「発」の字が出ており、「文類偈」では「信心開発即獲忍」とある。「発」には発起も開発もあって、内から言えば発起であり、外から言えば開発である。「信巻」の序文の初めに「信楽《しんぎょう》を獲得《ぎゃくとく》することは、如来選択《にょらいせんじゃく》の願心より発起《ほっき》す、真心《しんしん》を開闡《かいせん》することは、大聖矜哀《だいしょうこうあい》の善巧《ぜんぎょう》より顕彰《けんしょう》せり」（『教行信証』聖典二一〇頁）と言われる。信心は、内から言えば如来の願心が発起されることであり、外から言えば釈尊の教えによって開発されることである。いずれにしても、「発」という字が大切である。

「依経分」においては、「発」は「超発希有大弘誓」（聖典二〇四頁）と弘誓のところにあり、それから「能発一念喜愛心」に出ている。願心と信心についてともに、「発」が使われている。如来の側から言うか、衆生の側から言うかはともかくとして、願や信は発起されると言う。「起」、起こるとは縁起することである。信心にしても願心にしても、縁起するのである。

「信巻」の御自釈で「『経』に「聞《もん》」と言うは、衆生《しゅじょう》、仏願の生起《しょうき》・本末《ほんまつ》を聞きて疑心あることなし。これを「聞」と曰《い》うなり。「信心」と言うは、すなわち本願力回向《えこう》の信心なり」（『教行信証』聖典二四〇頁）と、「聞」がすなわち「信」であるということを言われるように、教えを聞くことが信心の発起する縁である。それで縁起なのである。

「化身土巻」に「これ菩提《ぼだい》の因また無量なり」（『教行信証』聖典三五二頁）とある。不安や問題をもつことも、縁である。信心が成就するためには、信心以外のものを、みな縁と為す。しかし信心が縁起するのでなければ、妄想かも知れない。信心が縁起すると言われるのは、事実として起こるからである。信心は一つの事件、出来事であるから、縁起と言われるのである。

しかし、煩悩が起こる場合と少々違う。煩悩も業も、みな縁起する。煩悩も、条件が揃わなければ起こらない。その生起の条件が、縁である。縁起でない生起は、ない。煩悩が起こる場合も縁起には違いないが、信心が発する場合には、縁起であるだけではなく、発起という意味がある。発起という意味をもった縁起である。縁起ということは広く、有漏法も無漏法も縁起する。縁起する法を、有為法と言う。縁起しない法は無為法であり、真理しかないのである。そして発起という語は、特に無漏法が縁起する場合に用いられる。発起と言われるには、無漏であるという意義がある。

『成唯識論』では、菩提について、所生得（「二所生得。謂大菩提。（二には所生得。謂く大菩提ぞ。）」〈大正三一、五六頁a〉）と言われている。所生得は菩提、智慧であり、有為法である。生である限り縁起する。生起されたものである。だが、真理は生起しない。縁起しない。しかし真理を見る智慧は、生起する。真理そのものは、意識されようがされまいが変わらない。そのように、無為法である真理は超越的性格をもち、縁起することを超越している。生起される有為法は縁起するのであるが、有漏法の煩悩が縁起されるのと、無漏法の信心が縁起されるのとはこのように違いがあるのである。

煩悩は凡夫と同質である。凡夫に煩悩が起こる場合、起こった煩悩は凡夫を一層凡夫にする。ところが惑染の凡夫に信心が発《おこ》ることは、かえって凡夫を否定する。無漏法の信心は智慧であり、凡夫には異質なものであって、超越的な意味をもつ。人間に信心が発ると、発った信心は超越的意義をもつ。信心は、超越的真理に満たされた心である。あるいは、信心とは縁起する心が縁起しない真理にかえったことであるとも言える。信心と真理とは、平等である。この意味において、信心が発ることは、人間にとって異質なるものが発る経験であり、超越的経験になる。外に超越するのではなく、内に超越する。願心や信心と言うが、それらは、総じて言えば菩提心であり、菩提に属する心である。菩提心とは、宗教心である。人間において、宗教心は超越的意義をもつ。人間に菩提心が起きたら、起きた菩提心は人間にとって超越的である。超越的であるから、人間を回転《えてん》する意義をもつ。ただし、人間を回転するのは他力回向の菩提心・宗教心、つまり信心である。自力の菩提心・宗教心は人間を回転しない。

縁起と性起

超越的ということをさらに考えてみる。「願生偈」の中に「性《しょう》功徳」（『浄土論』聖典一三九頁）という語があり、浄土が「正道《しょうどう》の大慈悲は、出世の善根《ぜんごん》より生ず」（同一三五頁）との意義をあらわす。この言葉を『論註』で曇鸞大師が解釈される際に、『華厳経』の「性起《しょうき》」（『教行信証』聖典三一四頁）という思想を引用されている。曇鸞大師はこの「性起」を、『大経』の法蔵菩薩のことであると見出された。だから、性功徳は因なる功徳である。

『摂大乗論釈』（世親造真諦訳）では「因円浄」（「此句明因圓淨」〈大正三一、二六三頁b〉）と言われ、また菩提流支三蔵の翻訳の『浄土論』では「性《しょう》功徳」（聖典一三九頁）と言われている。果の性質は、因の性質が決定する。「正道《しょうどう》の大慈悲は、出世の善根《ぜんごん》より生ず」（同一三五頁）が性功徳成就であり、浄土の「性」は、大慈悲である。しかし「性」とは広い意味をもつ言葉であり、さまざまに解釈できる。曇鸞大師はその一つとして、「性」を一切衆生に具わる如来性と解釈される。そのときに、『華厳経』の「宝王如来性起品」を引かれている（真聖全一、二八七頁参照）。「性起」が華厳哲学の源泉をなす。「性起」が華厳教学の思考法であり、これがないと思想の個性がない。天台宗の個性は、一念に三千を具しているという「性具」であり、『華厳経』のオリジナリティ（originality）は、「性起」にある。

華厳教学の特徴は、重重無尽法界縁起である。事事無碍法界とも言うが、これは「性起」という意義をもつ。『華厳経』の「性起」は、瑜伽の教学では阿頼耶識縁起に当たる。「性起」とは、如来性があることである。「性起」と言うが、「性」は本来起こらないものである。起こったり滅したりするものは「性」ではない。「性起」とは、本来は起こることのない如来性が起こるという、起こったままが如来性であるという意味の縁起なのである。他力回向の菩提心は、如来性起の意義をもつ縁起である。

大乗仏教においては、広く言えば宗教心と言われるものを、菩提心と言う。衆生の根底として如来を自覚することが、宗教心である。衆生の理想として如来を見るのではなく、衆生の根底に如来を見る。衆生の根底に見出される如来を、本願と言う。本願の本は根本であって、自己の根本の自覚を菩提心と言うのである。

だから、如来心としての信心は、菩提心の意義をもつ。仏を対象として信ずるのではなく、信心そのものが仏である心、つまり仏心、または仏性なのである。だから、信心は仏に方向する。仏に成ることを、信心自身が決定している。仏に成ることは、仏であることを証明することである。信心が仏であるがゆえに、信心自身が仏に成ることを決定している。仏ではない心が仏に成るのならば、証明が要る。信心は、他から証明されるのではなく、信心自身が仏に成ることを証明している。必至滅度とは、そのような意味である。涅槃の真因が信心であることは、結論ではなく、涅槃に至る理由である。信心は、結論される真理ではなく、仏に成る理由であり、涅槃に至る真理である。信心が、信心自身のエビデンス（evidence）、証拠である。信心が、信心自身を証明しているのである。

どのような衆生に信心が発るのか

「惑染凡夫信心発」は、惑染の凡夫が信心を発《おこ》すならば、という言葉であるが、凡夫が信心を発すことはない。そうかと言って、惑染の凡夫に信心が発ることは、棚からぼた餅のように発るのではない。しかし、信心が発ることが、惑染の凡夫に発るのでなければ意味がない。惑染の凡夫であることが、大事なことである。

「惑染凡夫信心発　証知生死即涅槃」は、力がある言葉である。惑染の凡夫であるから、生死即涅槃の証が生きる。生死即涅槃は証《さと》りであり、この証《さと》りを得る道が信心である。惑染の凡夫があればこそ、生死即涅槃が生きている。

信心は、凡夫が発すわけにはいかないが、凡夫に発る。凡夫に発らないならば縁起と言えないが、凡夫が発すのではない超越性があるから、発起と言う。信心は、凡夫において凡夫を破って発る。特に衆生を凡夫であると明確にされたのは、曇鸞大師である。曇鸞大師が他力を明らかにされたことは、一面から言えば、本願の機が凡夫であることを明確にされたという意味をもつ。天親和讃に「釈迦《しゃか》の教法《きょうぼう》おおけれど　天親菩薩《てんじんぼさつ》はねんごろに　煩悩《ぼんのう》成就のわれらには　弥陀《みだ》の弘誓《ぐぜい》をすすめしむ」（『高僧和讃』聖典四九〇頁）とある。これは天親和讃であるが、『論註』を通しておられる。曇鸞和讃には「論主《ろんじゅ》の一心ととけるをば　曇鸞大師《どんらんだいし》のみことには　煩悩《ぼんのう》成就のわれらが　他力《たりき》の信とのべたまう」（同四九二頁）とある。

天親菩薩が「願生偈」で言われる「我一心」（『浄土論』聖典一三五頁）の「我」とは、最後に「普共

諸衆生　往生安楽国」（同一三八頁）とあることからもわかるように、衆生を排除した我ではない。この「我」は、衆生を代表している我である。「普共諸衆生」とあるが、衆生というのは広い概念であり、いかなる衆生かということが明確に決まらなければ、天親菩薩の「我」も明確にならない。本願において、衆生とは何であるかを決定しなければならない。この問題を取り上げられたのが、曇鸞大師である。「願生偈」の最後の「衆生」の語を手がかりにして、本願の機ということ、本願はいかなる衆生をもって機とするかということを明らかにされた。

『浄土論』では「衆生世間《しゅじょうせけん》清浄」（聖典一四二頁）と言われ、仏も菩薩も衆生と呼ばれるから、あらためて本願における衆生を決定する必要がある。天親菩薩の「一心」の意義を明らかにするためには、天親菩薩を超えて、本願を述べてある修多羅に依って、『浄土論』の意義を決定しなければならない。浄土の三経に依って阿弥陀仏の本願の自覚を得たのが、天親菩薩の「一心」である。二尊の御言《みこと》に賜った「一心」であるから、曇鸞大師は経典にさかのぼって決定しておられるのである。

『大経』に「諸有衆生、聞其名号、信心歓喜、乃至一念」（聖典四四頁）とある、その「諸有」とは、凡夫のことである。有は、梵語ではbhavaであり、迷った存在を指す。三界六道の限定をもった存在を有と言うのであり、三界を超えた境界にあるものを有とは言わない。諸有の衆生とは、凡夫のことである。そしてさらに『大経』の本願を『観経』に照らしてみると、本願が人間のいかなる状態において成就するかということは、下下品に説かれていることでわかる。下下品とは、凡夫であり悪人である。衆生の意義を、このように修多羅は明らかにしている。

衆生の意義は、天親菩薩ではあまり明確ではない。『論註』に「凡夫人《ぼんぶにん》の煩悩成就《ぼんのうじょうじゅ》せるありて、また、かの浄土《じょうど》に生まるることを得《う》れば、三界の繋《け》業畢竟《ごうひっきょう》じて牽《ひ》かず」（『教行信証』聖典二八三頁）とあるように、煩悩の成就せる凡夫人として衆生の意義を明確にされたのは、曇鸞大師である。いかなる衆生が本願の機であるかは、「正信偈」では曇鸞章に端緒がある。次の道綽章には「一生造悪（一生《いっしょう》悪を造れども）」（聖典二〇六頁）、善導章では「定散与逆悪（定散《じょうさん》と逆悪）」（同二〇七頁）と言われ、曇鸞大師からさらに展開される。そして、源信章では「極重悪人（極重の悪人）」（同頁）、源空章では「善悪凡夫人（善悪の凡夫人《ぼんぶにん》）」（同頁）と言われている。天親菩薩の「普共諸衆生」（『浄土論』聖典一三八頁）の「衆生」が誰であるかが、曇鸞大師で初めて明らかになった。それが、大事な点である。衆生の意義を明らかにするために、『論註』に八番問答（真聖全一、三〇七頁参照）があって、そこでは、衆生は凡夫であるということと、それに応じて信心を発起せしむる縁は他力であるということが押さえられている。

覚存――如来内存在としての人間――

同じく、「菩薩《ぼさつ》の荘厳《しょうごん》功徳」（『浄土論』聖典一四一頁）についても、天親菩薩では菩薩が十方に身を遍ずると言われるが（同一四一頁参照）、曇鸞大師では菩薩は還相を指すのである。『浄土論』の「もろもろの衆生の淤《お》泥花《でいげ》を開くがゆえに」（同一四二頁）という言葉に曇鸞大師は注意され、『維摩経』を引かれて「「高原の陸地《ろくじ》には、蓮華《れんげ》を生ぜず。卑湿《ひしつ》の淤《お》泥《でい》に、いまし蓮華《れんげ》を生ず」。これは、凡夫《ぼんぶ》煩悩《ぼんのう》の泥の中にありて、菩薩《ぼさつ》のために開導《かいどう》せられて、よく仏の正覚《しょうがく》の華を生ずるに喩《たと》う」（『教行信証』聖典二八八頁）と言われている。凡夫が個々に煩悩の中にあって、「菩薩のために開導せられ」、仏の正覚の華を生ずる。「生」や「開」という語が、用いられている。外から言えば「開」であり、内から言うと「生」である。これは、開発と発起である。続いて「諒《まこと》にそれ三宝《さんぼう》を紹隆《しょうりゅう》して常に絶えざらしむ」（同頁）とあり、これは菩薩の「自ら信じ人を教えて信ぜしむ」（同二四七頁）である。この「淤《お》泥華《でいけ》」（同二八八頁）に親鸞聖人は深い感銘をもたれ、『入出二門偈』にも引かれている（「淤《お》泥華《でいけ》」聖典四六五頁）。

宗教心の比喩として、蓮華が用いられている。他にも、天台宗は『妙法蓮華経』を正依としており、蓮華の意義の解釈は精密を極めるが、簡単に言うと泥にあって泥に汚されないことをあらわす。蓮華は、泥を突破して生ずる。宗教心は、泥の外にあらわれ出るのではなく、泥の中に生じて泥を超える。このような形で、蓮華は宗教心の象徴になるのである。

善導大師は宗教心を白道であらわし、「中間の白道《びゃくどう》四《し》五《ご》寸《すん》」というは、すなわち衆生《しゅじょう》の貪瞋煩悩《とんじんぼんのう》の中に、よく清浄《しょうじょう》願往生《がんおうじょう》の心を生ぜしむるに喩《たと》うるなり」（『教行信証』聖典二二〇頁）と言われる。願往生心は、宗教心である。それは仏心であるが、衆生の中に生ずる。惑染の凡夫に生ずる心であるから、信心という名を与えられるのであり、惑染の凡夫を取り去ってしまえば、信心とは言えない。願心が、惑染の凡夫の中に名告《なの》る。これは、形式的に言うと永遠が時間を破るということである。信心の発起は、このような時間を超えた「極促《ごくそく》」（同一七八、二三九頁）という意義をもつ。信心が発ることは、縁起には違いないが、超越的であるので発起という意義をもつ。

信心は、人間において人間を超える。凡夫の中に仏が名告り、願心が信心として成就する。信心とは、衆生が自己の根底に如来を見出したことである。如来は、惑染の凡夫の根底に見出された。だから、願心は有垢真如である。垢は煩悩である。願心は、煩悩のある如である。煩悩があるという意味は、煩悩に覆われているということであり、それに対して無垢真如がある。無垢は煩悩が除かれたということである。如は煩悩に覆われていても減ぜず、煩悩が除かれても増えない。有垢・無垢は、人間にあることである。有垢真如があらわされているのが、本願である。無垢真如は光であり、有垢真如は願である。

法蔵菩薩は、有垢真如の象徴であり、その名告りを信心と言う。信心は、本願成就の信心である。念仏の信心は、『大経』に依ってあらわされる宗教心であるから、聖書の教学の信仰のような面もある。その信仰を有垢真如・無垢真如とあらわすのは、存在論的理解である。信心は、人間に有っても無くてもよいというものではない。信心は、人間にとって偶然的なものではなく、人間の本来性である。人間の本来性は如来であるとして、人間の構造をあらわすのが信心である。起こることは、広くは縁起と言うが、同時に発起という意味をもつ。煩悩が起こってくる場合は、存在論の用語を用いると関心である。煩悩をもって衆生を見るのは、人間が世界関心によって成り立っているからである。ハイデッガーの言う「In-der-Welt-sein（世界内存在）」として存在するからである。しかし、それだけでは人間は成り立たない。ハイデッガーは、メタフィジーク（Metaphysik）、形而上学は存在論であるとし、存在者と存在とを区別する。古い形而上学の誤りは、存在を存在者と誤っていることにある。存在者における存在は、存在者ではない。単なるオンティッシュ（ontisch）、存在的と、オントロギッシュ（ontologisch）、存在論的とを区別しなければならない。

しかし、オントロギッシュであることの手がかりは、ダーザイン（Dasein）、現存在としての人間存在にある。人間も存在者であるが、しかし他の存在者に先立って優位にある。人間は、存在を問題にする存在であることで、存在論的存在である。人間のみが、自己自身の存在について疑問をもつ。問題になるのは、存在者における存在ということであり、それを仏教の言葉では一大事と言うのである。道元は「生をあきらめ、死をあきらめるは、仏家一大事の因縁なり」（『正法眼蔵』「諸悪莫作」）と言う。一大事の因縁とは、存在者が存在を問題にすることである。

人間は、世界への関心に生きている。その場合には、人間は煩悩の衆生としての存在であり、世界内存在である。しかし、存在自身を問題にするのは世界を超えたものであり、如来内存在である。こういう問題をもつのが、如来性起としての人間存在である。人間は、自己の根底に対する関心をもっているのである。人間の根底に対する関心が、宗教心である。内在的関心には尽きるということがない。人間が真に人間であるという問題に関係して、信仰が明らかにされる。

人間にとって、宗教心は有っても無くてもよいというものではない。しかし観念体系やイデオロギーにおいては、信仰は歴史や経済の上部構造とされる。信仰が上部構造ならば、宗教否定が結論されることは当然である。観念体系やイデオロギーでは、宗教は明らかにならない。信仰を、それらよりももっと深く広い立場から見直す必要がある。信仰を否定することも、一つの信仰である。マルキシズムは、人間の根底を唯物論的に考えるが、唯物論も信仰を否定する一つの信仰である。問題は、どれが正確に信仰を捉えているかである。信仰と信仰の否定との対決ではなく、ある信仰と他の信仰との対決である。信仰の証明は、安心を与えるかどうかにある。信仰が真に純粋であれば、安心の意義をもつ。

我われの信仰は『大経』の教学の信仰であるが、そのような信仰が人間の問題である。この意義を明らかにするためには、信仰の存在論的解明が大切である。そのために、瑜伽とか般若の教学が役立つのである。有垢真如・無垢真如は、信仰の存在論的解明である。法蔵菩薩は神話的象徴であるが、キリスト教の神話と仏教の神話とは違う。仏教の神話は、初めから神話であることを自覚した神話であり、高度な基礎の上に立っている。存在の根底をあらわす文学の方法が、神話である。

歴史は、歴史だけでは成り立たず、歴史を超えたものによって成り立っている。単なる歴史ではなく、歴史自身が超歴史的である。神話とは、法界を歴史であらわすための方法なのである。いずれにしても「惑染凡夫信心発」の「発」という字が大切である。

信心の発起とは、本来性の自覚を発《ほっ》することである。惑染の凡夫は非本来性であり、非本来性である衆生が本来性を自覚するところに、信心を発する。信心を発するとは、内から言うと本来性・存在性の名告りであり、外から言うと開かれることである。信心を発するということは凡夫においてであるが、凡夫を超えていることである。惑染の凡夫であればこそ信心は発せられるのだが、一度信心が発《おこ》れば、惑染の凡夫は転ぜられ菩薩となる。菩薩の意義を広く取ればよい。広く取ると言うよりも、文字通り菩薩 bodhisattva（覚有情）である。これは覚存、つまり自己の存在を自覚した衆生である。自己を自覚することが、あらゆる存在から人間を区別する。覚有情は、自覚存在・覚存である。自覚をもった衆生が、bodhisattva である。

「即」は存在構造の論理である

信が発るならば、信の智慧が生死即涅槃の証知をもたらす。生死は惑染の凡夫であり、それがそのまま涅槃である。煩悩即菩提・生死即涅槃の「即」は、「そのまま」という意味である。だから惑染の凡夫がそのままに、覚りの智慧が発る。惑染の凡夫が信心を発すならば、惑染の凡夫そのままにして、信心が涅槃である。

曇鸞大師は、『論註』で『浄土論』の最後の「阿耨多羅《あのくたら》三藐《さんみゃく》三菩提《さんぼだい》」（聖典一四五頁）を「無上正遍《むじょうしょうへん》道《どう》」（『教行信証』聖典一九四頁）と解釈され、「道」を「無碍道《むげどう》」（同頁）と言われる。さらに「一道」を「一無碍《むげ》道」（同頁）と言われ、その無碍を「生死《しょうじ》すなわちこれ涅槃《ねはん》なりと知るなり」（同頁）と言われている。つまり、無碍とは生死と涅槃とが一つであり不二であるということを知ることである。生死と涅槃と、二つのままが不二である。不二という認識が、宗教心がもっている認識であり、不二が宗教の真理である。不二が「即」であり、「即」が明確になるのが、信心の世界である。広く言えば、大乗の宗教は「即」の一字で語られる。

「即」は、本当の深い意味での同一律である。A is A を同一律と言うが、これは二つのAを結合することであると考える。しかし、それなら単にA is B に過ぎない。

「即」は、信仰の論理をあらわす。「即」は存在構造の論理であると言える。同一律をいかに考えるかによって、論理の内容が決定される。仏教の「即」は、生死は即ち生死ではない、それが生死である、という論理である。AはAではない、それがAである、という同一律である。「即」は、信仰の弁証法である。「即」が、絶対否定即絶対肯定の不二の世界を開いてくる。不二は、中道と言ってもよい。

曇鸞大師が「生死《しょうじ》すなわちこれ涅槃《ねはん》なりと知るなり。かくのごとき等《ら》の入不二《にゅうふに》の法門は無碍の相なり」（『教行信証』聖典一九四頁）と言われるのに対して、親鸞聖人は「絶対不二《ぜったいふに》の教」「絶対不二の機」（同二〇〇頁）という語を使われた。生死即涅槃であると分別するのではない。A is non A と考えているならAの外にいる。自分が生死であると知る。知ると言っても、対象化して知るのではない。それなら解知である。「即」は解知に属さず、証知である。証知の知るとは成ることである。「即」は証に与えられている。解に与えられているのではない。non A はどこまでも non A であってAではないと、厳然と区別するのが解である。区別した二が一つであることが、証である。区別を止めて一つと混乱すると、ミスティシズム（mysticism）、つまり神秘主義である。「即」は、どこまでも区別したままが不二である。二を止めて不二と言うのではない。

大乗は、「即」ということで、その信仰認識が不二の認識であるという意義をあらわす。これをもたなければ、信仰は安心にならない。安心は、証に与えられるものである。心が心自身を証知したのが、安心である。証を、念仏によって信心として与えている。証を、信という形で与えているのである。

Aはnon Aではない、というのは世俗諦である。不二は、勝義諦（第一義諦）である。世俗諦によらなければ勝義諦には入れない、ということが大切である。信仰は、悟性を止めるのではない。二はどこまでも二である、ということを止めてしまっては、不二にはならない。二であることを峻別するのが世俗諦であるが、世俗諦によらなければ勝義諦に入れない。しかし勝義諦によらなければ、二の執着を破ることができない。一を知らなければ二に束縛されることから逃れることができない。このようなことが不二であり、「即」と言われる内容である。

仏教では不二ばかりではなく、二も大切である。二はどこまでも二である、ということに意味がある。善は善であり、悪は悪である。善でも悪でもよいのではない。不二は縛られないことであり、善悪を超越する。この点が大切である。

「即」と「速」と「疾」

「惑染凡夫信心発　証知生死即涅槃　必至無量光明土　諸有衆生皆普化」。

この「惑染凡夫信心発」は、「正定之因唯信心」の「信心」を受けている。だからここでは、曇鸞大師が『浄土論』解義分の結びの「菩薩、かくのごとく五念門の行を修して、自利利他して速やかに阿耨多羅三藐三菩提《あのくたらさんみゃくさんぼだい》を成就したまえることを得たまえるがゆえに」（聖典一四五頁）を解釈されるのに即して、「往還回向由他力」の「他力」を証明しておられるのである（『教行信証』聖典一九四～一九五頁参照）。

『浄土論』の「速」という字が大切である。結びの「菩薩、かくのごとく五念門の行を修して、自利利他して速やかに阿耨多羅三藐三菩提《あのくたらさんみゃくさんぼだい》を成就したまえることを得たまえるがゆえに」（聖典一四五頁）の「速」と、「願生偈」の「能令速満足」（同一三七頁）の「速」とがある、この二つの「速」の文字を曇鸞大師が見逃されるはずがない。「速」が、他力を象徴し、横超をあらわしている。曇鸞大師は、「自利利他して」の利他が他力をあらわす概念であることを明らかにされ、それを受けて親鸞聖人は、「他利利他の深義《じんぎ》」（『教行信証』聖典二九八頁）として明らかにされた。利他は、他力を言いあらわした言葉であり、他力によって「速」が成り立つのである（同一九四～一九五頁参照）。

龍樹菩薩は「疾」と言われた（「あるいは勤行精進《ごんぎょうしょうじん》のものあり、あるいは信方便の易行《いぎょう》をもって疾《と》く阿惟越《あゆいおっ》致《ち》に至る者あり。乃至　もし人疾《ひとと》く不退転《ふたいてん》地に至らんと欲《おも》わば、恭敬心《くぎょうしん》をもって執持《しゅうじ》して名号《みょうごう》を称すべし」（『教行信証』聖典一六五頁））が、これは遠くさかのぼると『大経』の「願生彼国、即得往生、住不退転」（聖典四四頁）の「即」に、そのもとがあるのであろう。『浄土論』に「速」は二か所にあるが、偈文では「不虚作住持功徳」に出ている（聖典一三七頁参照）。二十九種荘厳功徳は、「不虚作住持功徳」に帰着する。「不虚作住持功徳」のところに、初めて仏の本願力が出ている。如来の本願力成就によって「速」が成り立つ。偈文ではそこに他力があらわされているが、曇鸞大師は、解義分の最後のところの「速」の字を押さえて証明された（『教行信証』聖典一九四頁参照）。

そこに「いま的《ひと》しく三願を取りて、もって義の意を証せん」（『教行信証』聖典一九五頁）と三願的証が置かれ、『浄土論』の「速」を明らかにするために、『大経』の本願にかえって、願文に照らして『浄土論』を明らかにされている。三願をもって、的を射抜くように明確に証明し、我われが仏に成るのは仏願の成就によるということが出ている。「惑染凡夫信心発」以下の四句は、三願的証の三願の精神をもって成り立っていると思われる。三願とは、第十八願・第十一願・第二十二願である。「惑染凡夫信心発　証知生死即涅槃」は第十八願を背景とし、「必至無量光明土」は第十一願成就を、「諸有衆生皆普化」は第二十二願の成就をあらわす。

いかなる衆生を本願成就の機とするか

「惑染凡夫信心発」は、曇鸞大師の三願の読み方を親鸞聖人がさらに純化しておられる。曇鸞大師は三願的証の中に、第十八願を「仏願力に縁《よ》るがゆえに、十念念仏してすなわち往生《おうじょう》を得《う》。往生を得るがゆえに、すなわち三界輪転《さんがいりんでん》の事を勉《まぬか》る」（『教行信証』聖典一九五頁）と言われ、「十念往生の願」という形で出されていて、「念仏往生の願」であるという形では出されていない。ましてや信心の願であるという純粋な形では出されていないのである。

第十八願は、総じては「念仏往生の願」である。十念往生という言い方では、念仏が努力であらわされていることになる。一や十は数をあらわすが、数を否定するために「乃至」が付いている。一も十もall oneという意味で一即多をあらわしているのであって、それを数として解釈すると努力をあらわすことになってしまう。曇鸞大師では十念往生という不純粋な形で出ており、況《いわ》んや信心の願として出ていない。しかし親鸞聖人は、第十八願は総じては「念仏往生の願」であり、別しては信心の願であると、『教行信証』で明瞭にされたのである。

ここに「惑染凡夫信心発」と言われている。これは、特に本願の機を惑染の凡夫であると押さえるあらわし方であり、『浄土論』では必ずしも明確ではない点がここで明確になってきている。天親和讃を見ると「釈迦《しゃか》の教法《きょうぼう》おおけれど　天親菩薩《てんじんぼさつ》はねんごろに　煩悩《ぼんのう》成就のわれらには　弥陀《みだ》の弘誓《ぐぜい》をすすめしむ」（『高僧和讃』聖典四九〇頁）とある。「煩悩成就のわれら」が本願の機であることは『論註』で明瞭になったのであり、この和讃も『論註』を通した見方である。曇鸞和讃に「論主《ろんじゅ》の一心ととけるをば　曇鸞大師《どんらんだいし》のみことには　煩悩《ぼんのう》成就のわれらが　他力《たりき》の信とのべたまう」（同四九二頁）とある。この「煩悩成就のわれら」が「惑染の凡夫」である。これは、曇鸞大師が初めて明瞭にされたのである。

本願の機が凡夫であることは、龍樹菩薩や天親菩薩では明確になっていない。本願の機が凡夫とあらわされて初めて、その機に対応して、本願が他力とあらわされるようになるのである。易行の易たる所以は、他力にある。他力でないと、易行という言葉がわずかな努力ということをあらわすことになる。他力が、初めて易行を基礎づけたのである。龍樹菩薩の言われた、努力を必要としないという易行の意味を、曇鸞大師は縁としての他力であらわされた。他力と易行とは、別のことではない。

『論註』で明らかになった他力の内容を押さえて、親鸞聖人は「往還回向由他力」と言われたのである。

法が他力であることが明瞭になったのは、本願の機が惑染の凡夫であることによる。「願生偈」の最後に「普共諸衆生」（『浄土論』聖典一三八頁）と出ている、この「衆生」が本願の機である。偈文の最後の「衆生」について、曇鸞大師は八番問答（真聖全一、三〇七頁参照）において、『浄土論』解義分の最後の「速」に注意して、「衆生」の概念を明らかにしておられる。「速」は、法について言われるのであり、「衆生」は本願の機である。偈文の最後の「衆生」の概念を捉えて、『浄土論』の重要問題が取り扱われているのである。

曇鸞大師は、偈文の最後の「衆生」を決定するために『大経』に注意され、『大経』の立場で本願はいかなる衆生を機とするかを明らかにされる。本願は、機の上に成就する。機の概念は、一応は衆生をあらわすが、さらに言えば衆生を本願の機として成就するという意味である。機を成就するのは、衆生を本願の機として成就するという意義である。惑染の凡夫を、本願成就の機とする。いかなる衆生を本願成就の機とするかを、本願に照らして明らかにしておられるのである。

本願成就文には、「諸有衆生」（『大経』聖典四四頁）とある。諸有衆生は凡夫である。さらに『観経』に照らしてみれば、凡夫にしても悪人である。本願成就の『大経』に依ると凡夫であり、さらに『観経』に照らしてみると下品下生の機であり、これは悪人である（『観経』聖典一二〇頁参照）。このように、曇鸞大師は本願成就の機を決定しておられる。機が惑染の凡夫であることが、曇鸞大師によって初めて明瞭になった。このことは、『浄土論』だけではわからない。『論註』の事業を俟《ま》って、初めてわかったのである。

蓮華は、自覚の譬喩である

本願の機は、凡夫である。それゆえに、偈文の最後の衆生が悪人・凡夫であって差し支えない。悪人・凡夫でもうなずくことができるのが、本願である。悪人・凡夫の上にこそ成り立つ覚りが、本願の信心である。惑染の凡夫を選び捨てるのではなく、かえって凡夫において信心を成就する。信心が発《おこ》るところに、人間が本願の機として成就する。ことに惑染の凡夫について忘れることができないのは、『浄土論』の「淤泥花《おでいげ》」（聖典一四二頁）という言葉である。安楽浄土の菩薩の行の徳が荘厳され、浄土の菩薩は浄土を離れずして十方の世界に身を現じて衆生を教化する、という徳を述べてある（『浄土論』聖典一四一～一四二頁参照）。そこに、「もろもろの衆生の淤泥花《おでいげ》を開く」とある。

衆生を開化するために、菩薩が十方世界に身を現ずる。それを「もろもろの衆生の淤泥花を開く」と言われている。これは信心を発させることである。信心を「淤泥花」と言われている。これを親鸞聖人は「惑染凡夫信心発」という言葉であらわされたのであろう。菩薩から言うと、信心を開発するということになる。「発」には開発という意味もある。教えをもって外から開くのは、開発である。内から言うと、願が名告《なの》るのである。本願から言うと発起であり、教えの面から言うと開発である。信心を「もろもろの衆生の淤泥花」と言われている。曇鸞大師は、「淤泥花」を解釈するのに『維摩経』を引かれて、「高原の陸地《ろくじ》には、蓮華《れんげ》を生ぜず。卑《ひ》湿《しつ》の淤《お》泥《でい》に、いまし蓮華《れんげ》を生ず」（『教行信証』聖典二八八頁）と言われる。

「淤泥華」とは蓮華のことである。蓮華だけが華なのではない。他の華から区別して蓮華としての意義を明らかにするために、経典を引いてさらに注釈されている。「これは、凡夫《ぼんぶ》煩悩《ぼんのう》の泥の中にありて、菩薩《ぼさつ》のために開導《かいどう》せられて、よく仏の正覚《しょうがく》の華を生ずるに喩《たと》う」（『教行信証』聖典二八八頁）とある「正覚の華」は、「願生偈」では「正覚花化生（正覚《しょうがく》の花より化生《けしょう》す）」（『浄土論』聖典一三六頁）に当たる。それを解釈して、『論註』では「諒《まこと》にそれ三宝《さんぼう》を紹隆《しょうりゅう》して常に絶えざらしむ」（『教行信証』聖典二八八頁）と言われている。

親鸞聖人はこれらの言葉に着眼されて、「惑染凡夫信心発」と出されているのであろう。蓮華は信心を喩えるが、さらに根元的には正覚を喩える。正覚の譬喩を、信心の譬喩にする。正覚も信心も同じである。信心とは、仏が凡夫において自覚されたことをあらわす。信心とは、凡夫が凡夫の本来性である仏を自覚したその自覚を言う。蓮華は、自覚の譬喩である。仏を、凡夫の自覚として明らかにしたのである。特に「凡夫《ぼんぶ》煩悩《ぼんのう》の泥の中にありて」（『教行信証』聖典二八八頁）と言われる。善導大師は、信心を願往生心とあらわし、「衆生《しゅじょう》の貪瞋《とんじん》煩悩《ぼんのう》の中に、よく清浄《しょうじょう》願往生《がんおうじょう》の心を生ぜしむる」（同二二〇頁）と言われる。煩悩の中に、願往生の心が煩悩を破って名告る。

ここに、煩悩即菩提、生死即涅槃という自覚があらわされている。蓮華は自覚の譬喩になる。凡夫の信心も華であるが、仏の正覚も華である。凡夫を覚ったのが仏であり、凡夫無しには仏は無い。仏が仏自身を否定して凡夫の中にあるから本願と言い、仏が凡夫を破って名告ってくるから本願成就の信心と言う。「惑染凡夫信心発」と言われるが、惑染の凡夫に信心が発《おこ》れば、凡夫ではない。信心は蓮華をもってあらわされるから、正覚である。

信心は、仏心であって凡夫心ではない。凡夫が信心を発《おこ》すことは、当たり前のことではない。凡夫は、信心を発したならば凡夫ではない。凡夫ではない心であっても、凡夫に発る。信心はどこまでも、我《われ》信ずるということである。だから天親菩薩は「我一心」と我を置いた。我信ずると言うが、我の心ではない。我信ずることは、我の能力によるのではなく仏による。信心が他力によるならば、我は信じないかというと、そうではない。他力による必然である。必然というと自由はないのかというとそうではなく、我信ず、と自由に信ずることが、本願の必然なのである。

我われが信ずるのを止めて、他力に帰するのではない。信ずるのを止めたら他力に帰することになるかというと、そうではない。他力だから我は信じない、というのではない。我信ずるままが、我を超えた力である。信ずる我は、我を超えている。信心は凡夫の心ではないが、凡夫に発る覚りである。もし凡夫ではなく聖者に発る覚りならば、証と言ってよい。惑染の凡夫に、惑染の凡夫を超えた心が発る。だから心に信という字を付ける。信心が凡夫の心ではないことは、次の「証知生死即涅槃」であらわす。生死を涅槃であると証知する意味をもつ。これは凡夫の心ではない。聖者に発るなら、信心と言わずに初めから証と言ってよいが、凡夫に発るから信心と言う。蓮華はどこまでも淤泥に生ずる。本願や念仏の教えは、凡夫を離れると成り立たないのである。

信仰は、裸の人間を回復させる

念仏と禅とは、思弁仏教に対するプロテスト（protest）、抗議としての実存という意義をもつ。実存とは、本質存在に対する現実存在であり、本質存在に対するプロテストとして起こっている。本質を突破するところに、実存という意味がある。禅の「直指人心」（慧能《えのう》の『六祖壇経《ろくそだんきょう》』、黄檗希運《おうばくきうん》の『伝心法要《でんしんほうよう》』参照）は、思弁を破って脚下の実存を呼び出すということである。思弁・教理を超える。実存を念仏に求めるなら、機は凡夫という現実存在である。この点が、念仏の仏教が凡夫の実存の仏教であることを語っている。

煩悩成就・罪悪深重という言葉に、能力が劣っているとか不完全であるという倫理概念の解釈を加えると、固定化される面が出てくる。能力上の不完全ではなく、かえって完全である。煩悩成就・罪悪深重とは、煩悩や罪悪について完全円満である。仏も全体であり、凡夫も全体であり、仏と凡夫とが出遇うのは、完全と完全との対決である。念仏の仏教には、そのような意義がある。凡夫とは、教理ではどうにもならないという現実性である。凡夫とは、倫理的価値が低いとか不完全であることではなく、現実性、リアリティ、実存の実をあらわす。あらゆる教理の思弁の枠から漏れる現実である。人間であることが、凡夫であるとの実をあらわす。

ただし凡夫に信心が発らないと、凡夫が真にはならない。実は現実である。現実存在が惑染の凡夫であるが、しかし信心は真理である。信心がないと、現実であっても真理にはならない。信心をもって凡夫が真実になる。凡夫の現実が、仏の真理の現成《げんじょう》である。それが成就である。人間がただ凡夫であるのではなく、真理の現成である。真理の現成の自覚が、信心である。宗教的実存が、「惑染凡夫信心発」と、信心を発した凡夫としてあらわされる。凡夫の位で発した覚りであるから信心と言われるが、信心そのものは凡夫ではなく、仏心である。しかし仏心が発るのは、凡夫においてであって、凡夫は仏の成就の場所である。

そのように「惑染凡夫信心発」を押さえると、当然「生死即涅槃」が出てくる。凡夫のいる境界は生死であり、仏の境界は涅槃である。「生死即涅槃」は、生死を離れずにそのままが仏の境界であることをあらわす。大乗の覚りである。惑染の凡夫に信心が発れば、信心はそのまま凡夫を超えた心であり、涅槃である。それをあらわすのが「生死即涅槃」である。これは信即証、つまり信証一体である。凡夫が証を直接得ようとすれば、凡夫を止めるより仕方がない。しかし信を発せば、それが即証である。信心を抜きにして、初めから証をつかもうとするのが禅の道である。禅の証を覚りと言う。証を信として与えるところに、念仏がある。

信とは初めをあらわし、証は終わりをあらわす。初めに終わりをもっている。覚りの初めが信であり、終わりが証である。証が信から始まる。到達点の証が、出発点の信として見出される。「惑染凡夫信心発」には「淤泥華」を開くという意味がある。生死即涅槃についても、曇鸞大師では「生死《しょうじ》すなわちこれ涅槃《ねはん》なりと知るなり」（『教行信証』聖典一九四頁）と言われ、ただ「知」とあったところに、親鸞聖人が「証」の字を補《おぎな》われた。証ではない知り方もある。知は、信知するという語があるように、信にもかかる。信知は分別であり、南無阿弥陀仏の謂れを知ることである。証知は無分別である。無分別を、無分別のままで衆生に与えることはできない。証の世界は、唯仏与仏である。その証の内容を失わずして凡夫に与えるのが、念仏である。そこに信がある。

人間が凡夫であることを止めてしまえば、本願も念仏も成り立たない。凡夫とは裸の人間である。人格とか本質で考えるのではない、宿業であらわされる人間が凡夫である。人間は理性の着物を着るが、それで裸の人間がなくなったのではなく、着物で窒息している。本願に、着物の部分でうなずくのではなく、裸の部分でうなずく。着物はいろいろあるが、裸は一貫して一緒である。いかに愚かなものでもうなずけるし、どんなに賢くてもうなずかざるを得ないのが本願である。人間はどんな粗末な着物を着ていても、裸の人間だけは回向されている。

不増不減の裸の人間に立つ。無知や野性は文化的に低いことではなく、裸の人間をあらわす限りにおいて意味がある。信仰は、裸の人間を回復させる。宗教的意味における野性は、着ている理性のために疎外されている。その疎外している理性を突破して、裸の人間にかえる。かえれば本来の仏である。

こういうわけであるから、凡夫に証を直接得させようとするのではなく、終わりを初めに与える。初めは信である。初めを押さえれば、終わりの証がある。初めから、終わりだけにするのは無媒介である。無媒介の生死即涅槃は、即身成仏である。しかし即身成仏は、ただそう言うだけで、仏には成れない。即というより、むしろ非即である。どこまでも凡夫であるところに、かえって仏即凡夫が成り立つ。だから、「即」とは分限があるままでの「即」である。

そもそも、生死即涅槃は不二のことである。曇鸞大師は「入《にゅうふ》不二《に》の法門は無碍の相なり」（『教行信証』聖典一九四頁）と言われた。生死と涅槃とが、無碍である。生死即涅槃・不二を離れて大乗仏教はない。不二とは二を止めて一ではなく、二にして一であり、二のままが一であるので不二と言う。二を混乱した一ではなく、二を明確にして一である。生死と涅槃との分限を明確にして、しかも一体である。これが証である。二のところに一である。

分限を明確にせずして無媒介に証を捉えると、凡夫を忘れた仏になる。それは結局、神秘主義である。惑染の凡夫に信心が発《おこ》るならば、信心即ち証である。惑染の凡夫に信心が発るならば、凡夫の信は仏に即せしめられる。

回向の果をもって、因の回向の意義を明らかにする

「惑染凡夫信心発　証知生死即涅槃　必至無量光明土　諸有衆生皆普化」。

曇鸞大師について「往還回向由他力　正定之因唯信心」と言われたのは、他力を初めて明瞭にされたのが曇鸞大師であることをあらわす。龍樹菩薩では易行と言われていたが、その易行である所以を、曇鸞大師は天親菩薩の『浄土論』を通して他力と基礎づけられた。他力という言葉は、今日ではいろいろな誤解を伴う。『論註』は、「他力」という一般的な概念をもって信仰の世界を語る用語にしている。難易二道という語も、「世間の道に難あり、易あり」（『教行信証』聖典一六五頁）と言われて、難易二道というような世間の概念をもって信仰の世界を明らかにする概念にしている。一般的な意味で難

易や他力を解釈すると、誤解が生じる。「行巻」に、親鸞聖人自ら本願一乗海を『論註』によって明らかにしておられるが（同聖典一九八～一九九頁参照）、曇鸞大師が他力を見出されたのは『浄土論』の偈文の中の「観仏本願力　遇無空過者」（聖典一三七頁）の「本願力」のところであり、その本願力の内容は『論註』で「たとえば阿修羅《あしゅら》の琴《きん》の鼓する者なしといえども、音曲《いんぎょく》自然《じねん》なるがごとし」（『教行信証』聖典一九三頁）と言われているように、自然であることである。つまり願力自然・法爾自然のはたらきを、他力とあらわしておられる。

「願生偈」に仏の本願力が出ており、曇鸞大師はその仏の本願力をもって他力を明らかにされたのである。『浄土論』を見る眼を、『浄土論』の中に見出された。「願生偈」中の仏の本願力に立って、『浄土論』をすべて解釈されたのである。それを『論註』の最後のところに証明してある。有名な「他利利他の深義《じんぎ》」（『教行信証』聖典二九八頁）とは、それである。「証巻」に、「宗師（曇鸞《どんらん》）は大悲往《おう》還《げん》の回向《えこう》を顕示して、ねんごろに他利利他の深義《じんぎ》を弘宣《ぐせん》したまえり」（同頁）と、簡潔な言葉で『大経』の歴史における『論註』の精神的事業をたたえてある。「他利利他の深義」という言葉に、曇鸞大師の偉業が結晶されている。

曇鸞大師が回向を往相・還相の二相に開くのは、他力を明らかにするためである。その他力を『論註』の最後で明らかにしておられる。『浄土論』には「速」が、偈文（総説分）の中と、長行（解義分）の後ろと二度出ている。総説分と解義分を比較すると、総説分の「速」は仏の本願力を語られているところにあり、解義分の方では「速」が「菩薩、かくのごとく五念門の行を修して、自利利他して速やかに阿《あ》耨《のく》多《た》羅《ら》三藐《さんみゃく》三菩《さんぼ》提《だい》を成就したまえることを得たまえるがゆえに」（『浄土論』聖典一四五頁）と、最後に出ている。「速」が二か所に出ていることが大切である。

速の速たる所以を、他力と言う。『論註』の最後に、「何の因縁ありてか『速得成就阿《あ》耨多羅《のくたら》三藐《さんみゃく》三菩《さんぼ》提《だい》』と言えるや」（『教行信証』聖典一九四頁）と、何に縁《よ》って「速」であるのか問いを出し、そこに「速」の文字にあらわされた問題を明らかにしている。それに続いて答えとして、「五門の行《ぎょう》を修《しゅ》して、もって自利利他成就したまえるがゆえに」（同頁）と『浄土論』を引かれ、利他の概念に着眼して「速」を明らかにしてある。利他は他力である。『論註』の最後に三願をもって的証し、「速」が他力によることを、四十八願を通して証明してある。普通から言えば、他利も利他も違いのない言葉であり、違いは受動形か能動形かという文法上の問題であるが、それを手がかりとして文法上の問題を超えた問いを出している。

曇鸞大師が、利他という概念が自他を超越する意義をもっていることに注意されたところに、親鸞聖人は深い教えを受けられたので、「他利利他の深義」と言われた。他利と言う場合は受動形であるが、利他と言う場合には能動形である。つまり、利他は「能令速満足　功徳大宝海（能《よ》く速やかに功《く》徳《どく》の大宝海を満足せしむ）」（『浄土論』聖典一三七頁）の「能」である。利他・他力は分別を超えた力である。

普通では自力という語に否定の意義はないが、曇鸞大師が、信仰をあらわす概念として自力・他力を使われ、新たな術語になった。この自力は、分別のことである。他力は、分別の他《ほか》の力であるから縁の力であり、計度《けたく》分別を超えた力である。他力増上縁という言葉も出ている。他力は増上縁という言葉になる。増上縁と言うと特別な縁のようだが、縁一般をあらわす。因を成就する力を、縁と言う。こういうことで、利他という言葉は他力をあらわす言葉であるとして、他力を四十八願で証明してある。

「速」は、他力によって初めて成り立つ。「三願的証」(『教行信証』聖典一九五頁)の三願(第十八願・第十一願・第二十二願)によって、「速」を明らかにしている。思うに、これは本願論の最初の形ではないだろうか。親鸞聖人の二回向四法・三願や真仮八願は、曇鸞大師を継承して完成したものである。広く言うと、第十八願は一貫しているが、龍樹菩薩は易行ということを第十八願に第十一願を加えて明らかにされた。曇鸞大師では第十八願に、さらに第二十二願が加えられている。第十一願は、龍樹菩薩では阿惟越致の問題、つまり正定聚の問題である。第十一願を見出されたのは龍樹菩薩から始まっているが、第二十二願を加えられたのは曇鸞大師の特色である。第十一願と第十八願では往相だけであり、第二十二願があって初めて還相が明らかになる。

三願で、他力往還の教学が基礎づけられる。龍樹菩薩に始まる第十一願は往相の仏道であり、曇鸞大師が見出された第二十二願は還相の菩薩道である。そこに、第十八願が我われ衆生をして仏道を成就せしめるとともに、菩薩道を成就せしめる意義をもつ。念仏の信心は、仏道を成就し、かつ菩薩道を成就するという意義をもつ。仏道・菩薩道を、直接に我われの努力で求めるのではなく、しかも凡夫に成就するところに、念仏の意義がある。念仏は外道でも二乗でもない。念仏は真の仏道であり、菩薩道である。このことが曇鸞大師で初めて明らかになった。

三願で仏教の問題が尽くされているが、仏道だけではなく菩薩道をも包んだことが、曇鸞大師の教学の特色である。還相も、『浄土論』だけを見ると回向ではなく回向の果である。因の回向門によって得るところの果が、還相である。この果の意義をもって、因の意義を明らかにする。因は園林遊戯を結果するような回向である。その回向の果をもって、因の回向の意義を明らかにする。往・還に回向すると言うが、特に還相の回向を明らかにしたのが曇鸞大師である。

ここに曇鸞大師は、第二十二願が「還相回向の願」であるとは言い切っておられないが、四十八願の中から第二十二願を注意されることも、還相回向も曇鸞大師が言われたことであるから、言い切られたに等しい。第二十二願は「還相回向の願」と言ってもよいであろう。親鸞聖人が「証巻」で「還相回向の願」を出すべきところに、標挙として出されるのではなく「『論の註《ちゅう》』を披《ひら》くべし」（『教行信証』聖典二八四頁）と言っておられるのは、還相回向を『論註』をして語らしめようという意図であろう。

そのことが背景となって、「正信偈」の「惑染凡夫信心発　証知生死即涅槃　必至無量光明土　諸有衆生皆普化」の言葉も出ている。「必至無量光明土」は第十一願（必至滅度の願）をあらわし、「諸有衆生皆普化」は第二十二願（還相回向の願）をあらわし、「惑染凡夫信心発　証知生死即涅槃」は、三願の精神によって出てきている。「惑染凡夫信心発　証知生死即涅槃」は、「往還回向由他力　正定之因唯信心」を、さらに詳しく開いて示されたことになる。しかも往・還は連続している。「証知生死即涅槃」を受けて「必至無量光明土」と言っているが、これは往相である。「諸有衆生皆普化」は第二十二願であり還相であるが、往相に連続している。

凡夫は、信の形をとった証を受ける他に道はない

曇鸞大師は「知生死即是涅槃（生死即是涅槃と知るなり）」（真聖全一、三四六頁）と言われているが、親鸞聖人はそこに証を加えられた。証知の知には、信知するという意味もある。「惑染凡夫信心発」の信心は、生死即涅槃を信知するのであり、その中に証知もある。つまり、信証一体という意義があるのである。信心によって得るのは、生死を否定して得る涅槃ではなく、生死のままが涅槃である涅槃、つまり大般涅槃、無上涅槃である。生死即涅槃をただ理解するのではない。真実証の内容である生死即涅槃の証をどこへ当てはめるかと言うと、信心に当てはめる。生死即涅槃は成仏と言ってもよいが、成仏を凡夫に与える。凡夫に与えることに、信心の意義がある。

「往還回向由他力」は、具体的には南無阿弥陀仏である。他力往還の回向を実証しているのは、南無阿弥陀仏である。信心を発《おこ》すというが、空中において発すことはない。信心を発すことは、南無阿弥陀仏における出来事である。信心を発すことも、覚《さと》ることも、「諸有衆生皆普化」の還相も、すべて南無阿弥陀仏の外《ほか》にはない。

「惑染凡夫信心発」ということは不思議な出来事であり、凡夫が信心を発せば、凡夫のままで凡夫ではない。

信は、生死即涅槃の証を、「淤《お》泥《でい》華《け》」（『教行信証』聖典二八八頁）として凡夫に開く。凡夫に仏の覚りを与える。信は、凡夫に与えられた仏の覚りである。信の形でではなく証という形で与えられて受け取ることができるのは、聖者である。凡夫は、そのようなわけにはいかない。凡夫は、信の形をとった証を受ける他に道はない。終わりの証を、初めの信の形で与える。清浄を因の形で与える。仏の覚りが凡夫に発《おこ》されるから信と言うが、凡夫が信を発せば凡夫ではない。仏の覚りが開かれている。凡夫に信が発るのは、そのこと自体が矛盾概念である。だから発起と言われる。信は縁起するに違いないが、超越性があるので、発起すると言うのである。

凡夫に凡夫の心である煩悩が起きるのと、信心が発《お》きるのとは違う。どちらも意識現象であるから縁起であるが、煩悩が起きる場合と信心が発《お》きる場合とは、意味が違う。信心には、凡夫が超越的根底を自覚するという意義がある。煩悩が起きる場合は、我われは根底から外へ出る。信心が発《お》きる場合には、かえって我われが根底にかえる意義がある。その意義がなければ、信仰を他の一切の意識現象と区別できない。

意識のはたらきは、知・情・意（知性・感情・意志）と言われるが、信仰はある種の知識であると言えないこともない。信は智慧である。根元に目覚める知である。キリスト教には、グノーシス（Gnosis）と呼ばれる知を重んじる教派もあった。信仰を、ウイリアム・ジェイムズは「信ずる意志」と言い、シュライエルマッハーは「絶対依憑の感情」と言うが、意志や感情だけでは信とは言えないだろう。心理分析では、超越的根底の自覚を明らかにすることはできない。

真宗で、招喚や勅命、信は願より生ずる、あるいは、如来選択の願心より発起する、と説かれるように、根元に目覚める意味を担わなければ、信仰にはならない。しかし根元に目覚める限りにおいてならば、意志や感情も信仰を述べることができる。グノーシスでも、根元に目覚める知ならば信仰と言える。

とにかく、異質な経験、超越的な意味をもたなければ、信仰は解明できない。一念発起の信という場合は、煩悩が縁に触れて起きたとか、煩悩が生まれてきたというのと同じではない。発起したと言える限りは、根元を覆うものを破った意義がある。

一念には、時を破る意味がある。そこに大きな方向転換がある。凡夫が目覚めさせられる。信仰には目覚めるという意味がある。自覚の「覚」は、正覚の「覚」の意味をもたなければならない。「覚」の意義をもった意識は、そこに大きな方向転換がある。凡夫が夢から覚めるには肩を叩かれなければ覚めないが、その場合、肩を叩く運動と目が覚める運動とは別である。肩を叩く運動は、目を覚まさせるはたらきをもっていなければならない。如来の招喚は、凡夫の目を覚まさせるものの象徴である。一度目覚めた者は、永遠に眠れない。その意味で、信仰には金剛不壊《こんごうふえ》という特性がある。それは信自身に、金剛不壊を証明する力があるからである。

根元が信の確かさを証明している。信には、覚めただろうかと他人に相談する必要がない。夢において夢見られたものに脅かされるのは、夢を見る意識である。いかなる夢の内容も、覚めた者を脅かすことはできない。夢を見ていることと覚めたことの違いは、程度の違いの問題ではない。理に適《かな》うことは覚りではない。論理的証明は、覚ったことではない。人間が迷うことは、無明の他《ほか》からは出てこない。人間には科学的な迷いもある。「覚」に対して、質の違ったさまざまな迷いがある。その迷いを自覚せしめるものが願であり、自覚したのは信心である。信心には、根元にかえって方向が転じてくるという方向転換がある。回向とは、信仰が信仰自身の方向を自覚した言葉である。

そうでなければ「発」とは言えない。「覚」と迷いとは、まったく質の違うものである。質の違うものは、本来統一されない。統一されないものを統一したら、奇跡になる。そういうまったく質の違うものを統一してくるのが信仰である。信を生ずる願こそが、最高一般者である。凡夫が信心を発すならば、凡夫ではない。しかし凡夫に発るから信心と言う。凡夫に発れば凡夫ではない。信の内容が直ちに証である。

特に曇鸞大師の場合に「発」と言われるのは、「「高原の陸地《ろくじ》には、蓮華《れんげ》を生ぜず。卑湿《ひしつ》の淤泥《おでい》に、いまし蓮華《れんげ》を生ず。」これは、凡夫《ぼんぶ》煩悩《ぼんのう》の泥の中にありて、菩薩《ぼさつ》のために開導《かいどう》せられて、よく仏の正《しょう》覚《がく》の華を生ずるに喩《たと》う」（『教行信証』聖典二八八頁）ということがあるからである。人間を凡夫と見ることに応じて、「他力」も出てくる。曇鸞大師によって初めて、人間は凡夫であるという点が明らかにされた。天親菩薩の『浄土論』ではまだ、本願の機が惑染の凡夫であることは明瞭ではない。だから『浄土論』の「第五回向門」に回向が説かれてはいても、それが他力回向であることが明瞭ではない。曇鸞大師の『論註』により、『浄土論』が我われ凡夫に近づいてきたのである。

「生死即涅槃」は、大乗仏教一般が説くことである。「即」の一字が大乗である。だからと言って聖道門ではない。聖道門では、「即」は観想の対象である。念仏に立って初めて、「生死即涅槃」が脚下の事実になる。「即」が信仰の表白として読み取られる立場が、念仏である。念仏は「生死即涅槃」が表白の内容になる。念仏の信仰の意義は、未来に来迎に与《あずか》るのではなく「生死即涅槃」が信仰の内容になる、というところにある。

曇鸞大師は、聖道門の四論宗に再びかえって話しておられるのではない。信仰が、無限に広く深い世界、仏の世界までも包んでくる。証を信として与えた念仏だから、念仏の信はその内容を証としてあらわしてくる。信仰表白の内容が証である。凡夫が単なる凡夫なのではなく、しかも凡夫を消し失わずして、光の内容となっている。本当に凡夫にかえることができた。それが仏に成ることである。凡夫であることこそ、仏の現実である。

そのままのおたすけと言われるが、おたすけは信仰の内にある。信仰の外に見るおたすけは、未来往生である。信仰の内のおたすけは絶対満足であり、落在である。「生死即涅槃」は、生死に落在することができたことであり、生死そのものになりきることができたことである。念仏の信は、動乱を嫌わずして、動乱そのものに解消してしまう信仰である。それは徹底したリアリティ、リアリズムの信仰である。

「生死即涅槃」は、ニヒリズムや実存主義よりはるかに徹底した世界である。曇鸞大師が長らく求められた「般若」「華厳」の法門が、脚下に開かれてきている。大乗仏教から真宗を見て承認するのではなく、真宗の眼で大乗仏教を見直す。すると、「般若」も、現前の境遇に落在することであり、脚下にある。生死即涅槃は不二の法門である。これは「華厳」に出る事事無碍法界である。

念仏が、「般若」「華厳」の思弁的教学を信心の内容として転じてくる。自力の信心では、そのような内容の信心を包めない。「生死即涅槃」を包むためには、自力の信心も翻されなければならない。主観性を克服した如来回向の信心でなければならない。自己の主観を破って本願に触れれば、本願そのものが信心の中に自己開示してくる。だから「生死即涅槃」を受けて「必至無量光明土」とある。「生死即涅槃」が安楽浄土の覚りであり、浄土の真証である。

「必至無量光明土」の「必」は、時間的に未来に必ず至るという意味ではない。信心によって得られた証《さと》りが、仏の世界に直結しているのである。

我が如来を呼び求めている言葉は、如来が我を呼び求めている言葉である

「真仏土巻」では、真仏は不可思議光如来、真土は、ここで言う「必至無量光明土」の無量光明土として明らかにされている。真仏は形のない仏であるとは言わずに、凡夫を材料として光っている仏であり、輝く凡夫である。凡夫そのものが仏として輝いている。それが荘厳である。凡夫をもって形なき証《さと》りの形にしてある。土もまた無量光明土であるから、仏身と仏土とが別にあるのではない。仏身がそのまま仏国土である。身土不二があらわされているのである。

無量光明土という言葉は、もとは『大経』の異訳の経典である『平等覚経』の「東方偈」に出ている言葉であるが、そこに「すなわち安楽国の世界に到《いた》るべし。無量光明土に至りて、無数の仏を供養す」（『教行信証』聖典一六〇頁・三〇一〜三〇二頁）とある。それを「三願的証」の精神によって第十一願を見られるから、親鸞聖人は「必至」と付けられた。もとの経文の意味では、無量光明土は諸仏の世界であり、安楽国は阿弥陀の国土である。無量光明土は諸仏の浄土である。それに対して親鸞聖人が、「土はまたこれ無量光明土《むりょうこうみょうど》なり」（同三〇〇頁）と言われる。これは、阿弥陀の安楽国をそのまま無量光明土と言っているのだから、読み違えたのかと思われるかも知れないが、そうではない。安楽国も諸仏の国土の他《ほか》にはないこと、そして如来は尽十方無碍なる光であり、安楽浄土も尽十方の世界であることをあらわそうとされるのである。

安楽国は、阿弥陀仏の本願の世界である。本願の他に安楽浄土を考えるべきではない。安楽浄土は本願の内的対象界であり、本願の内面をあらわす。本願に目覚めてみれば、すべて本願の世界でないものはない。阿弥陀仏の浄土でないものはない。その意味を無量光明土であらわすのである。だから我われが本願に帰してみれば、穢土と呼んでいた世界が浄土の内容になる。浄土でないものはない世界の内容を「生死即涅槃」があらわすのである。

「生死即涅槃」をわざわざ曇鸞大師のところへ置かれているのは、安楽浄土が直ちに無量光明土であることを、親鸞聖人はやはり曇鸞大師の言葉を通して確かめられたからであろう。仏でないものはないことは『浄土論』に出ているが、浄土でないものはないことを「無量光明土」であらわす。穢土から浄土へは絶対否定があるが、浄土へ至れば浄土ならざるはないことをあらわすのである。『論註』を見ると「国土の名字《みょうじ》仏事をなす」（『教行信証』聖典二八一〜二八二頁）とあり、南無阿弥陀仏は仏の名であるだけでなく、国土の名でもあることが出ている。身土不二が『論註』に述べられている。

曇鸞大師の『讃阿弥陀仏偈』も、まず「南無阿弥陀仏」と名字を挙げてから、後で「釈名無量寿傍経　奉讃亦曰安養（釈《しゃく》して無量寿傍経《むりょうじゅぼうきょう》と名《な》づく、讃《ほ》め奉《たてまつ》りて亦安養《またあんにょう》と曰《い》う）」（真聖全一、三五〇頁）と言われている（『浄土和讃』聖典四七八頁参照）。

曇鸞大師は『讃阿弥陀仏偈』を「無量寿傍経」と言われる。『大経』に傍《そ》えた『偈』は、傍《そ》えられた経であるとの意味である。「亦安養と曰う」とある。仏をまた安養仏とも言い、土もまた安養土と言う。仏の名が土の名でもあり、無量寿仏が無量寿国でもある。仏も国土も同じである。このような意味が強調されている。

如来が自己を具体化した言葉が、名号である。名号は、如来の要求・勅命をあらわす。つまり名号は本願の言葉であり、我われの称える言葉が如来の言葉である。魂の言葉である。我《われ》が如来を呼び求めている言葉が、如来が我《われ》を呼び求めている言葉である。この自覚が信心である。南無・帰命が招喚の勅命である。南無阿弥陀仏は本願の言葉である。

阿弥陀仏の本願から言うと、穢土も浄土である。ここに還相が成り立つ。穢土と無碍である心だけが還相する。浄土に生まれて、それから穢土に還相するのではない。浄土の心だけが、どの世界にも無碍である。浄土の心は、穢土を包む心である。

安楽浄土に生まれれば、還来穢国する心が与えられる。だから浄土を離れずして、十方に身を現ずる。浄土のままで還相する。穢土から浄土へは死して生きるという転換があるが、一度浄土へ生まれれば、浄土ならざるは無い。そこから還相が出る。それで親鸞聖人は、「必至無量光明土」を偈中に置かれたのである。

第十章　道綽章

16、道綽決聖道難証

道綽決聖道難証　唯明浄土可通入
万善自力貶勤修　円満徳号勧専称

道綽《どうしゃく》、聖道《しょうどう》の証しがたきことを決して、ただ浄土《じょうど》の通入すべきことを明かす。
万善の自力《じりき》、勤修《ごんしゅ》を貶《へん》す。円満の徳号、専称を勧む。

論の教学から釈の教学へ

道綽禅師以下は、曇鸞大師までの偈文と違って簡単にされている。龍樹は六行十二句、天親・曇鸞も六行十二句であるが、今度は四行八句である。形の上から言っても区別がある。

曇鸞大師は漢民族の出であるが、伝統によって菩薩と崇められている。「正信偈」だけでははっきりしないが、『論註』は、形は論であるが註論であると、親鸞聖人は見ておられる。人から言えば菩薩、法から言えば論家である。それで「曰」という言葉で、曇鸞大師の言葉は示される。中国の高僧であるが、論家としてインドの菩薩と同じに扱われている。

これは親鸞聖人の私見ではない。『論註』は、龍樹菩薩の伝統に立って『浄土論』の位置を決定している。曇鸞大師を抜けば、『十住毘婆沙論』と『浄土論』は歴史にならない。曇鸞大師を通して初めて、『浄土論』が『十住毘婆沙論』の歴史として生まれてきたことが明らかにされるのである。『浄土論』は、龍樹菩薩を受けて龍樹菩薩を完成する歴史になる。それが、曇鸞大師によって示される。つまり曇鸞大師の『論註』は、『十住毘婆沙論』が『大経』の歴史的展開であるという意義を明らかにされたのである。そういうところに特色がある。『大経』の歴史として『大経』の歴史が初めて成り立ったことを示すものが、『十住毘婆沙論』である。

『大経』の歴史の第一歩、歴史が成り立つことが、『大経』の教えが真実であることを証明する。人間でも思想でも、歴史の成り立つことがそのものの真《まこと》であることを証明する。日本でも歴史の本を『大鏡』と言い、中国で『春秋』と言う。そのものの真実性は、歴史が教えるのである。真《まこと》であるがゆえに真のものを生み出す。歴史を信頼するところに、謙譲にして確信のある個人が成り立つ。

そういうわけで、『大経』の歴史の一歩が成り立ったことを『十住毘婆沙論』の内容自身が証明する。難行・易行の確信において、『大経』の意義が成り立つ。易行の大道という、いまだかつてなかった新たな歴史が始まっている。そういう易行の歴史の上に、『浄土論』を置かれたのが曇鸞大師である。

『十住毘婆沙論』が『十地経』の論であると同様に、『浄土論』も瑜伽の論である。題目は『無量寿経優婆提舎願生偈』であるが、その立場や方向は、五念門の示すごとく『大経』止観である。しかし、もし瑜伽の論であるだけならば、『浄土論』はたいした意義をもたなかったであろう。ところが龍樹菩薩の伝統を通して『大経』の歴史として見ると、三経一論という地位をもってきた。「経」と「論」が互いに照らし合う。『大経』の精神を『浄土論』は明らかにするが、また『浄土論』によって『大経』が明らかになっている。

『浄土論』を超えて『浄土論』を見る。多少無理と思われるところもあるが、こういう解釈は天親菩薩を超えた『浄土論』の意義を明らかにする。天親菩薩の思想を明らかにするということではなく、天親菩薩の意識というものに宿され、そこにあらわされた本願の意義を明らかにするのである。

だから、親鸞聖人が龍樹菩薩・天親菩薩を見出されたのは、勝手に見出されたのでなく曇鸞大師によって見出されたのである。上三祖は歴史に即して体系的であり、切り離すことができない。これは、曇鸞大師が中国の高僧であるにもかかわらず論家として取り扱われていることからもわかる。曇鸞大師までは、論の教学で格が高い。しかし、道綽禅師になると違ってくる。もちろん、親鸞聖人が道綽禅師を低く評価されたというのではない。高い内容が低く、質を改めずして低く近く示されたというところに区別があるのである。完全に変わったのならば、七高僧ではない。一貫して同じものが流れている。しかし、前が論の教学であるのに対して、釈の教学になる。つまり菩薩の教学が、低い我われに近づいてくるという形をとる。我われに近くなるのである。

道綽禅師の事業は『安楽集』に代表されている。これは道綽禅師による『観経』についての制作、『観経』の研究である。上三祖は『大経』の教学である。三経を『大経』と同じく見る。三経を貫く真実は同じものであるから、上三祖には方便はない。真実という点から見ると、三経を一貫しているのは本願であって、そこに区別を見ない。道綽禅師の場合は、三経を『観経』のうちに包んでくる。そこに方便が入ってくる。方便を通すと、我われに近くなる。方便無しに真実を語るのは上三祖の教学であるが、道綽禅師以下は方便を媒介として真実を語る。ここに我われに近いものになる。区別しつつ同一のものがあらわれているのである。「如来の本誓《ほんぜい》、機《き》に応ずることを明かす」こと、方便によって蔽《おお》われている真実を明らかにすることが釈の教学である。釈の教学ということが、下四祖の特徴なのである。

上三祖は「顕」、下四祖は「明」

ここで目立つのは、第一に聖道・浄土の二門の興廃を示してあることである。第二は、「万善自力貶勤修　円満徳号勧専称（万善の自力《じりき》、勤修《ごんしゅ》を貶《へん》す。円満の徳号、専称を勧む）」（「正信偈」聖典二〇六頁）は行についてであり、「三不三信誨慇懃　像末法滅同悲引　一生造悪値弘誓　至安養界証妙果（三不三信の誨《おしえ》、慇懃《おんごん》にして、像末法滅《ぞうまつほうめつ》、同じく悲引す。一生《いっしょう》悪を造れども、弘誓《ぐぜい》に値《もうあ》いぬれば、安《あん》養界《にょうかい》に至りて妙果《みょうか》を証せしむと、いえり）」（同頁）は、信と証について聖道門と分かれる点である。

聖道門の仏教に対する浄土門の仏教が組織されたことで、自《おの》ずから教・行・信・証の形をとる。しかし実は、大切なのは「道綽決聖道難証　唯明浄土可通入（道綽《どうしゃく》、聖道《しょうどう》の証しがたきことを決して、ただ浄土《じょうど》の通入すべきことを明かす）」（同頁）の二句であり、そこに相対化があることである。相対を通して絶対をあらわす。絶対をあらわすのに、相対の形をとらざるを得なかった。生まれた国土が関係するのは曇鸞大師と同じだが、道綽禅師の場合、もう一つ時が関係する。上三祖は「顕」という字であらわされているが、道綽禅師以下になると、「唯明浄土」「善導独明」「源空明仏教」（同二〇七頁）と言われるように、「明」という字であらわされる。ここに一変するものがあり、区別をあらわす意義がある。

上三祖の教学は龍樹菩薩の教学がもとであり、そこに難行・易行ということがある。それが今や聖道・浄土の形をとった。上三祖は難行・易行で一致するのであるが、それがあらためて聖道・浄土の形をとってきたところに違いが出てきている。道綽禅師まで来ると、我われに近くなる。道綽禅師のものを読むと、もう法然上人の息吹を感ずる。本願が我われのところに来ている。『選択集』の最初に二門章、第二は二行章、第三は本願章とあるが、本願章以下は初めに立てられたものを三経で証明するようになっている。二門章は道綽禅師に、二行章は善導大師によったのである。だから『選択集』の巻頭に「聖道・浄土の二門を立てて、而《しか》も聖道を捨てて正《まさ》しく浄土に帰する」（真聖全一、九二九頁）と言われる。ここでは道綽禅師の上で教・行・信・証を述べられたのである。『選択集』の立場から考えても、道綽禅師を代表するのは、「正信偈」では初めの二句である。

これが歴史である。聖道・浄土の二門は、難行・易行の体勢替えである。聖浄二門が開けることは、龍樹大師が難易二道を立てられたときに種子として含まれている。時がこういう形をとらせたのである。これは、個人の意見ではない。「決」という意義、「決して」明らかにしたということが、道綽禅師の意義をあらわしている。善導大師の先駆者としての道綽禅師の位置にあるのは、日本では源信和尚《かしょう》である。

源信章に「判浅深」（「正信偈」聖典二〇七頁）と「判」という字がある。決定し判定するのである。道綽禅師の意識の上に、時機という言葉で代表される歴史の現実が反映している。我われはそれぞれ、個人的にこれまで長い間基づいてきたものを捨てるわけにはいかない。そして個人意識はそれぞれの都合によるから、事実を正しく反映させることができない。だから、たとえ思想と関係のない第三者から見てもはっきり嘘だとわかってしまうような捏造《ねつぞう》をする。これは正しく現実をあらわしているという確信に基づかなければ、判決はできないのである。

龍樹大師は、易行道を尋ねる者を叱責しておられるが、それは御自身を叱責しておられるのであろう。叱責はされるが、真に易行道が聞きたいならば、ないわけではない、とも言われる。易行道を尋ねたことを一応叱責した後に、答えておられるのである。こういう過程が大切である。これは、易行の問いがどこから出たかを吟味するものである。『大経』にも阿難尊者が釈尊に問うたのに対して、「諸天《しょてん》の汝《なんじ》を教えて仏に来《きた》し問わしむるや」（聖典七頁）と吟味してある。龍樹菩薩には、易行道を求めるその問いがどこから出たかを見極めたい、という気持ちがおありだったのであろう。個人が易行を求めるなら、それは横着というものである。しかし、易行を問うことが歴史の現実を反映している限り、退《しりぞ》けたものが歴史から退けられる。その問いを媒介として、仏教が無限に答えるものを開いてきた。

『安楽集』の判決は歴史の判決

七高僧は一番正直なインテリではなかったか。七人は、歴史を枉《ま》げることをしなかった人たちである。その人たちは自分を立てるのではなく、自分の外へ出て自分を見た。そういう意味で最も客観的である。歴史の現実性を反映する限り、浄土真宗は一番客観的である。

『安楽集』の判決は、道綽禅師の判決ではなく歴史の判決、歴史の批判である。古典では歴史を時機という言葉であらわす。二教についてこれだけの判決が出たのは、歴史である。『安楽集』に十二大門があるが、第一大門では「教興の所由」を明らかにしてある（真聖全一、三七七頁）。聖道の教えの中から、聖道の教えを食い破って出てくる。『安楽集』に「教興《きょうこう》の所由を明かして時に約し機に被《かぶ》らしめて、浄土に勧帰することあらば、もし機と教と時と乖《そむ》けば、修し難く入り難し。」（『教行信証』聖典三五八頁）と言われている。「機と教と時」に乖くなら役に立たない。それは湿った木に火を求め、乾いた木に水を求めるようなものであり、求めても得られない。考えることはできても、そうならない。時に乖くなら、無駄な努力になる。だから『安楽集』では、時機が明瞭に出てきた。さかのぼれば龍樹菩薩にあり、特に曇鸞大師に顕著である。時機の自覚を潜《くぐ》らなければ、難易二道は成り立たない。

龍樹菩薩は行体について難易を言われるが、曇鸞大師は行縁について難易を言われる。それは曇鸞大師の勝れた自覚であり、個人の自覚である。しかし道綽禅師になると、時機が道綽禅師という特定の個人の問題ではなく、もっと迫った危機的な意義をもってきた。無仏濁世が、勝れた個人の自覚でなく歴史の現実になってきたのである。だから『安楽集』では、道綽禅師が聖道を捨てて浄土に帰されたのは曇鸞大師による。

曇鸞大師の『論註』の教学を明らかにすることが、道綽禅師の使命であった。にもかかわらず、一度『安楽集』の流れをくぐると、全体的な色調を異にする。それは、時機という問題であり、これが『安楽集』の独自の意義である。時機が上三祖の教学を限定しているのであり、これがやがて善導大師を呼び起こすことになる。『安楽集』は教学に危機を与え、その危機に応えたのが善導大師である。さらに、時機の問題を深く取り上げたのは親鸞聖人である。だから、その危機は「化身土巻」まで来ていると言える。親鸞聖人が「化身土巻」において内には三願転入で信仰を批判し、外には当時の日本の思想界を批判されたのは、道綽禅師の歴史観によられたのである。歴史観を明らかにされたのが、道綽禅師の意義である。『大集月蔵経《だいじゅうのがつぞうきょう》』に依って、正像末の史観を立てられ、これを通して聖道の証し難いことを決定されたのである（『教行信証』聖典三五九頁参照）。

道綽禅師が、教興の所以《ゆえん》として時機の問題に触れるところに『大集月蔵経』を出され、「今の時の衆生を計《はか》るに、すなわち仏、世を去りたまいて後の第四の五百年に当れり」（『教行信証』聖典三五九頁）と言われる。これは像法ということであり、寺を造ったり懺悔をしたりする形をとった場合の仏教に相当する。像法の終わり、まさに末法の前夜であり、仏法の本当の危機である。像というのは像似、似るということである。本当の仏法に似ている、形だけの仏法、つまり内容が枯渇するので、形をやかましく言わなければならない時代なのである。外形に頼る。しかし外形に安んずるのではなく、悲愴な懺悔、贖罪をする場所が寺でなければならない。まさに「仏の名号を称すべき時の者《もの》なり」（同頁）である。時の者を機と言うのである。

我われ人間は、時代・歴史と無関係ではない。時に属するもの、時によって限定し尽くされるものである。イデオロギーまでも時によって限定される。そういうことを認めなくてはならない。意志の自由で歴史の外に立っている個人を考えると、自己が何でもできるように思う。それが自由主義であるが、そのもとは個人が歴史の外にあると考えるところにある。それが妄想だと知らせるのが、時の限定である。個人が歴史の外にあると言っても、そう考えているだけで、そう考えることがあり得る歴史にいるというだけなのである。個人的自由主義の妄想であることを知らせるのが時である。人間は限定においてあるということである。好むと好まざるとにかかわらず、歴史の限定においてあるのが人間であることを認めなければならない。「仏の名号を称すべし」は『観経』であるが（「汝《なんじ》もし念ずるに能《あた》わずは、無量寿仏《むりょうじゅぶつ》と称すべし」〈聖典一二〇頁〉）、『観経』に依るべき時の者である。勝手に『観経』を選んだのではない。歴史が選択したのである。

隠顕とは、経の内容が真実と方便とで立体的になっていることである

「道綽決聖道難証　唯明浄土可通入　万善自力貶勤修　円満徳号勧専称」。

道綽禅師以下は、三国の論家・釈家の観点から言えば、釈家になる。曇鸞大師は中国の高僧であるから一応は釈家なのであるが、「正信偈」においては、伝説によって龍樹・天親のインドの二菩薩と同じく菩薩として取り扱われる。曇鸞大師の注釈書は、天親菩薩の『浄土論』の注釈であるから『論註』と呼ばれている。しかし、『論註』は『教行信証』では形は註であるが、内容は論と同等であると尊重されて、特に「証巻」においては『註論』とも言われる。それだけではなく、釈からの引用であれば「云わく」を使うところを、論からの引用を示す「曰わく」が使われる。曇鸞大師は、人については論家であるということで、「正信偈」における句の数も龍樹・天親と同じである。それに対して道綽禅師以下の釈家については、句の数も少なくなっている。

親鸞聖人は、龍樹・天親・曇鸞の上三祖を論家として一つに括《くく》っておられる。道綽禅師以下の下四祖は釈家である。三国の七高僧は平等に「大聖《だいしょう》興世の正意《しょうい》を顕《あらわ》し、如来の本誓《ほんぜい》、機《き》に応ずることを明かす」方々であり、そこに一貫して本願の伝統の歴史があらわれている。一貫している真宗の伝統をあらわすことが「正信偈」の主眼であり、それゆえに「正信偈」は「行巻」の終わりに置かれてある。上三祖と下四祖とを、信仰において区別することはない。それにもかかわらず句の数の多少を区別してあるのは、信仰が異なるという理由ではなく、教学の格からくるのだと思う。釈家の教学は、内容は論家と同じであっても教学の格を下げてあらわしている。

その意味からは、釈家は凡夫である我われに近くなったと言える。釈家では、本願の教えが我われに近くあらわされる。「正信偈」にある道綽禅師の言葉は『安楽集』によって述べられるが、『安楽集』は『観経』のノートである。もちろん、曇鸞大師によって初めて三経一論が成り立ったが、「願生偈」に『無量寿経優婆提舎願生偈』と題してあっても、この無量寿経がどの無量寿経かはわからない。真宗は、三部の無量寿経に依っている。これら三経の問題を親鸞聖人は「化身土巻」にまとめて明らかにされており、そこで「三経の真実は、選択本願《せんじゃくほんがん》を宗とするなり」（『教行信証』聖典三三九頁）と言われている。真実という点では、三経に区別はない。

真実である選択本願は、三経の宗である。しかし同時に、三経には方便の有無・異同の問題がある。方便の有無・異同の問題になると、三経には区別が成り立つ。『教行信証』では「信巻」以下、特に「化身土巻」には三経一論の根本問題が取り扱われているが、それは行に対する信の問題である。信こそが、真宗教学における中心問題である。

「化身土巻」には『観経』の三心と『阿弥陀経』の一心の問題が取り扱われており、「信巻」には本願の三心と『浄土論』の「一心」の問題が取り扱われている。これは、三経一論の教説について『観経』には隠顕があることを、本願真実の信心の宗教体験の証をもって、親鸞聖人が明らかにされたのである。さらに親鸞聖人は、それから推《お》して『阿弥陀経』にも隠顕があると『阿弥陀経』を照らされた。隠顕とは、経の内容が真実と方便とで立体的になっていることである。『観経』で顕説されているのは方便であり、真実は隠説されている。経文の表面に顕《あらわ》れているのは顕説の方便であり、彰《あらわ》そうとしているのは経文の表面からは隠れている隠彰の実義である。親鸞聖人は自らの信心の体験をもって、『観経』の三心と『阿弥陀経』の一心を照らされたのである。二つの『経』は顕説としては異なるが、しかし隠説としては同じである。これら二経は、一応は異であるが、再応は同じである。『観経』は、二重の性格をもつ経であって、経文そのものが立体的である。教説が立体的であるのは、我われの心の問題に対応している。心と言っても心理学的な意味ではなく、自覚の問題である。宗教における自覚の問題が、三心一心の問題である。

信仰の自覚について、教法が立体的になっていることは、やはり凡夫の心の構造が立体的になっていることに相応している。教法が立体的であることで、凡夫を漸漸に自覚へと向かわせる道が開かれる。『大乗起信論』に「不覚」や「始覚」、「本覚」ということが出されている（大正三二、五七六頁b参照）。それらは畢竟じて一つに成るということであり、一つに成るところに自覚が成就される。釈迦如来が方便の教説を立てられたのは、我われの心の構造が立体的になっているからである。『観経』の教説は立体的である。『大経』の四十八願にも真実の願と方便の願とがあるが、それらを明確に真実と方便に分けてある。つまり『大経』は了義経である。『観経』には了義と不了義とが重なっている。不了義というところに、『観経』が衆生を漸漸に誘引するという意義がある。

『観経』は、本願に目覚めない立場から衆生を見ている。凡夫は、速疾に自己を破って自己の根元に触れ、その根元を見るということができない。凡夫は本願の外にいる。自己が自己の外にいる。『観経』は、外なる自己を漸漸に回転《えてん》して、内なる本願を開いてくる。一代仏教を回転して『大経』

の本願を開く。そこに、『観経』の独特の意義がある。だから親鸞聖人は、「善導独明仏正意（善導《ぜんどう》独り、仏の正意《しょうい》を明かせり）」（「正信偈」二〇七頁）と言われる。善導大師は、真に『観経』独自の意義を明らかにされた。聖道の諸師は『観経』を、聖道諸教のただの代用品として見て、『観経』独自の意義を明瞭にすることはできなかった。

このように『観経』は、真実から方便を開き、方便をもって真実を彰《あらわ》すという意義がある。しかし方便を通して明らかにされたのは、『大経』の真実である。真実は二つない。「正信偈」には真実と方便との差別がない。差別を明らかにされるのは「化身土巻」においてである。方便がない点で、上三祖はともに平等である。しかし道綽禅師以下は、方便をもって真実を彰してあるから、「正信偈」では格を下げてある。本願の教えが我われに近くあらわしてある。これが論家に対して釈家と言われる所以である。

本願文の加減は、善導大師に先立ってすでに道綽禅師にある

道綽禅師の『安楽集』は、『観経』についての覚え書きである。方便をもっての教学としては、たとえば善導大師が第十八願の願文を引かれるが、しかも第十八願の願文は『大経』の願文そのままではない。願文を変えて、四十八願を一願に摂《おさ》めてあらわしている。その一願は、四十八願の一つであるというよりも、唯一の願であるということをあらわす、とされるのが善導大師の根本のお心である。四十八願は、本願が本願自身を満足するための歩みであり、本願が四十八に展開したものである。

本願の唯一絶対性をあらわすために、善導大師は四十八願の願文を一願にあらわしておられる。御自身の『観経疏』については「一句一字も加減す可《べ》からず」（真聖全一、五六〇頁）と言われるのに、本願の願文は加減される。加減ということに、人間の限界状況に応じる問題がある。本願文を加減するということは、実は道綽禅師に始まっている。

「もし衆生有りて、たとい一生悪を造れども、命終の時に臨みて十念相続して、我が名字を称せんに、もし生まれずは正覚を取らじ」（真聖全一、四一〇頁）と言われている。「一生造悪値弘誓」は、道綽禅師が第十八願を自分の言葉に置き換えて述べられたことによっている。第十八願を見ても「一生造悪値弘誓」ということが、直接文字として書かれているわけではない。これは、第十八願を『観経』下下品の言葉をもってあらわしている。本願は第十八願に違いないが、本願がどのように人間の上に実現されるのか、人間がどのような境位において本願に触れるのかが問題になっている。本願を直接に本願としてではなく、一生造悪の凡夫という境位、凡夫の状況において明らかにしているのである。

『観経』には九品が出ているが、人間が取り得るあらゆる状況の中で、下下品は限界状況である。人間は、限界において初めて本願の真理に触れることができる。上品や中品はまだ自分に確信がもてる状況であり、そのような状況では本願に触れることはできない。自分の確信がすべて剝奪《はくだつ》される境位において、本願に触れる。限界状況を具体的事件として示すのは、王舎城の悲劇である。限界状況において本願を語るというときに、『観経』を通して明らかにしてある。

善導大師では、「もし我《われ》成仏せんに、十方の衆生《しゅじょう》我が名号《みょうごう》を称せん、下十声《しもじっしょう》に至るまで、もし生まれずは正覚《しょうがく》を取らじ」(『教行信証』聖典一七五頁)と、願文を変えておられる。三心(至心・信楽・欲生)や唯除(唯除五逆誹謗正法)の文を、「称我名号(我が名号を称せん)」(同頁)に換えておられる。つまり、三心を称名に換えられた。『観経』が説く観想は、本願の行ではない。観想などを行じる余裕もないのが、人間の限界状況である。このように加減ということは、善導大師に先立ってすでに道綽禅師にある。本願の文を加減することにより、『大経』の本願が『観経』を通してあらわされているのである。

往生浄土の道が、聖道の中から聖道を食い破って出た

道綽禅師は、曇鸞大師と深い関係があり、『論註』の精神を明らかにすることを一生の使命とされた。そのために、七高僧の釈家の中で『論註』の言葉を頻繁に用いられているのは『安楽集』である。しかし、同じ『論註』の言葉でも、『論註』にある場合と『安楽集』で見るのとではまったく感銘が違ってくる。道綽禅師においては、上三祖とは一変してくるものがある。それは『観経』を通している点であるが、さらに先立って、道綽禅師をして『観経』を取り上げさせたものがある。それは何か。道綽禅師の宗教心に『観経』を選ばせたのには、選ばせただけの条件があったのである。それは、末法の世が迫っているという危機意識であろう。

「道綽決聖道難証　唯明浄土可通入」で初めて、聖道と往生浄土の道の二つが出ている。二道・二

門である。親鸞聖人は、「決する」という厳しい言葉で区別を明確にされている。源信章では「判ずる」という字が出ている。決判、あるいは判決であり、聖道・浄土の二門が決判されている。この決判ということについて、親鸞聖人が道綽禅師をご覧になる場合には、法然上人の『選択集』によっておられる。『選択集』の「二門章」で、聖道と浄土の二門を立てて決判しているが、それは『安楽集』による。初めの二句「道綽決聖道難証　唯明浄土可通入」は「二門章」により、「万善自力貶勤修円満徳号勧専称」は「二行章」による。このように、聖道に別して往生浄土の道を示す。

往生浄土は、聖道の一つの方法としてあるのではない。聖道から独立して、往生浄土の道があることを示す。このことが法然上人の事業である。その往生浄土の内容が、念仏である。往生浄土の道の独立は、念仏の独立である。仏法は聖道に尽きない。往生浄土の仏法が、独立した意義をもった。これが法然上人の事業である。法然上人は、その決判を道綽禅師に求められた。往生浄土の道は、聖道の中から聖道を食い破って出た。今日の言葉で言うと、往生浄土の道が聖道から出て陣営を張ったのである。

これまで龍樹・天親にはなかった仏道の根本問題が、歴史意識を通して浄土の門を開いた。聖道・浄土の二門が決判されているところに、プロテストがあらわされている。これが、上三祖とは区別される特徴である。ここに道綽禅師は、聖道の証し難きことを決して「この五濁《ごじょく》悪世には、ただ浄土の一門ありて通入すべき路《みち》なり」(『教行信証』聖典三三八頁)と、この教えしかないことを示された。そのようなことが言えるのは、歴史の現実があるからである。理論から言うと、いろいろな考え方がある。教理で考えると、我われがいかなる宗教を選ぶかは、その人の性格や意識に任せられるが、個人の意識を超えて個人の意識を決定せしめるのは、実は歴史である。歴史が、決定の背後にあるのである。

正像末の史観は、危機意識の歴史観である

道綽禅師の時代は、仏教の歴史の上昇期ではなく、転換期であった。上三祖の教学は仏道の真理をあらわす超歴史意識においてあり、道綽禅師からは真理を具体化する歴史意識となった。歴史を意識するのは、転換期においてである。だから、法然上人にはやはり、念仏の独立のために「唯明浄土可通入」と言われるような浄土一門の宣揚がある。法然上人の教学は、ただ念仏の一行である。法然上人が源信和尚の『往生要集』を研究されるとき、一行ということに注意しておられる。念仏以外を捨てたことをあらわす「唯」の一字が、法然上人の信仰を代表している。そのことが「唯明浄土可通入」にも出ているのである。

難行・易行ということは龍樹章に出ているが、それが聖道・浄土に変わってきたのは、歴史が加わってきたからである。仏教は難行と易行とに分類できる、というのではない。難行の無効を宣言するものが、道綽禅師の歴史的自覚に裏づけられて出てきた。道綽禅師以後は、選ばれた個人の、信仰の内面的深さに止まるのではなく、歴史に裏づけられた教学になった。個人の域を超えて、歴史的自覚になったのが道綽禅師以後の教学である。

　このように決判は、龍樹菩薩が難・易を言われたのに始まり、曇鸞大師ではそこに自力・他力が加わってくる。難の難たる所以については、龍樹菩薩では行そのものの難しさであるが、曇鸞大師になると、難たる所以は力であり、自力・他力である。難を難たらしめているもの、行じ難くさせている条件は力、つまり縁である。曇鸞大師に至って、難・易を難・易にしているものが注意されてきたのである。曇鸞大師では五濁無仏の世であることが、自力が難たる所以であったが、自力・他力も難・易に包まれていた。それが道綽禅師に聖浄二門として判決させるに至るまでには、大きな転換期が背後になければならなかったのである。

　聖浄二門の判決が言われたことから考えると、法然上人の時代にも転換期があったに違いない。法然上人が道綽禅師によって「二門章」を立てられた背景には、日本における歴史の転換期ということがあった。平安の貴族社会が終わって、武家政治に移ってきた転換期におられた法然上人だからこそ、転換期に立った道綽禅師を見出して「二門章」を立てられたのである。

　聖浄二門の判決は、道綽禅師が研究室で決定したのではない。判決には違いないが、歴史の審判であり、道綽禅師が研究して個人的に評価したのではない。個人の思いに関係なく、歴史が批判した。聖道は、聖道の祖師個人が歴史を超えたと言っても、歴史から見ると歴史から捨てられたのである。聖道は世間を馬鹿にしたと思ったが、世間から馬鹿にされていた。聖浄二門の判決には、歴史の範疇というものが加わってくるのである。個人の批評ではない。カントの言う理性批判でもない。歴史の判決である。そのために、同じ言葉でも感銘が一変してくる。

仏法の危機である。ここに初めて像末・法滅という時機からの決判が出てくる。像末は像法と末法の世であり、やがて法滅の世が来る。道綽禅師は像末の世に、末法の前夜におられた。正像末の史観が、道綽禅師から加わってくる。この史観は、道綽禅師だけに止まらず、鎌倉時代の仏教では盛んに言われることであり、法然・親鸞・日蓮に大きな影響を与えた。この方々の教学は、末法の教学である。しかし、道元の場合は多少違う。末法の意識が逆の形をとった。道元の著した『普観坐禅儀』に「古聖《こしょう》既《すで》に然《しか》り、今人《こんじん》盍《なん》ぞ弁《べん》ぜざる」（大正八二、一頁a）（古《いにしえ》の大先輩方ですらこんなにがんばって法のためにすべてを捧げてこられた。今の時代に生きる皆よ、どうして一生懸命にならずにいられようか）とあるのは、外面的には法然上人や親鸞聖人と反対だけれども、内面的には末法の教学と同じ意味であろう。

像末という時代にあることの効果にも影響にも、順逆の二つがある。聖教を学ぶとき、正像末史観が問題になるのである。だから同じ論釈の言葉でも、聖典の言葉でも、像末の意識の中で読まれ、かつ語られる。真理そのものを語るのではなく、像末の意識を通して真理が開かれ、かつ語られている。

末世は、正像末史観がなくても、どこにでもある意識である。たとえば、世も末だと言う。だが末法はそのようなこととは違う。単に末世ではない。これはクライシス（crisis）、危機、歴史の転換期である。危機は同時に転機であり、転換はその意味である。クライシスという語は危機をあらわすが、同時に転機としての意義をもつ。クライシスは、滅亡を機として興隆に転ずる。単に末世であるなら、転機の意義はない。正像末の史観は、危機意識の歴史観であり、転換期の歴史観である。ただ世が末になって神も仏もない、と言うのではない。末世と言ってただ嘆くのは、傍観者である。そうではなく、歴史を引き受けるところに末法、つまり危機・転機があるのである。

現代も、親鸞聖人や法然上人の時代に劣らぬ転換期であり、この転換はさらに大仕掛けになっている。法然上人の時代は、貴族社会の歴史が転ぜられた。今はそうではない。現代の危機である。現代が大きな危機に遭遇している。現代は、およそ宗教と言われるすべてのものの危機の時代である。

聖浄二門の判決は、歴史の批判であった。『安楽集』の「第三大門」に、大乗仏教の教理としては「一切衆生皆有仏性」と言うにもかかわらず衆生が仏に成れないのはなぜか、という問いが出されている（真聖全一、四一〇頁参照）。これを法然上人も『選択集』の最初に引かれている（真聖全一、九二九頁参照）。

この問題について、道綽禅師は聖道・浄土の二門の別を明らかにされている。道綽禅師は「聖道一種今時難証」（真聖全一、四一〇頁）と、聖道は今の像末の時には証し難いと言われ、聖道を押さえて浄土を引き出してこられる。道綽禅師は、善導大師の先駆者であられる。善導大師の時には、すでに聖道は興ってしまっていた。道綽禅師の時は、興ろうとしている聖道を押さえて、胎動している浄土の門が引き出されたのである。浄土の門は、潜在的エネルギーとしてあった。道綽禅師の使命は、浄土の道を開くことにあった。それに応じて開けてきたのが、善導大師である。

『安楽集』は教と時機が大切であることを、「第一大門」に明らかにされている。「第一大門」からの文章は「化身土巻」に引かれている。道綽禅師は、「もし機と教と時と乖《そむ》けば、修し難く入り難し」（『教行信証』聖典三五八頁）と、教理はあっても時機に乖くなら意味をなさない、無意味に終わると言われている。

さらにその文章は、「『正法念経《しょうぼうねんぎょう》』に云《のたま》わく、「行者一心に道を求めん時、常に当《まさ》に時と方便とを観察すべし。もし時を得ざれば方便なし、これを名づけて失とす、利と名づけず。いかんとならば、湿《うるお》える木を攢《き》りて、もって火を求めんに、火得べからず、時にあらざるがゆえに。もし乾《かれ》たる薪《たきぎ》を折りてもって水を覓《もと》むるに、水得べからず、智なきがごときのゆえに」と。」(『教行信証』聖典三五八～三五九頁)と続く。聖道は時に乖き、また智がない。智がなければ、せっかくの教理も生きた教えにならない。この智とは時代認識、状況認識のことである。時代認識が誤っていれば、いくら真理を真理だと叫んでも無意味に終わる。この「智なき」とは、永遠の真理への認識を問題にしているのではなく、時代に対する認識がないという意味である。聖道は状況認識を欠いているから、像末という歴史観がない。そのようなわけで、道綽禅師は時機の重要性を明らかにした。これは『安楽集』を考えるのに重要な点である。

正像末の史観の意義は、人間の隠れた真相を自覚することである

親鸞聖人の時代に合わせて考えると、仏教が滅びるというのは、教理までなくなることではない。教理になることが、仏教の滅亡である。今日《こんにち》、図書館には教理を説く書物があり、大学では教理研究が盛んであるが、それは仏法の興隆にはならない。人間が死ぬときにもすぐに身体がなくなるのではなく、息の止まったときが死んだときである。仏法の息の止まったときを洞察することが必要である。

仏法は生きているのか死んでいるのか。教理という屍骸はある。しかし仏法の細胞が生きているかどうか、仏法の身体が教理という死骸であるのか、この判別には洞察が必要である。

親鸞聖人の時代では、「聖道《しょうどう》の諸教は行証《ぎょうしょう》久しく廃《すた》れ」（『教行信証』聖典三九八頁）と言われるとおり、聖道は初めから死んでいる。「諸寺の釈門」（同頁）が、聖道はまだ生きていると思っているだけである。このように、仏教が教理になることが、仏教が龍宮に入ったことである。龍宮とは図書館である。教理になったことが、死んだことである。

道綽禅師の場合は、聖道門が生まれようとしていた時代であるから、親鸞聖人の場合とは多少違う。道綽禅師の時代は、経典の翻訳事業が終わり、仏教が教理になって死につつある時代である。教理と言っても、時が大切な問題である。時機と言うが、機が大切である。教と理とを、法と言う。法に対して機がある。法だけになったことが、仏教の滅亡である。機つまり人間が生まれなければならない。法によって自覚が生まれる。教理が単に教理に止まらずに、自覚する人間が生み出されていることが、仏教が生きている証拠である。人のところに歴史がある。教理に歴史はない。

機について、時で明らかにする。これは大事な点である。機は、時を俟《ま》って明らかになる。どんな天才であっても人間である限り、歴史から超越することはできない。人間は、時を離れて存在することはできない。時代を超越したと言う人がいるが、実際には、そのように言える意識をもつことのできる時代にいるというだけで、時は人間の大きな限定である。

限定としての時は歴史的時間、つまり時代である。その「時」は、やはり頭で考えるだけでは明らかにできない。道綽禅師ならば、道綽禅師御自身の生きておられた「時」がある。つまり現実がある。しかし、その時が現実である意味を明らかにするために、経に照らす。それが正像末の説かれている経典、『大集月蔵経《だいじゅうのがつぞうきょう》』である（『教行信証』聖典三五九頁参照）。お経に説いてあるから、正像末を言うのではない。先に現実があって、その現実を『大集月蔵経』に照らすのである。

『大集月蔵経』は史観を明らかにするものではないが、道綽禅師はこれを史観とされた。『大集月蔵経』に五個の五百歳ということがあり（『教行信証』聖典三五九頁参照）、五五百歳と言われている。これは、日蓮上人が盛んに用いておられるが、この五個の五百歳の、第一の五百年から第五の五百年までのそれぞれには、「堅固《けんご》を得ん」（同頁）が出ているという特徴がある。三学（戒・定・慧）の行われていた正法は、初めの五百年である。それから第二・第三は、像法である。第四は末法であり、宗教が美術や建築を造る時代である。第五が法滅であり、白法の隠れる時代である。釈迦の仏法が次第に衰える道程を予言するのが、五五百歳の教説である。

道綽禅師は、五五百歳に照らして時を明らかにされ、それを通して機を自覚された。「今の時の衆生を計《はか》るに、すなわち仏、世を去りたまいて後の第四の五百年に当れり」（『教行信証』聖典三五九頁）と、時を明らかにされた。そのように見れば「正《まさ》しくこれ懺悔《さんげ》し福を修し、仏の名号を称すべき時の者《もの》なり」（同頁）と、機を自覚された。「者」は機である。時に照らして「者」を自覚する。機は時に属する「者」であり、懺悔が大切なのであろう。

今日《こんにち》の歴史意識のように、世を憤慨しているのではない。憤慨は、どれだけ憤慨しても客観的である。懺悔、修福、称名は主体的・実存的である。親鸞聖人の言葉で言うと、末法は「悲泣《ひきゅう》」（『正像末和讃』聖典五〇〇頁）すべき時代である。道綽禅師の教学には、この時機という歴史の現実がある。

時を通して、時から照らされて、「者」を自覚する。懺悔すべき罪を自覚するのである。歴史に無関係な者ではない。歴史に照らして深い自己を、人間の隠れていた面を自覚する。どうせ世も末だ、パチンコでもしようと、投げやりになるのではない。人間の隠れた真相を自覚するという意義を離れると、正像末の史観はわからないのである。

顕と彰隠密――顕教と密教――

「道綽決聖道難証　唯明浄土可通入　万善自力貶勤修　円満徳号勧専称　三不三信誨慇懃　像末法滅同悲引　一生造悪値弘誓　至安養界証妙果」。この道綽章からは「正信偈」の句の数が、曇鸞大師までのところよりも少なくなっている。道綽禅師以後の下四祖の釈家の教学は、歴史的自覚に裏づけられて出てきたものであり、曇鸞大師までの上三祖よりも格が低いとも言えるからである。道綽章の四句は、『安楽集』によっている。『安楽集』は、『観経』についての釈であるが、同じ『観経』についての釈であっても、次に出てくる善導大師の『観経疏』とは性格が異なっている。『安楽集』は『観経』のノートである。ここからは、経としては『観経』が主となる。

龍樹・天親・曇鸞の教学も、本願の機は凡夫であることを『観経』が明らかにしていることによってはいるが、その中心はやはり、親鸞聖人の言われる「三経の真実」である。『教行信証』の「化身土巻」では、三経の真実と方便とが明らかにされており、そこに「三経の真実は、選択《せんじゃく》本願《ほんがん》を宗とするなり。また三経の方便は、すなわちこれもろもろの善根を修するを要とするなり」（『教行信証』聖典三三九頁）とある。ここで、三経の宗と要ということが言われている。要は要門とも言われるが、経における方便であり、もろもろの善根を修することである。宗とは経の本義であり、経があらわしている真実である。三経の唯一の真実は、選択本願である。三経の宗に区別はない。

その三経の宗である選択本願を宣揚されたのが、上の龍樹・天親・曇鸞の教学である。上三祖の教学を、特に天親菩薩の『浄土論』によって、「正信偈」では「依修多羅顕真実（修多羅《しゅたら》に依《よ》って真実を顕《あらわ》して）」（聖典二〇六頁）と言われている。天親菩薩によれば、経典に真実が顕《あらわ》されている。修多羅の真実は、選択本願である。親鸞聖人はその真実を顕すのは『浄土論』の功績であるとして、「依修多羅顕真実」と言われる。この一句で、上の三祖の教学の意義を明らかにしている。

七祖に真実は一貫しているが、上三祖には方便が混ざっていない。ところが道綽禅師以後になると、真実を、方便を通して彰《あらわ》してある。方便が注意されており、方便を媒介として真実を彰してある。

方便ということになると、三経が区別されてくる。『観経』について隠顕の義が出てくる。これは善導大師によっているが、『観経』の意義は隠顕にある。それから推すと、『阿弥陀経』にも隠顕が見出されると、親鸞聖人は「化身土巻」に述べておられる。経典の教えが立体的になっている。

方便は釈尊の教説にあって、本願には隠顕はない。『大経』には方便の願もあるが、隠顕の義はない。四十八願の上では、真実の願、方便の願と明瞭にしてある。隠顕は釈尊の教説の上について言われる。経文が立体的になっているのである。隠顕と言うが、詳しくは顕と彰隠密である。隠と顕は、彰と顕である。「彰す」と「顕す」はどちらも「あらわす」と読むが、同じ「あらわす」にしても、彰の場合は隠密という意味がある。顕は誰が見ても経文にあらわれている意義である。文章は文法に則《のっと》ってできている。経文にあらわれている意義が顕であり、彰は経文にはあらわれていないが、あらわそうとしている意義である。

『観経』に隠顕の義があることは善導大師から言われているが、これは裏と表というものではない。隠顕は、経の見方が異なるというような、任意の意味ではない。彰とは、彰の意味にも取れるというのではない。経が真にあらわそうとする意義、それでなければならない意義である。経文の叫んでいるものが、彰である。この彰が、『観経』から推していけば『阿弥陀経』の上にも見出される。経文は立体的なのである。真実は、「平常心是道」（南泉禅師の語）とも言われるように、極めて平凡なこと、不思議なことである。何の不思議もないのが、本当の不思議ということである。

鈴木大拙先生がよく如を英訳するときにsuchnessとされるが、先日先生の論文が英訳され、そこに「そのまま」という項目があった。如・「そのまま」が真実である。本当の不思議は、不思議ではない。『観経』がここに出てくる。『観経』に依って本願の真実を彰《あらわ》す。その彰された真実は、上三祖の開顕された真実と一つである。隠密とは秘密教である。隠密は、深いという意味に解釈されることもある。顕教に対して密教と言う。その場合は、深いという意味と同時に、暗示されているから不明瞭であるという意味がある。つまり、経が不了義という意味である。顕教の方は了義経という意味にもなる。この場合、密には、深いと不明瞭との二つの意味がある。親鸞聖人は「了義経《りょうぎきょう》に依りて不了義に依らざるべし」（『教行信証』聖典三五七頁）と言われる。その意味で瑜伽の教学は、般若の教学を批判して不了義経であると指摘する。般若の教学は「一切は空」と言うが、そこには暗示がある。空は、多少不了義の意義を含んでいる。

『観経』の隠は真実であり、顕は方便である。『浄土論』は真実を顕《あら》わにしているが、『観経』は真実を隠彰している。方便は釈尊の教説にあるが釈尊をして方便させたのは、真実に目覚めない我われである。だから方便が大悲方便の意義をもつ。

方便を方便と知らされることが、形のないものを知る唯一の道である

「化身土巻」の正式名は「顕浄土方便化《けんじょうどほうべんけ》身土《しんど》文類《もんるい》六《ろく》」（『教行信証』聖典三二六頁）であるが、この巻において親鸞聖人は方便を侮蔑しているのではない。方便に釈尊の恩徳があるとお考えになり、教えの御恩を感じておられる。この方便は、虚偽という意味ではなく、善巧方便のことである。そこに、大悲方便があらわれてきていることを感ずるのである。方便と言っても、真実のはたらきに他ならない。真実に目覚めない者に真実を語れば、誤解される。しかし語らなければ、目覚めさせる縁がない。そのようなアポリア（aporia）、行き詰まりを開くところに、方便の意義がある。真実は自己否定を通して、方便となって真実を実現するのである。

だから親鸞聖人は「真仮を知らざるに由《よ》って、如来広大の恩徳を迷失す」（『教行信証』聖典三二四頁）

と言われる。真仮を混乱せず、真を明確にして広大の恩徳をあらわされる。方便がないと、真実自身が方便にならざるを得ない。方便があるところに、初めて真実も真実になる。純粋真実のいかなるものであるかは、かえって方便が明らかにするのである。我われには夢想もできない真実というものを、かえって方便があらわす。「いろもなし、かたちもましまさず」（『唯信鈔文意』聖典五五四頁）と言われるようなものを、かえって形があらわす。形がないことが、形がないという形になる。形を形と知らされることが、形のないものを知ることである。形は、形のないもののエマネーション（emanation）、流出なのではない。形のないものの否定として、方便が成り立つ。方便を方便と知らされることが、形のないものを知る唯一の道になる。

方便を知ることが唯一の道であるから、方便は広大恩徳である。第十九願について「仮令《けりょう》の誓願、良《まこと》に由《ゆえ》あるかな」（『教行信証』聖典三四三頁）、第二十願は「果遂《かすい》の誓《ちか》い、良《まこと》に由《ゆえ》あるかな」（同三五六頁）と、それぞれについての御自釈の結びで言われている。「良に由あるかな」とは、広大恩徳に感激された言葉である。このように、方便を方便と知らされれば、方便させた我われには「真実を独断し真実の本願に解釈を加えて、それを本願自体と考えていた」という深い懺悔が生じる。方便には、真実が誤解される方便になることによって、誤解を転ずるはたらきがある。方便は、我われの誤解を転じて、誤解していた我われに深い懺悔を生じさせるのである。懺悔は、恩徳を知らされたことをあらわす。

道綽禅師以降の、方便を通して真実を彰す教学により、真実が我われに近いものになる。方便としては、経は『観経』が主になる。「聖道の証しがたきことを決して、ただ浄土の通入すべきことを明かす」と、聖道と浄土が出てきたが、聖道と浄土の対決は、道綽禅師まではなかった。難易二道はあったが、聖道と浄土の対決がここに初めて出てきたのである。

道綽章の八句には、教・行・信・証が揃い、最初の二句が主である

この道綽禅師についての八句の中心になるのは初めの二句であり、これらは聖道の教と浄土の教とをあらわして決判している。次の二句の、「万善自力」は聖道の行であり、「円満徳号」は浄土の行である。教に対して行という意味がある。教は、実践の教学でなければならない。善導大師の言葉を借りると、行学こそが重要なのであり、解学は要らないのである。前の二句は教であり、次の二句は行であり、第五句「三不三信誨慇懃」は信であり、最後の「至安養界証妙果」は証である。ここに教・行・信・証が揃っている。

道綽禅師より前には、聖道の他《ほか》に浄土の一門があるとは考えられていなかった。仏道すなわち聖道であり、浄土もまた聖道を成就するためのもので、浄土と言っても聖道の中にあって包まれていた。それが、ここに聖道を食い破って浄土が開かれてきたのである。これがプロテストである。そのような意義を、近いところで求めるならば、法然上人の一代の事業である。聖道の中にあった浄土一門を、聖道から独立せしめたのは、法然上人である。

浄土は独立してあったのではなく、聖道の寓宗としてあった。浄土の行たる念仏も、聖道の実践としてあったのであり、浄土宗すなわち念仏宗が、聖道以外にあるとは考えられていなかった。浄土宗が別に立てられたことは、聖道にとっては大きな脅威であり、宗教改革の意義をもつのである。

法然上人は、「ただ念仏」と、唯という字をお付けになった。念仏は法然上人の前から聖道の中にあったのだが、唯と言われたために迫害を受けられた。弾圧を受けたのは、念仏と言ったためではない。念仏そのものは、天台宗の実践として、常行三昧という形で行われていた。しかし、それは摩訶止観の行としての念仏であった。念仏は法然上人の発明ではない。唯と言われたことで、大問題が起こった。唯が法然上人の信仰である。唯という字は「も亦」と対応する。念仏も亦、ではない。それまでの念仏は、「も亦」という形であった。「も亦」が、寓宗であったことをあらわす。

『選択集』の巻頭に「南無阿弥陀仏《なむあみだぶつ》　往生之業《おうじょうしごう》　念仏為《ねんぶつい》本《ほん》」（『教行信証』聖典三九九頁）と掲げてある。これが新しい教団のスローガンである。これまでは仏教の中の念仏であったのを、念仏の仏教とした。大きな転換である。念仏を宗とする仏教を開いたことは、仏教革命である。

ただし、仏教革命は道綽禅師から始まっている。だから『選択集』の「二門章」に、聖道・浄土二門の興廃を明らかにしてある。二門を立てるのは、聖道を捨てて浄土に帰するためである。これはまったく道綽禅師によられている。次の「二行章」は善導大師によっている。「二門章」と「二行章」が『選択集』の主題である。第三の「本願章」は原理であり、基礎づけである。

道綽和讃の第一首である「本師《ほんじ》道綽禅師《どうしゃくぜんじ》は　聖道万行《しょうどうまんぎょう》さしおきて　唯有《ゆいう》浄土《じょうど》一門を　通入《つうにゅう》すべきみちととく」（『高僧和讃』聖典四九四頁）も、『選択集』の精神によって作られている。そのことから考えても、初めの二句が主であることがわかる。初めの二句に重点がかかっている。法然上人の「ただ念仏」も、「唯明浄土可通入」の唯によっている。聖道と浄土とのどちらを選ぶかはお好み次第である、という意味ではない。浄土を選ぶということは、聖道を批判しているのである。道綽禅師が、ただ浄土の一門のみが通入すべき道であることを判明にした。これは大きな革命である。聖道を破って、浄土が出てきたのである。

感応道交と不安

法然上人は、聖道の教理を浄土の教理と比較して無効であると言われたのではない。教理研究の結果として、浄土は完全であり聖道は不完全であると言われたのではない。聖道が、間違っているのではない。聖道は、聖者の道という意味であり、具体的には『十地経』の中に説かれている菩薩の十地である。十地であるが、仏地を加えて十一地にしてある。聖道を否定したら、仏道が凡夫道になる。しかし、凡夫では道にならない。聖道は正しくても、間に合わないのである。聖道には、教理しか残っていないということである。実践道の事実としては、聖道は無効である。このような意味の決判であり、単なる聖道の教理批判ではない。歴史的現実として聖道はどこにもないのであり、教理としてだけあることを判明にした。だから、決判は歴史批判である。凡夫では道にならないと思われていたが、念仏が凡夫の仏道を開く。法然上人は言われないが、十地を否定したのではない。念仏が凡夫を十地に上がらしめることは、龍樹菩薩や曇鸞大師が明らかにされていたのであるが、それを日本においては親鸞聖人が明確にされた。十地が浄土である。凡夫が念仏により、初地・歓喜地に入らしめられるのである。

道綽禅師は、『観経』ノートである『安楽集』の初めに、教と時と機との概念を取り扱っておられる（『教行信証』聖典三五八頁参照）。教の意義を決定するものは、時機にある。時機に乖《そむ》くなら、教が無効である。そのことを、例を挙げて示しておられる。法然上人の場合は、聖道がすでにあったから抵抗として出てきたが、道綽禅師の場合は、聖道が興ろうとしているときであり、浄土は胎動していたのである。その胎動していた浄土が誕生したのは、善導大師の時代である。

聖道が難証であるとは、アナクロニズム（anachronism）、時代錯誤であるという意味である。聖道は時代逆行的であり、時を失い、また方便を失っている。そのように、聖道は時代状況に対して無知であり反動であると批判する意味がある。「教と機」と言う場合に、普通は「教」を法と言う。教の中に時を入れてあるというのが、大事な点である。時が、初めて機を決定する。機とは機根、個人である。時を入れると歴史になる。時が機を明らかにする。教は時を超えたもの、時において変わらないものであり、それが、教が法・真理という意義をもつ所以である。時によって、機が変わってくる。変わる機において、変わらぬ法・真理が実現されることは、時が入った教による。

今日においても、教が問題である。ティリッヒの神学に教学批判がある。真理は、変わることなくシチュエーション（situation）、状況、境遇、立場を超えているが、状況に応じた教を通して初めて具体化される。「状況」はヤスパースの大事な概念であるが、これがティリッヒの神学の最初に取り扱われる。『安楽集』もここから始まる。

概念が面倒であるが、機の原語はプドガラ（pudgala）ではないか。仏教では人と法とが言われるが、プドガラならば個人、あるいは衆生である。衆生について機という語を使うと、漢民族としては含蓄のある言葉になる。ダルマ（Dharma）も、なかなかそれに当たる適当な概念がなく訳語がない。ダルマは法則であるという説明くらいでは、話にならない。その程度なら、翻訳せずにダルマのままの方がよい。だから、法という訳語にはたいした意義はない。ダルマのままの方が、含蓄が深い。

機の原語であるプドガラにはたいした意味はないが、機という翻訳語になると含蓄が深い。ダルマが真理を意味するというのは一応のことであり、では何が真理であるかは、いろいろな解釈がある。衆生について用いられる機という語には、昔から機微とか発動の義があると言われている。はずみ、機微をつかむ、微かであるけれども顕わなるものを発動させるという義、一点を押さえると一切がはたらくという義、動機という訳語もある。機関という義もある。機宜に適するという義もある。そのように、機という語には用語例が多く、適用される意味が多い。

機は感応道交をあらわすのであろう。これがもとではないか。機と法とは、感応道交の関係にある。機は、道交をあらわす言葉ではないか。機は法を感ずる。法は機に応ずる。法を捉えようとして誤るよりも、機を純粋にすれば、法は自然に応ずる。人間は、どんなに迷っていても感ずることだけは与えられている。いかに流転していても、流転していることを感ずるものがある。

衆生を、単に機と言うだけではわからない。機と言うと相関という意義があり、それをティリッヒの神学の言葉で言うと、コンサーン（concern）、関心、究竟的なものへの関わりということになる。関わりがないと、機はない。感応道交の感と応とは、機と法との関わりをあらわす。機と法とで一如になる。一如になるところに、関わりが出てくる。だから道交と言って、交は交互的という意味である。関係は交互的である。機は感じ、法は応ずる。機と法との関係が交互である。

衆生と言うだけでは、ただ眼があり鼻があることを意味するだけで、法との関わりはない。生物であるという意味だけでは、機にならない。宗教心が起こるところに、法との関わりが出てくる。関わりは、ハイデッガーの場合はゾルゲ（Sorge）、心配、配慮と言い、世界に関心をもって関わることを意味する。キルケゴールの場合は、神との関わりが重要になる。実存としての人間が関係であらわされている。

ただ人と言っても、宗教心が起こっていなければ機にならない。宗教心において、人間が機になる。邪定聚・不定聚・正定聚という語も、人間が三種の機のいずれかとして成就することを意味する。人間が法の機関になる。機を俟って法ははたらく。人間が実体的・固定的なものならば、法は関係してこない。我われが宗教心をもったとき、不安をもったときに、根元との関わりが起こる。超世界との関わり、内在的なものへの関わり、もっと深い異質的なものへの関わりが起こる。不安は関わりを失った感情である。このような感情は、特殊な感情ではない。関わりを失った人間に本質的な感情であり、人間が関係を求める実存であるときの、本質的条件である。

実は不安が、今まで触れなかった深い真理を開示する場所になる。隠れていたものが顕わになる場所になる。ハイデッガーで言えば、存在を明らかにする場所となる。我われは、存在者だけを見る。物だけを見る。我われは、存在者をして存在たらしめているザイン（Sein）に着眼することなく、ザイエンデ（Seiendes）、つまり存在者のみに着眼してしまっている。そういう我われのような、存在者だけしか見ない者を揺り動かしているもの、それが不安である。人間は存在者である。ダーザイン（Dasein）である。da（そこに、ここに）がSeinをあらわす場所、存在者が存在自身をあらわす場所になる。

ハイデッガーの場合はdaの意味が深い。ハイデッガーのダーザイン、つまり人間は、存在というものを感ずる。わからないが、感ずる。これまで捉えていたものが実は本当にあるものではなく、ただ物であった。そうなると、腰を落ち着けていたものが揺らぎ、不安になる。人間の存在性を問題にするようになる。人間の存在性を問題にできる人間が、存在性を顕わにする場所になる。それが、人間が機関になったということである。

実存的自覚としての歴史

また機宜《きぎ》ということがある。機には機宜という意義がなければならない。これはヤスパースが言う限界状況である。存在者が『観経』の下下品のような限界状況に追いやられるとき、初めて機に相応する法が出てくる。感と応とが相応する。そのような意味で最も深い存在の表現が開示された場合は、人間の限界状況において機が機になる。そこに時がある。時が出てきた。真理は時を超えているが、法を感ずる人間存在は、時においてある。時そのものが機を決定する。

時の問題に関して『安楽集』では、正像末という史的時間が見出されている。時間とは広い意味において過去・現在・未来であるが、その「時」の範疇が歴史としての意味をもったとき、道綽禅師にとっては時の意義が正像末の時になる。

曇鸞大師が「五濁《ごじょく》の世、無仏の時」（『教行信証』聖典一六七頁）と言われているように、世は時をあらわすが、そういう時は世代的時間という意味をもった時である。時と言っても一念の時ではない。五濁の世は道綽禅師を俟たずとも、釈迦牟尼仏も五濁の世に出られたのである。しかし釈迦牟尼仏がおられたために、五濁の世であったにもかかわらず、五濁の自覚が明確ではなかった。釈迦牟尼仏の入滅後に、末法において五濁の世であることが明確になった。無仏となって五濁が現実化した。無仏とは、ニーチェが言う「神は死んだ」ということである。だから、今日《こんにち》でも実存主義の中に無神論がある。

無神論は、実存主義から見れば矛盾概念である。神を否定すると孤独であるが、神が死んだときに本来のものに触れる。覆われていた存在が暴露されるのである。仏教では五つの五百年に分けているが、それは神話史観であり、唯物史観には敵《かな》わない。正像末史観の受け取り方も、いろいろある。末法を客体的に考えると、新約聖書の黙示録のような、今の世は末だ、審判の前夜だという流言飛語《りゅうげんひご》になる。道綽禅師は、時を実存的に受け取られた。実存的自覚として歴史が解釈されるのである。

どこまでも実存として個人を離れずに、歴史が考えられている。自己を離れた歴史ではなく、自己が暴露される「時」であり、限界状況である。予定されていたものが何もない「時」に、限界状況がある。自己が放り出された歴史である。

方便と真実は、人間の構造に基づいている

「道綽決聖道難証　唯明浄土可通入　万善自力貶勤修　円満徳号勧専称」。

三国の高僧の事業の意義は「顕大聖興世正意　明如来本誓応機」ということで一貫しているが、その上でやはり上三祖と下四祖との間に多少区別を置かれているのは、下四祖では三部経の中でも『観経』が表面に出てくるからである。大聖興世の正意たる本願を明らかにされた事業を担うものは、道綽禅師の『安楽集』である。これによって「正信偈」が作られているが、『安楽集』は『観経』ノートである。『観経』は道綽禅師まで注意されなかったのではない。三経の意義は、曇鸞大師で初めて明瞭にされたのである。

天親菩薩の「願生偈」の正式名は『無量寿経優婆提舎願生偈』であるが、この「無量寿経」がどの無量寿経であるかを曇鸞大師が決定するにあたって、特定の無量寿経ではなく大小の無量寿経にさらに『観経』を加え、三経全体を包んで無量寿経と言われた。一論の背景には三経があると見てとられた。三経から生まれて、しかも三経の事業を成就することに『浄土論』の意義があると見出されたのである。

このように経と論とを互いに照らして、三経一論が確定された。今日《こんにち》の経典史学からは、このよう

な結論は出ない。仏教学と歴史学とは立場が違うから、結論が一致しないのは不思議ではない。仏教学では、三経をただ文字としてではなく、教えとして見る。教えとは自己に関係したものであるという立場で、教法によって自己を明らかにする。自己の問題を離れて、経典を客観的に思想史的に明らかにするのではない。自己を明らかにする観点から、教えを見る。教えとして経を見るのである。

この観点から、『浄土論』の背景は三部の無量寿経であることが見出されたのである。だから、昔から『浄土論』は、三経通申の論と言われている（『教行信証』聖典一六八頁参照）。これは三経と『浄土論』を互いに照らし合わせて互いを明らかにされたことである。三経をして三経たらしめているものは、選択本願である。その点において、三経に区別はなく、平等である。

親鸞聖人は、「化身土巻」で三経について方便と真実とを明らかにされ、「三経の真実は、選択《せんじゃく》本《ほん》願《がん》を宗とするなり」（『教行信証』聖典三三九頁）と言われる。三経を平等に見るときは、三経を三経たらしめている本願の真実において三経は平等であるとする。この点から見ると、上三祖の教学は直接に真実を顕している。他方、「化身土巻」では「釈家《しゃっけ》（善導）の意《こころ》に依《よ》って、『無量寿仏観経』を案《あん》ずれば、顕彰《けんしょう》隠密《おんみつ》の義あり」（同三三一頁）と言われる。『観経』の顕説は方便であり、隠彰は真実である。このように隠顕があり、真実と方便とが混ざっている。『観経』は直接に真実を顕すのではなく、方便によって真実を彰していると言われる。隠顕は釈迦牟尼仏の教説にある。確かに釈迦牟尼仏の教えの根拠は、阿弥陀仏の本願に求めることができる。だが四十八願の中には方便の願がある。第十九願と第二十願とは、本願・第十八願に向かって、特に方便を開く。方便も、原理は本願にある。

しかし本願の上には、隠顕は言わない。『大経』は、真実と方便とを明瞭にしている。『観経』は、方便を通して真実を彰す形になっている。三経は真実の点では区別はないが、方便によるという点で区別がある。上三祖の教学は方便を選び捨てて、直接に真実を開顕している。それに対して道綽禅師以降になると、直接ではなく方便を通して真実を彰している。この点で、上三祖とはいくらかの区別がある。つまり教学において、格が異なるのである。

方便は、阿弥陀仏の願や釈迦牟尼仏の教説として二尊の上にある。しかし、方便させたのは我われである。方便と真実とは、人間の構造に基づいている。方便によって真実を彰す。人間が、方便によって人間に目覚める。教説が立体的であることは、人間の構造がこのように立体的であることをあらわす。下四祖になると、教学が我われ凡夫に近いものになっている。下四祖は、深いものを浅くあらわしている。しかし深いものを失って浅くあらわすのではなく、深さを失わずしてしかも浅くあらわしている。浅い形において深いものを開いているのである。

方便の顕説は、一応は『観経』にある、つまり『観経』を解釈された善導大師を通すと『観経』には隠顕がある。親鸞聖人は「化身土巻」で、「『観経』に准知《じゅんち》するに、この経にまた顕彰《けんしょう》隠密《おんみつ》の義あるべし」（『教行信証』聖典三四四頁）と言われている。つまり、『観経』に隠顕があることから推すと、『小経』にも隠顕を見出すことができる、と言われているのである。『観経』と『小経』の方便を通して彰そうとされた真実は、『大経』の真実である。

「正信偈」は「行巻」の帰結に置かれたが、そこで語られているのは真実であって、方便はまったくない。だから、句の数は下四祖のところが少なくなってはいるが、真実については上三祖と同じものが一貫して流れている。その一貫して流れているものを明らかにするのが、「正信偈」の主眼である。下四祖の教学は方便を通しているが、方便は「正信偈」に出ているわけではない。方便のことは「化身土巻」に述べてある。その意味から、「行巻」と「化身土巻」には区別がある。

時機において真理がはたらき、現実的な浄土の教法になる

下四祖の教学で『観経』が主となるのは、時機が見出されているからである。時機が関係してくるというのが、大切な問題である。『安楽集』の最初に「教興《きょうこう》の所由を明かして時に約し機に被《かぶ》らしめて」(『教行信証』聖典三五八頁)と、時機の問題が明らかにしてある。教に対して機があるが、教化にはやはり時を失してはならない。教と時と機とが大切である。機を明らかにするのは、時である。時において機が自覚される。時と機とに乖く教えは、あっても無効であると『安楽集』には説かれている。時機に応じた教法だけが、有効である。教法の法は、広い言葉で言うと真理である。真理は時を超えているが、それに対して、教法は時機に応じていなければならないという問題がある。時機は、今日の言葉で言うと、状況、situation である。これは先述した。

教法には聖道の教えと浄土の教えとがあるが、「教興《きょうこう》の所由を明かして時に約し機に被《かぶ》らしめて、浄土に勧帰する」(『教行信証』聖典三五八頁)と言われて、時機に応じている浄土の教えに帰することを勧めている。真理は、時機を通して浄土の教えとなる。だから親鸞聖人は「正信偈」で「道綽決聖

道難証　唯明浄土可通入」と言われている。道綽禅師以前には難易二道はあったが、聖道・浄土が道綽禅師の世になって初めて出てきた。

それまでの仏教においての概念では、浄土と言うと穢土に対しての浄土であった。それが今度は、聖道に対しての浄土である。もちろん、穢土に対して浄土というのが浄土の根本的意義であるが、ここで聖道に対する浄土という形をとってきた。聖道の仏法に対しての浄土の仏法であり、浄土が仏法の法門をあらわす概念になった。教学が方便を通して真実を彰《あらわ》しているという点と、浄土の概念が穢土に対するものでなく聖道に対する概念になったという二点が、道綽禅師から変わっている。

龍樹・天親・曇鸞の上三祖の教学は、聖道・浄土の二門に分かれる以前の意義をもつ。聖道・浄土の二門の範疇は、法然上人まで長らくその意義を伝承されてきている。聖道・浄土が対立して二つになっている。その二を通して一にかえるのが、親鸞聖人の『教行信証』の意義であろう。

法然上人が興された浄土門こそ真宗であることを明らかにすること、浄土こそが仏法の中の真宗であることを明らかにすることが、『教行信証』の事業である。ここに聖道・浄土の二門が出ているが、観念論と唯物論のように、二つの陣営になった。彼の聖道に対して、此の浄土という形になった。曇鸞大師の自力に対する他力という言葉も、『安楽集』に来ると聖道に対する浄土の意義をもつ。

そして「道綽決聖道難証　唯明浄土可通入」と言ってあるが、そのように決定させたものは像末の時機である。時機が聖道の教法の観念性を明らかにした。浄土はリアリズムの仏教である。時機に触れてこそ、真理はリアルな教法になる。時機において真理がはたらき、現実的な浄土の教法になる。

ここに「道綽決聖道難証」と「決」の字があるのは判定、つまり決判である。源信章に「専雑執心判浅深（専雑《せんぞう》の執心《しゅうしん》、浅深《せんじん》を判じて）」（「正信偈」聖典二〇七頁）とあるが、この「判」と同じ意味で、ここでは「決」と言われている。このような決判は、ただ理論で言うのではない。聖道の教理が劣っていると決するのではなく、聖道はただ教理のみになっていると判じる。理論に止まっていると言うのである。特に時について、正像末の史観が出る。

道綽禅師は、時を通して今の衆生を決定するのに、『大集月蔵経』を通しておられる。この経は、釈尊の在世の後の時代を五五百歳として五つの五百年に区切っている。そこに「第五の五百年には、白法隠滞《びゃくほうおんたい》して多く諍訟《じょうじゅ》あらん」（『教行信証』聖典三五九頁）とあるのに照らして、仏法の滅亡してしまう時が来るとする。初めの五百年と第二の五百年は三学（戒・定・慧）が王道であり得る時代であるが、それに対して、今の時機は第四の五百年である。

「今の時」は、「すなわち仏、世を去りたまいて後の第四の五百年」（『教行信証』聖典三五九頁）に相当する。これを考えると、「今の時の衆生」は「正《まさ》しくこれ懺悔《さんげ》し福を修し、仏の名号を称すべき時の者《もの》なり」（同頁）と、時を通して衆生を決定している。

第三行に「像末法滅同悲引」とあるように、正像末の史観と教・行・信・証とは関係がある。教から証までの全体を完備しているのが、正法の世である。像法の世には、教を聞いて行ずる者はあるが、証する者はいない。末法の世になると、証はもちろん行もなくなり、教だけになる。教のみが残るのが、末法の世である。このように、時代を三つに分けることができる。この分け方もあわせて照らして見ると、前三の五百年まで、つまり正法の世はすでに終わり、「今の時」は像法の世に入って末法の世の前になると自覚されている。末法の世は近くなっており、「今の時」は末法の世の前夜である。

この「今の時」に聖道・浄土の二門を立てるのは、聖道を捨てて浄土に帰入させるためである。末法の世が迫っていることは、その決判の根拠になる。教理や自分の考えで決判するのではなく、歴史の下した決判であるという意義がある。その意味で『安楽集』は、仏法には聖道・浄土の二門があるがどちらでもよい、と言うのではない。我われに決断を促《うなが》しているのである。

終末論と末法史観

その意味において、道綽禅師の教学は、キリスト教におけるエスカトロジー（eschatology）、つまり終末論的な意義をもっている。悠々として研究するというような姿勢ではない。時が我われの決断を促していることを、明示している。決断の促しを離れると、正像末の史観もキリスト教の終末論と同じようになる。客観的な歴史観として見ると、正像末の史観も意味がわからなくなる。客観的に見るなら、五百年ずつに歴史を区切ることに意味はない。キリスト教では、キリストの再臨・終末に関して千年という客観的時間として考えているようであるが、それでは、終末論も意味がないように、正像末の史観も意味がなくなるのである。

終末論とは、ハイデッガーの用語を使うと、終末的であることではなく終末論的であることに意義がある。終末的に考えると千年に終末があることになるが、意義があるのはそういうことではなく、終末論的な態度にある。人間が実存的に生きる、つまり、終末論的態度をもって生きる、神の前に生きるという意義である。そうでないと、明日も明後日もあることになる。末法史観は、客観的な歴史観として見ると無意味である。正像末の歴史観があらわす時間は、実存的時間である。これは、古代・中世・近世と区切るような歴史観とは違う。

　正像末は、仏法の危機をあらわす時間である。これは、危機に立った人間の意識における歴史であり、人間を危機に立たせるような歴史である。『正像末和讃』に「釈迦《しゃか》如来《にょらい》かくれましまして　二千余年になりたまう　正像《しょうぞう》の二時《にじ》はおわりにき　如来《にょらい》の遺弟悲泣《ゆいていひきゅう》せよ」（聖典五〇〇頁）と言われている。正像の二時が終わったことを、ただ冷静に客観的に見て言われているのではない。仏道を求める人間・修道的な人間にとっては、像末の世は危機なのである。これが正像末の史観である。危機的な立場に置かれて初めて、聖道は無効であると決判させられるのである。

　このような正像末の史観が『教行信証』においても深い意義をもっており、「化身土巻」で取り上げられている。そして、この史観の立場から詠まれた和讃が『正像末和讃』である。危機に立った人間こそが、真に実存的である。危機は同時に、転機でもある。つまり聖道の仏法の危機が、浄土の仏法があらわれてくる転機となっていることをあらわす。正像末を通して、正像末を一貫する本願を明らかにする。それで「像末法滅同悲引」と言われる。正像末を一貫する本願が、正像末の機を、平等に慈悲をもって引いていることを明らかにしているのである。

　これは、聖道の教理が浅いということではない。教理はいかに深くても、現実の時機に応じていないならば、観念に過ぎない。親鸞聖人は、「聖道《しょうどう》の諸教は行証《ぎょうしょう》久しく廃《すた》れ」（『教行信証』聖典三九八頁）て無意味になっていると言われる。これが、聖道は滅亡しているという決判である。聖道の教理がなくなったのではなく、単に教理だけになったことが滅亡したことである。歴史に乖いた教法になってしまっている。

時機を媒介にして、宗から主義が生まれる

日本の仏教の歴史を考えると、明治時代に興味深いことがあった。正像末の史観は鎌倉時代初期において、浄土の教学だけではなく日蓮の教学にも深く影響を与えた。道元はその影響を受けておらず、末法に対して否定的に関係しているだけである。肯定的に関係しているのは、日蓮である。日本の仏教は明治になってから、親鸞や日蓮の時代よりもっと大きな時機を迎えた。それは世界に触れたことであり、これが大きな意義をもっている。

興味深いことに、主義というもの、いろいろなイズムが、明治の仏教の歴史の上にあらわれた。日蓮主義が興ったのもその一つである。これはどうして興ったかと言うと、田中智《ち》学《がく》という人がいて、『宗門之維新』という本を書いた。この本の文章は火を吐くようで、真の折伏《しゃくぶく》である。日蓮宗が勢力を失ったのは、折伏を失ったからだと言う。これに眼を開かれたのが、高山樗牛《ちょぎゅう》である。樗牛はニーチェに傾倒して、墓石に「吾人は須《すべから》く現代を超越せざるべからず」と記した。これは、ユーバーメンシュ（Übermensch）の翻訳である。超人という言葉をそのようにしか理解できなかったのが、明治の

仏教である。その犢牛をして日蓮を知らしめた本が『宗門之維新』である。それから姉崎正治《あねさきまさはる》が出て、それを継承した。そこに、日蓮宗ではない日蓮主義が生まれた。

『宗門之維新』は、真に精神の威力に満ちた折伏である。それが本当の日蓮宗の折伏であろう。コーランか剣か、と迫るような意義をもっている。念仏でも折伏があったのであろう。「行巻」に「利剣《りけん》」という表現がある（『教行信証』聖典一七七、二〇一頁参照）。本願は剣であると言われる。「殺人刀、活人剣」（『碧巖録』大正四八・一五二・下）という意味だろう。折伏とは、殺して生かすことである。利益を与える折伏ではない。幸福を求めるような意味での折伏ではない。

とにかく日蓮宗ではなく、日蓮主義が生まれた。もう一方で親鸞聖人の側からは、清沢満之が出て精神主義を叫んだ。日蓮宗や真宗から、何か別の宗が独立して生まれてきたのではなく、日蓮主義と精神主義という二つの主義が生まれた。これらは、明治の時機を媒介にして出た仏教ではないか。

日蓮宗と真宗以外からは、何も興らなかった。世界に触れても一向にびくともしなかったという言い方もできるのかも知れないが、それらは徳川時代のまま明治に流れ込んだような、時機に応じなかった宗とも言える。天台も真言もそうである。禅宗には主義は興らなかった。禅宗は、もとより主義ではない。少数の機だけに応じる宗だから、主義にならないのである。

道綽禅師は聖道・浄土の二門と言われるが、門とは今の言葉では主義である。仏法が主義という形をとってきた。道綽禅師の二門の決判によって、『教行信証』の「化身土巻」に深い意義が出ている。「後序」に「聖道《しょうどう》の諸教は行証《ぎょうしょう》久しく廃《すた》れ、浄土《じょうど》の真宗は証道いま盛《さかり》なり」（『教行信証』聖典三九八頁）とある。「行証久しく廃れ」と、正像末の史観を通した浄土真宗の意義が語られている。聖道には、行も証もない。真宗には、証が押さえられている。「久しく廃れ」とは今死んだのではなく、とっくの昔から死んでいることを示している。その決判が「いま」なされたのである。聖道には、教理だけがある。教までないと言うのではないが、行証がなくなって久しい。浄土の真宗は、真理が行証されているところに、仏道が生きているのである。

無仏の世であるにもかかわらず、聖道は釈尊の人格を支えとしている

「正信偈」に「道綽決聖道難証　唯明浄土可通入」と言われているのは、この道綽禅師の事業に重きを置く『選択集』によってなされた聖道・浄土の二門の決判に継承しているのである。

『選択集』ではまず「二門章」があり、それを受けて次の「二行章」がある。「二門章」では聖道・浄土の二教の興廃が示されている。「二行章」の内容は、「万善自力」と「円満徳号」である。我われは、人間の努力か本願か、どちらに立つかの選択を迫られている。「二門章」は道綽禅師によられ、「二行章」以下は善導大師によられている。『選択集』は、二門つまり二教と、二行とが主である。教と行で、仏法が尽くされる。第三の「本願章」は、本願が原理となることを証明している。

「二門章」に示されている『安楽集』の教えを、「正信偈」では「道綽決聖道難証　唯明浄土可通入」と言われる。このことが明瞭に語られてあるのは、『安楽集』の「第三大門」である。その意が『選択集』の初め、二門章に示されている（真聖全一、九二九頁参照）。そこには衆生が生死の火宅を出

る方法には二種の法、つまり聖道と浄土があることが述べられている。『安楽集』の「第三大門」に、「聖道の一種は今の時証し難し」「唯《ただ》浄土の一門有りて通入すべき路なり」（真聖全一、四一〇頁）と出ており、その決判の理由が明らかにしてある。それは二理一教である。つまり、二つの理証と一つの教証である。

まず教証として、『大集月蔵経』から「我《わ》が末法の時の中の億億の衆生、行を起こし道を修せんに、未《いま》だ一人も得るものあらじ」（『教行信証』聖典三五九頁）を挙げられる。ここでは「もし衆生有りて、たとい一生悪を造れども、命終の時に臨みて十念相続して、我が名字を称せんに、もし生まれずは正覚を取らじ」（真聖全一、四一〇頁）と、『大経』の本願の意も挙げておられる。「一生造悪値弘誓　至安養界証妙果」は、ここに由来する。

理証としては「大聖《だいしょう》を去《さ》ること遙遠《ようおん》なるに由《よ》る」（真聖全一、四一〇頁）と「理《り》深く解微《み》なるに由《よ》る」（同頁）という、二つの事由が示されている。これらを教証に約して、今が像法・末法の時機であることを示されるのである。

像末の世とは、五濁無仏の世である。だが無仏の世であるにもかかわらず、聖道は釈尊の人格を支えとしているのではないか。教理のみで仏法は確立すると思うのかも知れないが、たとえば真如・実相・第一義空との深い教えがあるからといって、仏法は興らない。絶対無は哲学としては意味があるが、それを振りかざしてみても、思索の教理に過ぎないがゆえに、衆生の実存を解決するためには間に合わないだろう。

三論宗は、龍樹菩薩の『根本中論頌』によっており、空や般若を説く。空に大乗仏教の基礎がある。龍樹菩薩の教学には「百非を絶する」ということがあるのだが、これを解了することは容易ではない。空もまた空であるとインドでも説くが、三論宗は有に非ず空に非ず、有に非ざるに非ずと言う。これは、空を理解することがいかに困難であるかを示している。絶対無についていくら思弁したところで、自己が絶対無になることは、ほとんど絶望的であることをあらわしている。

絶対無になろうとすれば、絶対無から遠ざかる。ああでもないこうでもないと、百年間思弁しても思弁は尽きない。つまり、百非を絶することはほとんど不可能である。聖道は、否定の道としての仏法である。否定も否定しなければならず、否定の否定をも否定しなければならない。いくら教理が深くても、衆生が教理の通りにはなれない。そのことが「理深く解微なる」（真聖全一、四一〇頁）ということである。聖道の教理が低いのではない。このように釈尊の人格の力に支えられていることが、尊いようではあるが、弱いのである。聖道は結局、観念に止まり悪戦苦闘するだけである。

このように「大聖を去ること遙遠」（真聖全一、四一〇頁）の世になると、人と法とに断絶が生じる。断絶が生じてしまったことが、滅亡である。だから、観念論であるという決判が下された。

道綽禅師は、これら二由と『大集月蔵経』の教を示して、「当今、末法にしてこれ五濁《じょく》悪世なり。ただ浄土の一門ありて通入すべき路《みち》なり」（『教行信証』聖典三五九頁）と言われる。今の世の聖道は、末法であるということを無視して、徒《いたずら》に行じているだけで、悟りを得た者は一人もいないから「ただ浄土の一門ありて通入すべき路なり」と決判されたのである。この時機を『大集経』の史観に照らして、「若《も》し起《き》悪造罪《あくぞうざい》を論《ろん》ぜば、何《なん》ぞ暴風駛雨《ぼうふうしう》に異《こと》ならん」（真聖全一、四一〇頁）と言われる。一人だけ得た者がいても、それは時代から捨象化された者であり、時代からかけ離れた研究室にいる者である。暴風駛雨の時機においては、観念や教理や研究は役に立たないのである。

業をもった人間を媒介として証明される法が、浄土の法である

ここでは、『大経』に照らして「もし衆生有りて、たとい一生悪を造れども、命終の時に臨みて十念相続して、我が名字を称せんに、もし生まれずは正覚を取らじ」（真聖全一、四一〇頁）と言われているように、道綽禅師は衆生を「一生造悪」と言われている。これまでも七祖の教えにおいて、天親菩薩が『浄土論』に「群生」という語を出されるが、群の語義をただ衆生を意味するものとしている。曇鸞大師に来て初めて、「生死の凡夫」「下品の凡夫」「煩悩成就の凡夫人」と言われる。親鸞聖人はこれらの言葉を、曇鸞章で「惑染の凡夫」と押さえられる。これらの教えを通して親鸞聖人は、群生とは現実に生きている人間であるという意義を示された。一生造悪とは、悲劇的な表現である。悪を造らなければ生きていけない、我われ衆生のことである。

衆生から遊離して法そのものを明らかにしようとするのが、観念論である。観念論は、西洋の思想の歴史においては、近代・現代の特にドイツの思想の特徴である。キリスト教では、プロテスタントが批判したカトリックであろう。

プロテスタントにおいては、神性だけを見るのではなく、人間の罪悪性を重く見る。そのため、テ

オロギー（Theologie）、神学よりも、キリストロギー（Christologie）、キリスト論に中心が置かれる。たとえば、マルクスによって受け継がれたと同時に超えられたフォイエルバッハの唯物論は、神学に反抗した人間学であると見做《みな》すことができる。そこに時機相応ということがある。ただカトリックを否定したのではなく、ルターの宗教改革の理念を継承したという意義をもっている。フォイエルバッハはルターの積極神学を受けて、カトリックに反抗して人間学としての唯物論を主張した。しかし、これは人間を個人的・感性的なものとしか考えていないとして、マルキシズムから批判を受けた。フォイエルバッハの唯物論は、心理学的である。

宗教の問題は人間の問題であるが、キリスト教では神や愛の問題になる。神が愛するのではなく、愛が神であるとする。愛は神の愛ではない。愛は人間と神との関係であり、それが宗教であるとする。フォイエルバッハの思想は、感性的人間、眼で見ることができる人間を問題にする。人間を理性であると観念した思想家の絶頂は、ヘーゲルである。ヘーゲルへの反抗として、マルクスも実存主義も生まれた。理性に対するプロテスト、抗議として、マルクスも実存主義も生まれた。これらは、西洋近代における人間とは何かという問題に、人間の実存性や社会性の観点から答えようとして生まれた思想である。七祖が説かれた群生・惑染の凡夫・一生造悪は、衆生を理性的ではない人間として捉えた言葉である。

このような衆生のあり方が、仏教では業ということであらわされている。人間は、思いのままにならない身を抱えて生きている。観念では決して明らかにできないのが人間である。また、観念による解釈を破るものを物質と言う。そういった意味で、人間は物質である。この物質概念と人間学との関係は、仏教では業ということで明らかにされると思う。いかに深い実存も、業である人間の上に明らかにされなければならないのである。

観念としての人間はいない。業をもった歴史的人間を媒介として、それを機として現実的人間の上に証明される法が、浄土の法である。業をもった衆生が一人残らず如来になるということにおいて、残りなく仏を証明する真理があらわされている。

17、三不三信誨慇懃

三不三信誨慇懃　像末法滅同悲引
一生造悪値弘誓　至安養界証妙果

三不三信の誨《おしえ》、慇懃《おんごん》にして、像末法滅《ぞうまつほうめつ》、同じく悲引す。
一生《いっしょう》悪を造れども、弘誓《ぐぜい》に値《もうあ》いぬれば、安養界《あんにょうかい》に至りて妙果《みょうか》を証せしむと、いえり。

「三不三信の誨」は、どういう意味で「慇懃」か

道綽章で「三不三信」と、第三行目に信が出ており、次の第四行目に「証妙果」として証が出ている。このように教と行の後に、信と証とが続いている。第一行目は聖道と浄土の二門の興廃が説かれ、第二行目は聖道の行である万善と、浄土の行である徳号の、二行の優劣が説かれている。このように教・行・信・証として、はっきり四法があらわされている。

主となるのは、前半の教と行とではないか。『選択集』の「二門章」は道綽禅師の『安楽集』によられた。法然上人が浄土教を一宗として独立させたことが『選択集』に出ているが、この事業はもっぱら道綽禅師の教学によられている。この点から考えても、初めの二句の教が中心であると思う。教を受けて「像末法滅同悲引」と言われて、二門の興廃を決判する。教理上で比較して言うのではなく、歴史の決判として二門の興廃が言われる。つまり時が問題になる。時によって機を決定し、機によって教を決判する。時が重要な意義をもってくる。この正像末の史観が、道綽禅師の『安楽集』を特色づけている。

正像末の史観の精神は、『教行信証』の上では「化身土巻」にその意義があらわされている。「化身土巻」に引かれる『大集月蔵経』の経文は、道綽禅師を通して出されている。「証巻」においては還相回向を明らかにするために『論註』がほとんどそのまま長く引かれてあり、また「信巻」の終わりには難治の三機の救いを明らかにするために『涅槃経』の経文が長く引かれてあるが、「化身土巻」『安楽集』からの引文は、それらに劣らない長い引文である。『大集月蔵経』はみな『安楽集』によって出されている。

初めの二句の中の「ただ浄土の通入すべきこと」も、「化身土巻」に「ただ浄土の一門ありて通入すべき路《みち》なり」（『教行信証』聖典三五九頁）と出ている。中心になるのは初めの二句である。道綽禅師の前までは難行・易行と言われていたが、ここであらためて聖道・浄土という形をとってきた。このような形をとらしめたのは、やはり正像末の史観である。「五濁《ごじょく》の世、無仏の時」（同一六七頁）とは『論註』の巻頭に言われているが、そこでは「ただこれ自力《じりき》にして他力《たりき》の持《たも》つなし」（同一六八頁）というのが主な意味である。

しかし道綽禅師になると、五濁の世という意味の方が強まる。無仏の時だけでなく、有仏の時も五濁であった。釈尊は五濁の世に出られた。五濁の世が、さらに無仏ということで、一層自覚が深まり痛切なものとなったのである。時が内容をもってきた。だから、道綽禅師の『安楽集』から、教学の感銘が一変してくる。このことは初めの二句であらわされている。聖道と浄土との決判が初めて出てきたのが、道綽禅師である。

この四行は、先述したごとく教・行・信・証の四法としてあらわされているが、正像末の三時の史観と教行証とは深い関係がある。教行証の三法を完備しているのが正法であり、教を行じても証を得る者がいないのが像法である。そして、行ずる者もまったくなくなって教だけがあるのが末法である。三法と三時とは、深い関係をもつ。道綽章で「正信偈」の内容が教・行・信・証の形をとるのは、このような意味がある。

「化身土巻」に引かれている三時の史観は、親鸞聖人においては特に末法という意味になる。親鸞聖人は、貴族社会が崩壊しつつあった鎌倉時代において、道綽禅師の正像末の史観を御自身の上には末法としてご覧になった。それで「後序」には、「聖道《しょうどう》の諸教は行証《ぎょうしょう》久しく廃《すた》れ、浄土《じょうど》の真宗は証道いま盛《さかり》なり」（『教行信証』聖典三九八頁）と言われて、末法の世において行証が盛んである教えとして、浄土の意義を明らかにされた。こういうわけで、道綽章で「正信偈」の内容に教・行・信・証の四法が揃うのである。それは、最初の二句の教のところに代表される。浄土の教えは行証が盛んであり、聖道は教のみあって行証がない。聖道が教理だけになったことが、滅亡したことである。だから二門の興廃を決判する句に続く六句は、結局最初の二句にかえるのである。

第三行目に「三不三信誨慇懃　像末法滅同悲引」と信が出されているが、「三不三信」とは、曇鸞大師の『論註』に説かれる「三不信」がもとになっている。だから『高僧和讃』においては、曇鸞大師のところに出ている。「信巻」においても、曇鸞大師の『論註』から「三不信」が引かれている。しかし曇鸞大師は「三不信」を説かれたが、三信を説いてはおられない。それで道綽禅師は「三不信」にさらに三信を加えて懇切な教えにされた。その功績をたたえて、親鸞聖人は「誨、慇懃にして」と言われる。「慇懃」とは、懇《ねんご》ろにということである。

釈尊も五濁悪世に出られたが、五濁悪世に君臨するのではなく、凡夫の立場に立って阿弥陀仏の本願を懇ろに説かれて、我われの救われる道を明らかにしてくださった。天親菩薩も、煩悩成就の我われに弥陀の弘誓を懇ろに勧めてくださったのである。

「像末法滅同悲引」と言われ、正法の世については触れられてはいないが、三信を具《そな》えれば像法・末法の衆生も正法の衆生と同じく悲引することを明らかにされたところに、特に親鸞聖人は「慇懃」

という字をお付けになったのである。

「慇懃」には、さらに別の意義もある。天親菩薩の「一心」を曇鸞大師が「三不信」として解釈されたのだが、それをさらに『安楽集』で道綽禅師が解釈されるときに、『観経』の「具三心者、必生彼国」（聖典一一二頁）に照らして「具此三心　若不生者　無有是処（此《こ》の三心を具して若《も》し生まれずといわば、是処《ことわり》有ること無けん）」（真聖全一、四〇五頁）と解釈される。このようなことを「慇懃」と言われるのである。機根の低い我が身を「像末法滅同悲引」のところに置かれて、像末法滅の衆生がうなずくまで明らかにされた。それが「慇懃」である。

信の問題——たすけている名号において、たすからない我われ——

「三不信」を、曇鸞大師が『論註』のどこで明らかにされたかということに、深い問題がある。これは五念門の中の「第二讃嘆門」を解釈されるところで明らかにされた。五念門の中心はどこにあるかと言うと、『浄土論』を瑜伽の論として見れば、観つまり止観にある。この『浄土論』を、曇鸞大師が『大経』の本願に立って解釈されると、中心が「第二讃嘆門」に移動する。「第二讃嘆門」の念仏は、ただ観念するのではなく、名を憶念する。その名が如来回向の名であることが、親鸞聖人によって明らかにされた。

　曇鸞大師は、「第二讃嘆門」を解釈するとともに問題を提起されている。まず讃嘆は、「かの無碍光《むげこう》如来《にょらい》の名号《みょうごう》よく衆生《しゅじょう》の一切の無明を破す、よく衆生《しゅじょう》の一切の志願を満てたまう」（『教行信証』聖典二一三頁）という意味で、如来の名によって如来の名を讃嘆するのである。仏の本願力は、衆生の一切の無明を破り一切の志願を満たす。無明を破るのは仏力であり、衆生の志願を成就するのは本願力によってである。曇鸞大師は仏の本願力を、本願力と仏力とに分けて解釈される。親鸞聖人は、「総序」の巻頭で「難思《なんし》の弘誓《ぐぜい》は難度海《なんどかい》を度《ど》する大船《たいせん》、無碍《むげ》の光明《こうみょう》は無明《むみょう》の闇《あん》を破する恵日《えにち》なり」（同一四九頁）と言われる。如来の弘誓で衆生の往生の大願を満たし、無碍の光明によって衆生の無明を破る。本願力が仏力を成就し、仏力によって本願力を証明している、その如来の名をたたえているのが、曇鸞大師の讃嘆である。名によって讃嘆する。ところが、ここに問題を提起される。それが「しかるに」以下である。

「しかるに称名《しょうみょう》憶念《おくねん》あれども、無明なお存《そん》して所願を満てざるはいかんとならば」（『教行信証』聖典二一三頁）と言われる。名号は一切の無明を破り一切の志願を満たしたまう。しかるに称名憶念があっても、無明があり、志願が満たされないのはなぜか。称や念は、名である。名号も称名も念仏も同じであると言えないことはないが、曇鸞大師によると多少の区別がある。名号によって称名憶念しても無明があり、志願が満たされないのはなぜか。名を称え、名によって本願を憶念しても、というところに大切な問題を含んでいる。

名はすでに、一切の無明を破り一切の志願を満たしている。しかるに名を称し憶念しても、無明は破れないし志願が満たされないという問題がある。称名憶念される名号と、称名憶念する我われとが相応していない。これは信の問題である。名号があって、しかも名号を称えながら名号の如くにならない。

ない。これが信仰問題である。名号がなくて、名号ではないもので行じていて志願が満たされないのではない。たすけている名号をもって、衆生がたすかろうとする。たすけているのは如来の心であり、たすかろうとするのは我われの心である。そこに、相応していないということがある。たすけている名号において、たすからない。このような問題が出されている。

宗教経験は人間の経験には違いないが、宗教的と言われる何かが経験されているような経験である。その宗教的なものを真理と言うなら、名号を称えながら我われは真理に触れている。たすける真理を我われが経験している。それならばたすかっているはずである。たすかっているならば、名号と我われとが相応している。しかし体験される名号は超越的であり、我われの体験は内在的である。そうすると、名号と我われとがまったく違ったものになる。我われは、名号に触れていながら離れている。

念仏のない場合には、このようなことはない。念仏があると、触れたことが離れていることを自覚させる。名号と我われとの距離を消そうとすることが、隔たりを作る。このようなジレンマ、深刻な問題が提起されている。行の問題から、信の問題を提起しているのである。

この問題に曇鸞大師は自答して、称名が「不如実修行」であるがゆえに、と言われる。称名憶念が如実でないから、無明は破れず志願が満たされない。「不如実修行」とは何か。名号と我われとを二つにする立場が、不如実である。二つのものの関係が宗教経験であるが、たすける法とたすかる我われが相応しない。それが「不如実修行」である。

曇鸞大師のこの問いの意義は、二にして一であるということがはっきりしていないことが問題なのだということにある。二つのままがその区別を失わずして一であることが、相応である。二を止めて直接に一になると、その一が二の溝を開く。それでは機法一体が明らかにならない。機法一体とは、機と法が二のままで一体なのである。機と法とは一如の二面、二つのアスペクト（aspect）である。一如が一如自身を限定する二面である。それを二つのものと考えると、相応しない。このような問題である。

信仰問題は、行から起こるのであって、教から起こるのではない。ある教理を肯定するか、しないかは思想の問題である。浄土の法は、行については問題がない。たすける行は、成就している。しかし、信に問題がある。信の問題を曇鸞大師が明瞭にされた。「信巻」に始まり「化身土巻」に終わる三心と二種深信の問題、そして『歎異抄』の信心の問題、それらは信心の間違いから起こる問題である。その信心の間違いとは、二種深信がはっきりしていないということである。

三不信とは、如来を知らない我の心に起こる疑惑である

信心を問題とすることは、曇鸞大師から始まっている。親鸞聖人は、曇鸞大師を通して、天親菩薩の一心を本願の三心に照らして問題にされる。三心は、善導大師の『観経』の三心釈を参照されている。三心一心は宗教心理学の問題ではない。一心が三心の構造をもっているのであり、本願の三心に照らして一心を証明する問題である。一心は「願生偈」の一番初めにあるが、曇鸞大師が一心に遇われたのは五念門の中の讃嘆門のところである。讃嘆門のところで一心に遇って初めて、『浄土論』の

建《はじ》めの「我一心」（聖典一三五頁）にうなずくことができた。

三心釈は、善導大師が法蔵菩薩に遇われた場所である。つまり、『浄土論』の神話性が克服された記録である。

『論註』に「このゆえに論主《ろんじゅ》建《はじ》めに「我一心《がいっしん》」と言《のたま》えり」（『教行信証』聖典二一四頁）と言われたのは、天親菩薩が一心と言われたのはこれであったかと、自分の中にうなずかれたのである。天親菩薩の一心は、二のままが一であるという不二の心である。救うのも仏であるが、救われる心もまた、我と成った仏である。救う仏が、救われる我にまで具体化することによって、救いが成就する。一心において初めて如実修行相応と言うことができるのである。

だから「信巻」の問答を終わるところに「かるがゆえに知りぬ。一心、これを「如実修行相応《にょじつしゅぎょうそうおう》」と名づく。すなわちこれ正教《しょうきょう》なり、これ正義《しょうぎ》なり、これ正行《しょうぎょう》なり、これ正解《しょうげ》なり、これ正業《しょうごう》なり、これ正智《しょうち》なり。三心すなわち一心なり、一心すわなち金剛真心《こんごうしんしん》の義、答え竟《おわ》りぬ。知るべしと」（『教行信証』聖典二四二頁）と言われる。この信心の問題は、およそ信仰の道において必ず遭遇する問題である。遭遇しないのは、教理に立っているからである。あるいは、如実に行じていないからである。ただ教理を信じることからは、信心は生まれない。根元である本願に目覚めることは、教理に止《とど》まることではない。本願において信仰の実存が成就されること、それが信心である。

親鸞聖人は、曇鸞大師の「かの無碍《むげ》光如来《こうにょらい》の名号《みょうごう》よく衆生《しゅじょう》の一切の無明を破す、よく衆生《しゅじょう》の一切の志願を満てたまう。しかるに称名《しょうみょう》憶念《おくねん》あれども、無明なお存《そん》して所願を満てざるはいかんとならば」(『教行信証』聖典二一三頁)という言葉を、御自分の中に「真実の信心は必ず名号《みょうごう》を具す。名号は必ずしも願力の信心を具せざるなり」(同二三六頁)と深くうなずかれた。これは、後半の「名号は必ずしも願力の信心を具せざるなり」に力点が置かれている。名号というたすける法があっても、必ずしもたすかったとは言えない。たすかった自覚は、信心である。たすかった我が今あれば、たすける法はすでに成就していたのである。たすける法とたすかる我の区別を明瞭にされた点に、曇鸞大師の自問自答の深い意義がある。

これが信心の問題である。「信巻」はこのような問題を取り扱っている。たすける法でたすからずに、たすける法でたすかろうとする。それは法を自力で勝手に翻訳したのである。他力でたすかるが、たすかろうとするのは自力である。そうかと言って、たすからなくてもよいというわけにはいかない。信じることが自力ではなく、他力の成就であることが大切である。機にまで、本願が自己を具体化したのである。如来が真に衆生となったのが、信心である。如来に対する信ではなく、如来成就の信である。そうなれば、信そのものがたすかることを自証している。称名憶念も「一心」の他にはない。称名憶念しても無明があって志願が満たされないのは、「一心」がないからである。

「一心」は二を止《や》めることではない。体が二つあるのではない。あるものとあるものとの関係ではなく、一つのものの二面である。だから、二のままが一である。二を止めて一になるなら神秘主義である。二を止めた一は自性唯心であり、二が二で止《とど》まっているのは定散の自心である。信じることを止めるのではなく、信じることが他力回向される。他力回向という意味をもったのが『浄土論』の

「一心」である。

法と衆生とが一ならば、相応する必要はない。しかし、二ならば相応できない。法と衆生とが一体の二面であれば、初めて相応できる。感応道交、つまり呼応関係が成り立つ。相応できないのは、そこに名義不相応という問題があるからである。名を称えながら、名に相応していない。人間の心で称えている。自分の心で如来を解釈しているのである。

名義不相応の理由を明らかにするために、二つのことを挙げている。第一は如来を知らない不知であり、第二はすでに述べた三不信である。不知は、何を知らないかと言えば、如来を知らない。「如《にょ》来《らい》はこれ実相の身《しん》なり、これ物の為《ため》の身《しん》と知らざるなり」（『教行信証』聖典二一四頁）と言われるように、如来が実相身・為物身であることを知らない。実相・為物について、『六要鈔』の解釈は二つある。曇鸞大師の教学では法性法身と方便法身とが説かれるが、『六要鈔』では実相・為物ともに方便法身であるという解釈と、実相は法性法身であり、為物は方便法身であるという解釈がある（真聖全二、二七六～二七七頁参照）。後者が正しいのではないかと思う。

実相身は法性法身であり、為物身は直接に言えば南無阿弥陀仏である。法性法身から方便法身が生じ、方便法身から法性法身を出しているのが南無阿弥陀仏である。形のない法性法身・如が形になっている。如そのものは形がないから、如そのものでは衆生がたすかることもたのむこともできない。如と言うよりほかに仕方がない。如は実相身であり、来は為物身である。如来を具体的にあらわしたのが、名号である。そこに方便法身が成就している。如来が単なる如ではない。我われがたのんでたすかることができる如来が名号であり、衆生をもって如来を成就している。

名号において、我はすでに如来の中にある。それにもかかわらず、自分を名号の外に置く。外に置く自分は、妄想である。南無阿弥陀仏に成らない衆生は妄想である。その妄想の自分が南無阿弥陀仏でたすかろうとすれば、南無阿弥陀仏を手段とする。それは、まったく如来を知らないことである。法性の中に妄想を作っている。たすからないことは、妄想が生んだジレンマである。

不知とは、無明である。不了仏智である。如来に無知であることを、無明と言う。無明は人間の立場にある。二であるなら一ではない、一であるなら二ではないという分別が無明である。一即二、二即一というのが、如来である。たすからない立場に立つから、たすからない。二を一にしようとする立場では、一にならない。実は、初めから一になっている。無明があるから疑惑する。痴疑一体と言うが、疑の根底には無明がある。無明があると、意識に疑が起こる。不知は無明であり、三不信は疑である。

我と如来とが二であると言うならば、如来に不知である。だから、我に疑がある。如来を知らない我の心に疑惑がある。これが三不信である。曇鸞大師は不知にはあまり触れていないが、三不信はくわしく説かれている。

法から機を展開・成就すれば、機に法は具わる

信心について、淳・一・相続の三つが言われる。これは信心についての記述である。『大経』の本

願の三心である至心・信楽・欲生は、信心の構造であるが、淳・一・相続は信心の記述である。信心は、賢い心ではなく純朴な心である。賢い心は二を一にしようとするが、実は一にしようとするに先立って、二がそのまま一である。一なるが如き、である。一如の心が、純朴な心である。一如の他に純朴な心はない。当然、そこに一が出る。一は一に連続する。一の他に、相続はない。一が一貫する。後念相続は、一の他にはない。そうでないと、後念は前念を相続すると言っても、前念は後念にとって過去の記憶になる。そうではなく、一心が一心に連続する。現在が現在に連続するのである。

このようなことが、信心そのものについての記述である。本願の信心は、淳・一・相続している心である。淳であるから一である。一であるから相続する。無明が破れないのは、その反対だからである。如実修行相応は、如実修行と相応することと言うより、名義と相応することである。また逆に、名義不相応が不如実修行なのである。本願と相応していないのが不如実修行であり、本願と相応しているのが如実修行である。

結局、我われから言えば、淳・一・相続の一心を賜《たまわ》る以外にはない。信が成就すればそこに法はあったのであり、信じることを機として法は行じるのである。信心によって、我われが機になる。仏法の機関となる。信という機によって、法が我われに行じられる。その機に行じられる法を、我われは能信するのである。我《われ》、所行を信ず。聞信と言うが、聞は受動であり、信は積極的概念である。我が信じるところに、本願は自ずから行じられる。法から機を展開・成就すれば、機に法は具《そな》わるのである。

「このゆえに論主《ろんじゅ》建《はじ》めに「我《が》一心《いっしん》」と言《のたま》えり」（『教行信証』聖典二一四頁）と言われている。源信和尚は「大悲無倦常照我身」（『尊号真像銘文』聖典五二五頁）と言われ、善導大師は「自身」と言われ、天親菩薩は「我一心」と言われる。心の深いところにある阿頼耶識は身を執受《しゅうじゅ》しているがゆえに、我が身ということが自覚される。身をどうにかしようとする必要はない。むしろ、身をどうにかしようとする、その心をどうにかしなければならない。本願がその身を、自利利他の身、菩薩行を円満する身に転ずる。

もとは天親菩薩の一心を曇鸞大師が解釈され、それをさらに善導大師が積極的に翻して三心と言われ、「この三心《さんじん》を具して必ず生《しょう》を得るなり。もし一心少《か》けぬればすなわち生を得ず」（『教行信証』聖典三三六頁）と言われる。『安楽集』で道綽禅師が解釈されるときには、『観経』の三心をもって解釈される。その三心の解釈を大きな規模でなされたのは、善導大師である。

三心三不信を懇切に説かれたことが「慇懃」である。機根の低い我が身を、像末・法滅の世において、像末・法滅の衆生がうなずくまで明らかにしてくださった。

像末・法滅の世の凡夫が本願の機である

「三不三信」は『安楽集』の第二大門で説かれている（真聖全一、四〇五頁参照）。そこでは、「広く問答を施《ほどこ》して疑情を釈去《しゃっこ》（解釈して取り去ること）することを明《あ》かす」（真聖全一、三九九頁）ための一段が設けてあって、浄土の法門に対する種々の信仰上の疑惑を解いている。『論註』でも、願生について疑難があるとして、上巻でも下巻でも解明されてある。功徳荘厳は、衆生の疑惑を破って信を生じさせるための荘厳である。だから浄土の荘厳に対する観察の行は、疑惑が破られ信が生じることで、願生についての疑惑を解くのである。これは、主として般若教学からの疑惑に対して答えておられるのであろう。

『浄土論』には啓蒙的な性格はないが、『論註』は多少啓蒙的な意義をもった注釈書であると思う。自力・他力などの俗語を用いておられることからしても、啓蒙の意味を含んでいる。願生についても、死後に彼土へ往くなどという俗説の誤解を破るために、仏教の真の道理に乖《そむ》かないように因縁生の義を明らかにされている。それによって、願生が大乗の仏道の本道であるということを宣揚されるのである。

『安楽集』が制作された時代になると、浄土教への疑難が多くなる。浄土門が胎動してきたがゆえに、仏教の一般論・通俗仏教からの疑惑が多く湧いてくる。それらの疑情を釈去するために問答を用い、最後に「三不三信」を「慇懃」に説かれた。

しかし同じ「第二門」には「像末法滅同悲引」はなく、それを出されておられるのは「第三門」である（真聖全一、四一〇頁参照）。これらの二句を、親鸞聖人が結合されたのである。『安楽集』の巻頭で「教興の所由を明《あか》して、時に約し機に被《かぶ》らしめて浄土に勧帰せしむ」（真聖全一、三七七頁）と言われ、時機の問題が強調されている。機を決定するのは時である。これは『大集月蔵経』に依っているが、そこにいわゆる正像末の史観が出されている。つまり、『安楽集』において機の問題は、初めから出ているのである。

特に「正信偈」の道綽章の初めの二句は、「第三大門」によっている。「一生造悪」という言葉も「第三大門」によっている（真聖全一、四一〇頁参照）。法然上人は『選択集』で『安楽集』の「第三大門」によって「二門章」を立てておられ、親鸞聖人は、法然上人の『選択集』の教相を受けて偈を作られている。偈文の構成が自ずから教・行・信・証になっているが、中心は教をあらわす初めの二句なのである。

この精神は「化身土巻」に明らかにされている。道綽禅師までは、難行・易行の教判はあっても聖道・浄土の二門の形はなく、道綽禅師から、聖道・浄土の二門の形を初めてとってきたのである。だから「聖道《しょうどう》の諸教は行証《ぎょうしょう》久しく廃《すた》れ、浄土《じょうど》の真宗は証道いま盛《さかり》なり」（『教行信証』聖典三九八頁）という「化身土巻」の「後序」の言葉は、『安楽集』の意義を受けている。道綽禅師の時代は、中国の仏教の転換期である。だから『安楽集』にくると、教学の傾向が啓蒙的になっている。親鸞聖人の時代には聖道の諸教は行証が久しく廃れていたが、道綽禅師の時代には聖道が興ろうとしていた。興ろうとしていた聖道を批判し、未だ胎動していた浄土を興そうとされた。そして、聖道門が組織化された時代に、それまで胎動していた浄土門が名告《なの》りを上げた。そういう位置に立たれたのが、善導大師である。

だから、道綽禅師には善導大師の先駆者としての意義がある。浄土に対する疑情に答えて、浄土の道を開かれた意義がある。「像末法滅同悲引」も「一生造悪値弘誓」も、みな「第三大門」に出ている教えである。道綽章の四行は、繰り返して言うと教・行・信・証の構成をとっている。浄土の教は単なる教ではなく、教・行・信・証の四法が一体となっている教である。だから八句全体が、教・行・信・証を自ずからあらわすことになるのである。浄土の教は、教即行・行即信・信即証の教である。全体が教で代表される意味が、道綽章の初めの二句に出されている。教が済んだら行へ、と進むのではない。教・行・信・証が一体であるところに、信心の仏教がある。時機が自覚されていることも、信心の仏教の本質を明瞭にしている。

悟りの仏教ではなく、信心の仏教である。信は自覚の初めであり、証は自覚の終わりである。聖道の仏教は、証への仏教である。浄土はそうではなく、証からの仏教である。証を証として受け取ることができる聖者は、像末の世にはいない。時機に応じて、純粋な仏の覚りをいかにして凡夫に開くのか。それに応えて生まれた仏教が、信心の仏教である。その仏教においては、証を信として与えるのである。信を獲れば、それ自身の中に証を包んでいる。信に始まり次は行へと進むのではなく、信が行により回向される真宗こそが、真の大乗仏教である。

信のない仏教はないが、聖道の信は行に先立って自力で立てたものである。本願も念仏も、みな他力回向の信心の仏道を明らかにする教学である。龍樹菩薩以来の易行の念仏は、信心の仏道である。このように浄土の仏教は、信心の仏教である。時機の自覚も、像末・法滅の世の凡夫が本願の機であることを明らかにするものである。だから「像末法滅同悲引」と言われる。正像末は、『大集月蔵経』に説かれる史観である。繰り返して述べているごとく、『大集月蔵経』では五五百歳ということが説かれ、仏教の歴史・時機を五つの五百年に分けて考えている。簡単には三時と言うこともある。

これは史観と言っても、仏道の歴史の史観である。だから時によって機を決定すると言っても、機は一般的な人間ではない。つまり文化的人間ではない。正像末の機は、凡夫として決定される。凡夫であることの意味は、文化の中にはない。機とは、法に関係している人間のことを言う。このような仏教の史観は、客観的な歴史を古代・中世・近世の時代に分けるような歴史的範疇とは違うのである。

正像末の史観は実存を離れて考えると、単に主観的なものに過ぎないものとされてしまう。時機の機とは、ただの世俗的人間ではなく修道的人間であるから、人間を修道的人間として成り立たせる史観である。正像末の史観は、人間を宗教的実存として開いてくる史観である。文化の史観ではなく、文化を破って人間を実存に立たせる史観である。このような意義を見出さないと、正像末という範疇は、古代・中世・近世という範疇とそれほど変わらない。歴史を実存の観点から見るという歴史観によって、見る者自身が実存に立たされるのである。

正像末史観の中の、特に末法史観は、仏道の危機を明らかにしている。危機を明らかにすることによって、危機に立たされた人間をあらわす。しかしながら危機には、転機という意義もある。クリーゼ（Krise）は危機であるが、同時に転機の意義をもつ。だから、末法の人間は凡夫だと断言する。凡夫ではない人間も考えられるが、そうではなく、末法の人間は初めから凡夫であることを明らかにする。このことが、正像の時代には覆われていて明らかではなかった。人間は或る時は凡夫であり或る時は凡夫ではなかった、というのではない。本来から凡夫であった。隠れていた人間の現実相が暴露されてくる意義をもつのが、末法史観なのである。

どうにかすればどうにかなるという人間の理想主義的期待を破って、人間を暴露する。時によって人間が凡夫になるのではなく、危機が人間を凡夫にかえらせる。凡夫が機であることが明らかになる法が、本願である。そして凡夫が機として本願に目覚めれば、凡夫を超える意義が出てくる。本願の機となる意義が成り立ってくる。人間を暴露し、暴露された人間として本願に遇う。人間が夢を懐《いだ》いている間は、本願に遇うことはできない。人間が凡夫にかえるところに、本願に出遇うのである。そこに、本願が末法だけの法ではなく、正像末を一貫した法であるという意義が出てくる。

道綽禅師が「三不信」に「三信」を加えて「三不三信」とされたお心

とにかく「三不三信」も「誨慇懃」も、像末・法滅に引きかけて成り立つ。『高僧和讃』に「天親《てんじん》菩《ぼ》薩《さつ》はねんごろに」（聖典四九〇頁）とある。「正信偈」の道綽章では、煩悩成就の我らに関係して「慇懃（＝ねんごろ）に」と言われている。では、天親菩薩が我われに何を示してくださったことを、ねんごろと言うのか。

「信巻」に三心一心問答が説かれている。天親菩薩の「一心」を、「愚鈍《ぐどん》の衆生《しゅじょう》、解了易《げりょうやす》からしめんがために、弥陀如来《みだにょらい》、三心を発《おこ》したまうといえども、涅槃《ねはん》の真因はただ信心をもってす。このゆえに論主《ろんじゅ》、三を合《がっ》して一と為《せ》るか」（『教行信証』聖典二二三頁）と、親鸞聖人は言われている。天親菩薩が『浄土論』の初めに「一心」と説かれたのは、愚鈍の衆生に涅槃の真因はただ信心であることを易く解了させようとして、三を合して一としたということであろう。それが、天親菩薩がねんごろに我われにお示しくださったことの内容である。

ただし天親菩薩が「一心」と説かれたのは、信心こそ涅槃の真因であることをなるべく易しく頭で、理解させるためではなく、信は難信であることをわからせ、仏を凡夫の身に明らかにするためである。仏の覚り・一心を「本願の三心」・信心として、凡夫に開く。仏が衆生となって、衆生を仏にする。衆生を否定していくのではない。迷っている世界には仏はいないという悲観的な態度でも、悟れば仏は必要ないという高飛車な態度でもない。どこまでも迷いを転じていく。仏の中にありながら迷っている、その迷いを翻すまで「一心」を徹底して、凡夫に解了易からしめようとする菩薩・仏の心を明らかにするのである。

迷っている人間は仏を知らないが、しかし仏は迷っている人間を知る。仏でないと、衆生がなぜ迷っているのかがわからない。迷いの衆生の心をいくら重ねても仏に成らないが、迷いの衆生をはね退《の》けるのは覚りの心ではない。構造として言えば、如来の否定としての衆生を否定することによって、衆生を根元の如来にかえすのである。衆生を如来にかえす形で、如来が如来自身を成就する。如来は、衆生を離れて、つまり衆生の上に成就した「一心」でなければ、如来ではない。ただ如と言うより仕方がない。如を失った衆生を如にかえすのが、如来である。如来を失っていた衆生が、如来であるという不二の自覚を開く。そういう形で、衆生の上に如を実現するのである。これは「本願の三心」だけではわからない。その意味で解了し易からしめるために、「慇懃」に「一心」と言われるのである。

だから天親菩薩の「一心」は如来に目覚めた衆生の心であるが、実はその心が衆生を超えさせた。だから「慇懃」に、曇鸞大師は「三不信」を、道綽禅師はそれにさらに「三信」を加えて「三不三信」とすることによって、像末・法滅の衆生に応じて諭してくださったのである。

法然上人は、善導大師に偏依して道綽禅師をあまり認めておられない。善導大師の本願の文の加減は有名であるが、実は道綽禅師が先立って『観経』の意義までも含めて本願の文を加減して明らかにされている。そのことは知られなければならないと、親鸞聖人は「正信偈」において「一生造悪値弘誓」と訴えられているのである。つまり道綽禅師は、『観経』下下品に依って第十八願の精神をあらわされている。『安楽集』の「たとい一生悪を造れども、命終の時に臨みて十念相続して、我が名字を称せんに、もし生まれずは正覚を取らじ」（真聖全一、四一〇頁）という、第十八願に対する釈文は、『観経』の下下品を通してある。これは『安楽集』が『観経』ノートであるから、『観経』に依って『大経』の本願を明らかにしてある。末法の機に応じた教学になっているのである。

『安楽集』では、「不三信」が述べられているところに、それに続いて「若《も》し能《よ》く相続すれば則《すなわ》ち是《こ》れ一心なり。但能《ただよ》く一心なれば即是《すなわちこれ》淳心なり。此《こ》の三心を具して若《も》し生まれずといはば是処《ことわり》有ること無けん」（真聖全一、四〇五頁）と述べられている。『論註』では、不一・不淳・不相続と言われているが、『安楽集』では肯定的に「三信」の形をとっておられるのである。

『観経』に「三心《さんじん》を具すれば、必ずかの国に生ず」（聖典一一二頁）とあり、善導大師はさらに「もし一心少《か》けぬればすなわち生を得ず」（『教行信証』聖典三三六頁）と加えられる。道綽禅師は曇鸞大師の

「三不信」を明らかにするために、『観経』の三心に照らして、本願の機を『観経』の下下品の極悪人をもって明らかにされている。それが、「此の三心を具して若し生まれずといはば是処有ること無けん」なのである。

下下品の機の十念は、称名念仏である。道綽禅師は、観想ではなく称名が凡夫を仏にする行であることを明らかにされている。『大経』の「聞其名号、信心歓喜」（聖典四四頁）の信心も『観経』の三心に照らして、下下品こそ本願の機であるという自覚をあらわされる。

このように、「三心一心」という真宗の重要な問題が、親鸞聖人において一挙にではなく、徐々に明らかにされたのである。『安楽集』以降は、『観経』が教学の表面に出てきている。本願の機は上品や中品ではなく、下下品である。自己に多少でも期待をもつことができる状態では、本願に遇うことはできない。自分は無善造悪であるという限界の自覚において、初めて本願に遇う。

『観経』では下下品に向かって、上品、中品、下品と機が次第に吟味されているが、これを『安楽集』では時機の決判として明らかにしている。上品であると自負していた自己が剝《は》がされて、次第に本願の正機がいかなる者であるかがあらわれてくる。

最も稀な場合をもって人間の真の現実を明らかにするのが史観である

『安楽集』において、時によって人間が暴露されてくるという形で、九品の教説が明らかになった。上三品は、大乗による真如実相第一義空の教説に照らしてある。しかし、空は議論するものではなく成るものである。空を考えるのは学生でもできる。しかし、空に成ることは大変である。

　空は、対象的に考えるものではない。空を考えることは、空に遠い道である。しかし空に成れないと仏道ではないし、だからと言って努力によって成れるものでもない。人間の努力で空に到達し得るのか。本当の空ということを考えてみよ。そのようなことが、上品の衆生に対する批判として出ている。

　上品で説かれるのは、大乗の真理、空である。中品で説かれるのは、小乗である。当今の末法の世に、上品や中品で説かれた教えを実践できた者は一人もいない。倫理でも、完全に実践できる人間はいない。世間の善であろうが、出世間の善であろうが、実践すべき善法と末法における機を比較してみると、実践することができないことがわかる。第一義空はもちろんのこと、五戒十善すら容易ではないのである。それに対して最後に、下下品によって「若《も》し起《き》悪造罪《あくぞうざい》を論《ろん》ぜば、何《なん》ぞ暴風駛雨《ぼうふうしう》に異《こと》ならん」（『安楽集』真聖全一、四一〇頁）と言われる。悪や罪と言えば、暴風駛雨に異ならない。

　このような言葉で、曇鸞大師の罪悪深重煩悩成就があらわされている。起悪造罪を暴風駛雨で表白してあるが、これは或る人間がそうであるというのではない。あらゆる人間の実相がこれである、ということを末法の時代が明らかにしてくる。

　『観経』では、極端な場合を設けて人間を明らかにしてある。たとえば、無善造悪と言うが、凡夫と言っても朝から晩まで悪をしている人間はいない。多少は善いこともする。一善すらないのは稀な場合、無い状態である。まして、そのような人間が臨終にたまたま善知識に遇う。このような、最も稀なことが書いてある。しかし、そういう場合をもって人間の真の現実そのものを明らかにしてくるのが、史観である。末法史観によって、『観経』が前面にあらわれる。『観経』を引き出すのが歴史である。それを通して本願を明らかにするのが、「慇懃」ということである。

史観ということが意味深い。事件をただ事件として客観的に見るのではなく、深い宗教心との関係において見る。そのような見方によって、正像末史観の意味がわかる。宗教心との連関を取り去ってしまえば、文化に過ぎない。そういうことの中に眠っている自分、それが宗教心である。そういう宗教心から事件を見直すと、そこに史観が出てくる。事件を主観ではなく、主観の底に胎動する宗教心として見る場合に、史観が意味をもつ。同時に、史観という限り、独りではない。勝れた人の自覚であった信仰というものが、道綽禅師の教えにおいて、個人の自覚を超えて、誰でも一人残らずあらゆる人間の道となるところに、歴史が個人を超える意義をもっている。

このように、史観には両端を叩く意味がある。歴史は単なる客観でも主観でもなく、人間の実相を暴《あば》くものである。歴史には、人間そのものが本願の機であることを明らかにする意義がある。一生造悪と人間が暴露されるところが、人間の危機であると同時に、悪を恐れなくなる転機になる。危機を知らせて、危機を超えさせる。本願は人間を凡夫であると知らせるとともに、本願に目覚めれば、凡夫が本願を実現する場所になる。人間が宗教的になることは、危機に立たされるとともに危機を超えさせられることである。

これは、曇鸞大師の場合は「煩悩《ぼんのう》成就《じょうじゅ》」（『教行信証』聖典二八三頁）の我らである。『浄土論』では

「衆生」（聖典一三八頁）と言ってあるだけである。「衆生」は何かということがわからない。それを曇鸞大師は『浄土論』の「衆生」の概念を決定するのに、『大経』並びに『観経』に照らして、煩悩成就の衆生であると決定された（真聖全一、三〇七頁参照）。『浄土論』の「衆生」の解釈を手がかりとして、本願の機を明らかにしておられる。煩悩成就の衆生と知らされ転ぜられるとき、人間が本願の機となるのである。悪と知らされるとともに、悪を背負う力が与えられる。本願の機を煩悩成就の衆生として明らかにされる、その端緒が曇鸞大師にあり、道綽禅師の場合は前面に出ている。そこから、善導大師の教学が展開する。

こういう位置に『安楽集』がある。無いところの善は求め、有るところの悪を恐れる。悪と知らされることによって、恐れる心を転ずる。悪を恐れる心を破るのが、信仰である。個人の場合には悪を恐れる心を始末することができるが、個人の悪を恐れる心では背負えないような悪がある。その悪を暴露するのが歴史である。

栴檀の芽という信心が伊蘭の林の中で開くと、伊蘭の林は功徳になる

このような衆生であるということが、実存の仏教としての浄土門の仏教には大切なのである。円満の徳号は大行であるということが第一大門に出ており、それを親鸞聖人は「行巻」に引かれている。そこに『観仏三昧経』からの引文、伊蘭《いらん》と栴檀《せんだん》の喩えがある（『教行信証』聖典一七一頁参照）。毒性の植物である伊蘭の林の中に、栴檀の芽がわずかに生ずるや否や、伊蘭の林を変革するということが出て

いる。そういう梅檀の芽に、念仏の信心が喩えられているのである。

ここに「よく一切諸悪を改変して大慈悲《だいじひ》を成ぜん」（『教行信証』聖典一七一頁）と、変成《へんじょう》ということがある。伊蘭は諸悪の大森林であるが、その中に念仏の信心の喩えである梅檀の芽が出るや否や、転じて大慈悲を成ず。このような積極性がある。悪を恐れる心で悪を作り、悪を作った心で悪を恐れている。悪を叩き壊すのではなく悪を恐れる心を破り、そういう心を突破して人間の心に流れている宗教心が、名告《なの》りを上げるのが信仰である。

悪が悪に目覚めるならば、すなわち信心に立つならば、信心を発した衆生の悪は、かえって宗教を実現する契機に転ぜられる。大慈悲を実現するものへと転ぜられる。人間を悩ませていたものが、かえって仏心を実現するものへと転ぜられてくるのである。衆生の存在が、宗教の真理を実現する材料になってくる。それが、大慈悲を成ずることである。転成を、親鸞は海の徳とされた。これが『観仏三昧経』では、伊蘭と梅檀との関係で述べられる。林や木の芽のはたらきとして出ている。

仏が人間に名告って、人間を仏に転ずる。そういうはたらきをするのが、念仏である。念仏を通して、本願は念仏の信心として成就する。梅檀の芽という信心が開くと、伊蘭の林は功徳になる。その場合に、梅檀の芽が伊蘭の外に生じるのではないというのが大切である。善導大師も「すなわち衆生《しゅじょう》の貪瞋煩悩《とんじんぼんのう》の中に、よく清浄願往生《しょうじょうがんおうじょう》の心を生ぜしむるに喩《たと》うるなり」（『教行信証』聖典二二〇頁）と、梅檀を願往生心と言っておられる。衆生の中にであって、外にではない。仏が衆生の中に生じて、衆生を仏に転ずる。それが如来の意義である。

如は人間の根元性であるが、煩悩は人間の現実性である。凡夫を忘れると、人間の現実性ということがなくなる。どこまでも、宗教心が迷った人間の中に生ずることが大切である。迷った人間に合わせるならセンチメンタルになり、迷った人間を離れるなら単なる観念になってしまう。人間の迷いの中に、人間を突破して人間を根元にかえす。根元に還《かえ》れば、破られた自己は根元の表現になる。

末法の自覚は、修道的人間の立場に立った歴史の受け取り方である

道綽章の四行は、それぞれ教・行・信・証という形をとっており、この最後の一句は、証に当たる。これは偶然ではない。第三行の「像末法滅同悲引」は正像末史観である。それは、道綽禅師の教学の大事な背景になっており、『安楽集』の初めで時を明らかにするのに、正像末史観によっている。つまり、正像末史観は初めから、道綽禅師の教学の背景になっている。第一行の「道綽決聖道難証　唯明浄土可通入」の聖浄二門の決判は、正像末の史観によるのである。

源信章に「専雑執心判浅深」とあるが、この決判もただ教理的にするのではなく、史観、歴史がその背景になっている。「専雑執心判浅深」は、歴史的批判、歴史から決判するという意義をもっているのである。

『安楽集』の第三大門では、聖道・浄土の決判について、理証と教証とが挙げられている。だから「化身土巻」の「後序」に「竊《ひそ》かに以《おもん》みれば、聖道《しょうどう》の諸教は行証《ぎょうしょう》久しく廃《すた》れ、浄土《じょうど》の真宗は証道いま盛《さかり》なり」（『教行信証』聖典三九八頁）とあるように、この正像末史観の問題は、「化身土巻」がその精

神を受けているのである。この「後序」の言葉では、聖道は教だけになるということで、難証として決判されている。それに対して浄土真宗は、証道が盛りであると言われている。つまり、浄土の教は、行証を具しているのである。聖道は自ずから教に止まるが、浄土の教は同時に行証を包んで教・行・信・証一体の信が成り立つ。そういうところから、浄土の教は教・行・信・証という形をとってきた。

しかし、背景をなすものは、時である。教は機に対する概念であるが、教を決判するのは時である。だから『安楽集』の初めに、教と時と機の問題が取り上げてある。時を明らかにするのに、正像末の史観によった。だから、道綽章の四行は教・行・信・証に当たるが、最初の一行が中心をなすのである。

このことは『選択集』が語る。二門章はまったく道綽禅師の『安楽集』によってある。法然上人は、『安楽集』の第三大門の言葉である「大聖を去ること遙遠なる」と「理深く解微なる」（真聖全一、四一〇頁）とを引いて、結局、聖道の教理は時に距離ができたのだと明らかにされる。距離ができたことが滅亡である。教が教に止まってしまい、機の上に行証されない。広く言えば、教のあらわす真理と時機というシチュエーションに距離ができたのである。

そしてさらに教証として、「我《わ》が末法《まっぽう》の時の中に億億の衆生《しゅじょう》、行を起こし道を修せんに、未《いま》だ一人も得る者あらじ、と。当今は末法《まっぽう》なり。この五濁《ごじょく》悪世には、ただ浄土の一門ありて通入すべき路《みち》なり」（『教行信証』聖典三三八頁）という『大集経』の「月蔵分」の言葉が引かれ、聖道には証がないことが述べられている。続いて、『大経』の第十八願の意《こころ》を「是の故に『大経』に云く、「もし衆生有りてたとい一生悪を造れども、命終の時に臨みて十念相続して、我が名字を称せんに、もし生まれずは正覚を取らじ」」（真聖全一、四一〇頁）と、『観経』の下下品を通してあらわされている。

これらの第三大門の言葉によって、法然は二門章を立てられた。法然上人が聖道門・浄土門を明らかにされた根拠は、『安楽集』である。だから『選択集』からいっても、教は『安楽集』である。その教の内容である行ということになって、初めて善導大師を出される。二行章以下はみな善導大師によられる。その『選択集』に、親鸞聖人はよられた。

道綽章に教・行・信・証とあるが、初めの一行の聖道浄土の決判が中心である。それが、自ずから「万善自力貶勤修　円満徳号勧専称」と決定してくる。末法の史観が明らかにしたのは、歴史を通しての人間の五濁の自覚である。釈尊の時代もすでに五濁の世であったが、無仏ということによって五濁が現実化したのである。

『正像末和讃』に「釈迦《しゃか》如来《にょらい》かくれましまして　二千余年になりたまう　正像《しょうぞう》の二時《にじ》はおわりにき　如来《にょらい》の遺弟悲泣《ゆいていひきゅう》せよ」（聖典五〇〇頁）とあるが、宗教的実存を離れれば、このような史観は成り立たない。歴史を、実存的自己を離れてただ客観的な歴史と考えるのではない。古代・中世・近世という範疇と、正・像・末という歴史のカテゴリーとは違う。後者は、実存を離れれば成り立たないのではないか。

親鸞聖人は『教行信証』の「後序」で、「主上《しゅしょう》 臣下《しんか》、法に背《そむ》き義に違《い》し、忿《いかり》を成し怨《うらみ》を結ぶ」（『教行信証』聖典三九八頁）と時代批判をされ、法然上人が流罪になったこと、法然上人によって『選択集』

を伝承されたこと、そして、『教行信証』を撰述されたことを出しておられる。ここを見れば、親鸞聖人が、『安楽集』の末法の自覚を御自身の上に見られたことがわかる。

現代もまた、ある意味での無仏の世界と言ってもよいであろう。原爆は、現代における末法の反復である。一方、聖道の諸教は理想主義であり、個人の努力、能力に対する信頼の上に立っている。そのような個人の努力に対して、絶望せしめるような現実がある。だから、末法の自覚は、修道的人間の立場に立った歴史の受け取り方である。

「後序」では、「法に背《そむ》き義に違《い》し」(『教行信証』聖典三九八頁)という言葉で、外に政治の混乱、内に教界の混乱を批判しておられる。あらゆる思想、あらゆる現象、広く言えば状況全体が実存の自覚の内容として見出されるところに、末法史観がある。宗教的実存を離れれば、正像末の史観の意味はわからないのではないか。

確かに末法というしかない危機的状況ではあるが、その状況には転機という意義がある。ただ聖道仏法の終わりというだけではなく、終わりを転機として、真理が限界状況に達したのである。外に見れば人間の限界状況をあらわす歴史であるが、限界状況を機縁として、状況に対する真理が、もっと深い根元から見直されてくる。釈迦の根本仏教の危機を、釈迦を超えた根本仏教をあらわす転機とする。いわゆる本願の仏法が、危機において危機を超えて立ち上がる力を与えるのである。

『観経』は、正像末の史観が要求してきた経典である

三行目後半の「像末法滅」という末法史観を通して、四行目前半の「一生造悪」という言葉が出てくる。「法滅」の衆生を、「一生造悪」とあらわす。一生造悪という言葉は、第三大門の「是の故に『大経』に云く、「もし衆生有りて、たとい一生悪を造れども、命終の時に臨みて十念相続して、我が名字を称せんに、もし生まれずは正覚を取らじ」」（真聖全一、四一〇頁）に出ている。

第十八願文にはただ「十方衆生」とあるが、『観経』の下下品を通すと「一生造悪」の衆生としてあらわされてくるのである。

「三不三信」も本来は曇鸞大師の御言葉であるが、それを親鸞聖人は道綽禅師のところへ置いて「慇懃」であると言われている。曇鸞大師は三不信を言われたが、三信は言われなかった。道綽禅師はそれを、三信として丁寧に言われたのである。そういう意味で「慇懃」と言われたと言えないこともないが、特に「像末法滅」の衆生にかけて明らかにされるところに、慇懃という意味が出てくるのだと思う。

第十八願の言葉が、道綽禅師によって初めて『観経』を通して明らかになった。『観経』をくぐって本願の精神があらわされるところに、上三祖の龍樹・天親・曇鸞と区別して、道綽禅師以下の意義がある。直接に『大経』の本願文によってではなく、『観経』を通して本願の精神があらわされる。そこに、上三祖と下四祖との区別がある。

龍樹・天親・曇鸞のように直接真実を顕《あらわ》されたのではないが、『観経』の方便を通して彰《あらわ》された真

実は、一貫して本願の真実である。『観経』の方便の意義は、「行巻」には出てこない。「行巻」とその帰結である「正信偈」の主眼は、一貫して本願の真実である。しかしながら、『観経』を通すところに本願が我われに近いものになってくるということがある。

五濁の末法の衆生とは、結局凡夫ということである。凡夫の自覚を明らかにするところに、正像末の史観の意義がある。その凡夫の上に、人間を超えた本願が成就してくる。凡夫と言えば、人間性を失ったものであるが、その凡夫の上に、人間を超えた本願を成就する。凡夫である我らの上に本願を明らかにするという意味で、深広無涯底の本願を我われに近くあらわされたのが、道綽禅師である。『観経』は、正像末の史観が要求してきた経典である。だから末法においては、第十八願が『観経』を通してあらわされなければならない必然性があるのである。一生造悪の衆生の上に、第十八願の三心を、「称我名号」つまり称名念仏に包んであらわされてくる。

我われを超えて我われを総持する力が、称名念仏である

善導大師が本願の文を加減されたことは、一般によく知られていて、普通それは本願加減の文と呼ばれている。善導大師は「一一の願に言わく《のたま》」（『教行信証』聖典三一八頁）と言われた後に、その加減の文を言われる。曽我先生は、善導大師が書き換えられたことによって、かえって本来の本願をあらわす文章になったということで、本願加減の文を還元の文と呼ばれる。確かに、加減されたことによって元に還《かえ》ったのである。

善導大師は、第十八願文を加減することによって三心を念仏に包み、さらに念仏を称名に改めておられる。そのように改められたことによって、四十八願の根本の願、四十八願をして四十八願たらしめている願になった。願に四十八あるのではない。唯一の願の展開として、四十八願がある。第十八願は、四十八願の中の一つの願というだけではなく、唯一無二の願という意味での一願という意味をもつが、善導大師が書き換えられたことによってそのことがはっきりしたのである。

善導大師・法然上人が第十八願を唯一無二の一願とされたのに対して、親鸞聖人は、その一願を二つの相に分けられた。念仏往生の願を、第十七願と第十八願、行の願と信の願に分けてあらわされた。そこに『教行信証』の教学がある。親鸞聖人が第十七願を分けられたのは、善導大師が根本の願を明らかにされた事業、一願の事業を継承されたのである。唯一無二の願を明らかにされた善導大師の事業を継承されたのが、『教行信証』の事業である。称名というところに、第十七願があらわされている。善導大師が願文を換えられた点を、親鸞聖人はさらに明らかにされたのである。

このように、願文を換えることによって唯一無二の願を明らかにするという事業は、善導大師に先立って、実は道綽禅師から始まっているのであった。そういうことからみても、道綽禅師の教学に深いものがあることがわかる。経をもって、経を解釈されたのである。だから、道綽禅師にとって本願の念仏は、いつでも称名念仏である。本願の三心を「称我名号」と換えられた点をもって、親鸞聖人は第十八願を見直され、第十七願の意義を明瞭にされたのである。

本願の念仏の念は、観念という意味の念ではない。本願を離れると、念は仏の相を観念することであるが、本願によれば仏を憶念するのである。それが、称名念仏、名号である。観念と言うと、我われから実在を見る立場を脱していない。我われが実在を見るのは、実は実在自身が我われを呼びかけているのである。ここに立場の転換がある。我われが仏を探すのではなく、仏が我われを呼び求める。我われが仏を憶念するのは、仏に呼び求められているからこそ憶念することができたのである。そこに仏の実現がある。本願の実現として、我われが仏を憶念できるのである。個人の努力を超えた立場が、そこに開かれてきた。我われを超えて我われを総持する力が、称名念仏である。

「行巻」には『安楽集』が引かれているが、そこに「よくこの念仏三昧《さんまい》を念ずるは、すなわちこれ一切三昧《さんまい》の中の王なるがゆえなり」（『教行信証』聖典一七二頁）という言葉が出ている。念仏以外にも三昧がないわけではないが、或る三昧は貪《とん》を除くが瞋痴《しんち》を除くことができず、或る三昧は瞋を除くが貪痴を除くことができず、或る三昧は痴を除くが貪瞋を除くことができず、或る三昧は現在の障《さわり》を除くが過去未来の障を除くことができない。しかし、念仏三昧は過去・現在・未来の障を一挙に除く。だから、念仏三昧は三昧の王であると言われる。そのように述べられている。

三句目に「万善自力貶勤修」とある。人間の努力は、或る問題を一つ解決すると、すぐに他の問題が起こる。一つの問題を解決できたことは一見うまくいったように見えても、全体から見るとかえって大きな害をなしている場合がある。努力とはそういうものである。解決したように見えて、実はそれがかえって一層解決できない現実をあらわす。泥沼に入ったようなもので、努力によって障を断つのは、かえって努力を飲み尽くすような障を呼び起こしてくる。「万善自力貶勤修」という言葉で、理想主義は成り立たないことがあらわされているのである。

それに対して、人間の努力を完全に超えた意義をもつのが称名念仏である。称名念仏は、もろもろの行の中の一つではない。称名念仏によって自己を超えて自己が憶念されるのであり、そこに本当の意味のリアリズムという意義をもつ。ただ教としてあるだけではなく、その教が行証されているところにリアリズムがある。だから、道綽禅師は、第三大門に「一生造悪」という言葉を出し、さらに「若《も》し起《き》悪造罪《あくぞうざい》を論《ろん》ぜば、何《なん》ぞ暴風駛雨《ぼうふうしう》に異《こと》ならん。是を以《も》って諸仏《しょぶつ》の大慈《だいじ》、勧《すす》めて浄土《じょうど》に帰《き》せしめたまう。縦令《たとい》一形《ぎょう》悪《あく》を造《つく》れども、但《ただ》能《よ》く意《こころ》を繫《か》けて専精《せんしょう》に常に能《よ》く念仏《ねんぶつ》すれば、一切《さい》の諸障《しょしょう》自《じ》然《ねん》に消除《しょうじょ》して、定んで往生《おうじょう》を得ん。何ぞ思量《しりょう》せずして都《すべ》て去《ゆ》く心無きや」（真聖全一、四一〇頁）と続けて、『観経』の下下品の精神を明らかにされたのである。

時代の中に自己を見るとともに、自己の中に時代を見た言葉が暴風駛雨である

親鸞聖人が「化身土巻」で「濁世《じょくせ》の道俗、善《よ》く自ら己《おのれ》が能を思量せよとなり」（『教行信証』聖典三三一頁）と言われるのは、ここを受けている。「善く自ら己が能を思量せよ」というのは、我われは最後までどうにかすればどうにかなると自分の能力に固執するが、限界を知るべきである、という意味である。しかし、ここでは「濁世の道俗」とあるように、個人の能力を問題にしているのではない。『観経』の下下品は、個人の能力の限界を自覚するという機の自覚の意味があるが、道綽禅師は、正像末の史観によって下下品を時代の中で現実的に明らかにされたのである。下下品は、凡夫というこ

とである。凡夫の表現が、天親章では「群生」であるが、曇鸞章で初めて「惑染の凡夫」として出て、さらに道綽章で「一生造悪」、そして源信章では「極重悪人」と、このように厳しくなっている。

龍樹・天親・曇鸞においては、内面を自覚した表現が凡夫である。ところが道綽禅師の場合は、内面ではなく世界全体が凡夫を証明してきた。外面まで凡夫が支配して、外即内、内即外となる。外は歴史であり、凡夫ということが歴史的自覚になった。時代の中に自己を見るとともに、自己の中に時代を見てくる。それが暴風駛雨という言葉である。個人を超えさせるものが、歴史として迫っているのである。

歴史が、実在に我われを発遣している。暴風駛雨という人間存在の危機が、「至徳の風静かに衆禍《しゅか》の波転ず」（『教行信証』聖典一九二頁）という大きな転機となってくる。我われを、浮かび上がらせるものがある。本願の招喚と発遣が、ただ教えではなく、我われを取り囲んでいる。歴史全体に発遣があり、歴史を超えたところに招喚がある。発遣と招喚ということも、二尊ということも、実存範疇である。

「彼《かしこ》に喚《よ》ばい此《ここ》に遣《つか》わす」（『教行信証』聖典二八三頁）は、実存範疇である。発遣と招喚が教理としてあるのではなく、我われの全体が発遣と招喚になっている。これが正像末の意義である。ただやたらに悲観しているのではない。正像末には、歴史そのものが発遣しているという意義がある。

正像末の史観は、仏教の歴史にあらわれたように見える。しかし、人間の実存史観としてみると、もっと大きな意味をもつ史観である。ヨーロッパのニヒリズムを生み出すような史観ならば現代的末法史観であり、理想主義の敗北である。しかし、そこから出る現実は、もっと高い本願の現実であって、大きなリアリズムである。これは、物質主義というようなリアリズムではなく、歴史的現実としての真理なのである。

その真理は、凡夫が凡夫を消し失わずして絶対の真理の機となるような、強靭な真理である。暴風駛雨は、神も仏もない世の中というような悲観的な言葉ではなく、野性的な人間の現実をあらわす言葉である。暴風駛雨は、ドイツ文学におけるシュトゥルム・ウント・ドランク、疾風怒濤というようなロマン的なものではなく、人間存在の危機である。その危機が、「至徳の風静かに衆禍の波転ず」という転機になる。

念仏三昧は、普通は個人が実在を観念することであるが、そうではなく、実在が我われを憶念することである。だから、念仏三昧という立場に立てば、我われが実在を忘れても差し支えがない。念仏三昧を離れて我われの立場に立つならば、我われは実在を忘れてはいけないということになる。我われが実在を実現するのではなく、実在が我われを実現している。念仏ということは、根元に我われを呼びかえす意味がある。

暴風駛雨の現実によって、念仏の内容がそのように転ぜられる。念仏は、暴風駛雨の現実を機として、自己自身を表現し実現している真理である。念仏こそ、リアルな意味をもった真理である。親鸞聖人は、末法を昔話にせず、親鸞聖人の時代に反復された。現代において、我われはそれを反復しなければならない。念仏三昧の三昧は、絶対矛盾の統一である。ニーチェの言うニヒリズムのような否定を通して、大きな肯定をあらわすのが三昧である。
最後の一行に「一生造悪」が出ている。道綽和讃でも「一形《いちぎょう》悪をつくれども」（『高僧和讃』聖典四九四頁）と言われているように、我われは、好んで悪を犯しているのでなくても、生きている限り悪を造らずにはいられない。臨終の一念に至るまで造悪の存在であるということが、個人としてではなく歴史としてあらわされている。『観経』の下下品を歴史的現実で証明するのが、末法史観である。一生造悪が妙果を証するという点で、言葉が生きている。一生造悪の衆生をして、妙果を証せしめる。その妙果は大涅槃であり、涅槃を一生造悪の衆生の上に実現するのである。

「至安養界」は往生、「証妙果」は成仏である

「至安養界証妙果」は、『安楽集』にはそのままの言葉はないが、第八大門、第二料簡に引かれる曇鸞大師の『讃阿弥陀仏偈』の次の言葉がそれに相当するのではないか。「安楽の声聞《しょうもん》・菩薩衆《ぼさつしゅ》・人天、智慧《ちえ》ことごとく洞達《とうだつ》せり。身相荘厳《しんそうしょうごん》殊異《しゅい》なし。ただ他方に順ずるがゆえに名を列《つら》ぬ。顔容端政《げんようたんじょう》にして比《なら》ぶべきなし。精微妙軀《しょうみみょうく》にして人天にあらず、虚無《こむ》の身《しん》、無極《むごく》の体《たい》なり。このゆえに平等力を頂礼《ちょうらい》したてまつる」（『教行信証』聖典二八三頁）。

この中心は、最後の「虚無の身、無極の体」であるが、「至安養界証妙果」を押さえようとすれば、ここであろう。善導章の「即証法性之常楽」（『正信偈』聖典二〇七頁）もここから来ている。曇鸞大師がこの讃歌を作られたのは、『大経』の次の経文による。

「かの仏国土は、清浄《しょうじょう》安穏《あんのん》にして微妙《みみょう》快楽《けらく》なり。無為《むい》泥洹《ないおん》の道に次《ちか》し。そのもろもろの声聞《しょうもん》・菩《ぼ》薩《さつ》・天・人、智慧《ちえ》高明《こうみょう》にして、神通《じんずう》洞達《とうだつ》せり。ことごとく同じく一類にして、形《かたち》異状なし。但《ただ》し余《よ》方《ほう》に因順《いんじゅん》するがゆえに、天・人の名あり。顔貌《げんみょう》端正《たんじょう》にして、世《よ》に超えて希有《けう》なり。容色《ようしき》微妙《みみょう》にして、天《てん》にあらず人《ひと》にあらず。みな、自然《じねん》虚無《こむ》の身《しん》、無極《むごく》の体《たい》を受けたり」（『大経』聖典三九頁）。

親鸞聖人は、これを「証巻」に引かれている。「証巻」の証は、真実報土の証、浄土の真証をあらわす。妙果を証すると言うが、個人体験の証ではない。浄土の真証は、自性唯心ではなく公開された証であって、我われが所有することはできない。このことが、必至滅度の願成就、つまり第十一願成就によって明らかにされている。「至安養界」は往生であり、「証妙果」は成仏であるから、この『大経』の経文は往生即成仏をあらわす。これは、第十一願成就の経文ではないが、その精神をあらわし、第十一願成就に順ずる非常に重要な経文として、親鸞聖人はここに用いておられるのである。

この点が明らかになったときに、道綽禅師が『安楽集』ですでに着眼しておられたということに気づかれた。第十八願を加減した願文が、善導大師の『観経疏』や『往生礼讃』に先立って道綽禅師の『安楽集』にあるのも同様である。第十七願の大行によって第十八願の信心が成就し、その信心によって得る証は大般涅槃である。「三不三信」の三信は、至心信楽欲生我国の成就した信心であり、その信心の得る利益は「証巻」では難思議往生である。それが第十一願成就である。努力で往生するのではなく、本願によって往生するのが、難思議往生である。願に因果を言えば、「三不三信」は願因であり、「至安養界」は願果である。その願果は、難思議往生をあらわす。

虚無の身、無極の体を得るとは、無生ということである。難思議往生は無生であり、無生の証が「証妙果」である。生によって無生を得る。生即無生は、往生即成仏をあらわす。無生は、自己にかえることである。往くことによって、かえるのである。真の意味で往くことは、かえることのできたことである。難思議往生の往生は、無生にかえるという意味をあらわしている。往くところがユートピアなら、往くだけであってかえらない。この場合の往生は、難思往生、双樹林下往生になる。

往生に無生という意味がなければ、かえるということがはっきりしない。出てきたところを押さえるから、かえると言うのである。『唯信鈔文意』に「「来」は、かえるという。かえるというは、願海《がんかい》にいりぬるによりて、かならず大涅槃《だいねはん》にいたるを、法性《ほっしょう》のみやこへかえるともうすなり」（聖典五四九頁）とあり、法性には来の字を使われる。「みやこ」とは、かえるところという意味であって、辺地ではない。無生ということがあって、安心を「かえる」と言える。安心するものは信心であり、安心されるものは無生である。安心を言うためには、法性ということがなくてはならない。自己自身にかえるということがないと、安心はない。無生は本覚であり、信心は始覚である。本覚は無生の妙果であり、つまり自己自身にかえった自覚である。それに対して、難思議往生は救済をあらわす。自己にかえることは、自己の努力によったのではない。自己が自己にかえることは、自己自身の救済であるが、本願による。自己が自己にかえることは、本来のはたらきによる。実在のはたらきがなければ、難思議往生と言ってもただ描かれるものになり、その往き先はユートピアである。そこには、理想主義の残滓がある。「至安養界証妙果」が第八大門のこの「安楽の声聞《しょうもん》・菩薩衆《ぼさつしゅ》・人天、智慧《ちえ》ことごとく洞達《とうだつ》せり。……虚無《こむ》の身《しん》、無極《むごく》の体《たい》なり」（『教行信証』聖典二八三頁）の文章から来ているということは、『教行信証』の「証巻」に照らすとわかる。

「三不三信」は第十八願成就であり、「至安養界証妙果」は第十一願成就である。その点が、『安楽集』では「虚無の身、無極の体」で押さえられていることが大切である。親鸞聖人は、「信巻」で三心一心の問答をされたが、そのもとは『安楽集』に出ている。このように、親鸞聖人は、道綽禅師の位置を非常に高く見られる。法然上人も『選択集』の二門章において『安楽集』から引文されることによって浄土門を立てられたということからわかるように、道綽禅師の位置を高く見ておられるのである。しかし、親鸞聖人が浄土の内容も道綽禅師によられたのに比べ、法然上人では、浄土の内容ではなく門という位置だけを認めて、浄土の内容は善導大師によられた。親鸞聖人から見ると、教の他に行証はない。教に行・信・証全体がある。教のままが行証であり、そこに信が成り立つ。

法然上人では、浄土について道綽禅師によられたのは、門という意義だけである。門は入り口であるとともに、また出口でもある。「正信偈」においては、道綽禅師はただ善導大師の先駆者というだけではない。三国の高僧はみな一つの道であり、高いも低いもない。法然上人によれば、インドの高僧である龍樹菩薩であっても評価は低く、かえって中国の高僧である善導大師を特に勝れているとした。中国では道綽禅師の位置は低く、日本では源信和尚の位置は低い。親鸞聖人以前には、まだ各々を個人的に見る見方から脱却していなかった。親鸞聖人において初めて、歴史が明瞭になった。七高僧はことごとく絶対であり、平等である。そのように個人を超えて個人を見るのが、本願の立場である。

第十一章　善導章

18、善導独明仏正意

善導独明仏正意　矜哀定散与逆悪
光明名号顕因縁　開入本願大智海

善導《ぜんどう》独り、仏の正意《しょうい》を明かせり。定散《じょうさん》と逆悪とを矜哀《こうあい》して、
光明《こうみょう》名号《みょうごう》、因縁を顕《あらわ》す。本願の大智《だいち》海《かい》に開入すれば、

善導大師は、如来の本願の智慧に触れて『観経』を解釈された

今度は善導大師である。初めの「善導独明仏正意」の一句が、本願念仏の歴史における善導大師の事業をあらわしている。三国の高僧の伝承をあらわす初めに「顕大聖興世正意」とあるが、ここにあらためて「仏の正意」と出されている。これは、くわしくは仏の興世の正意である。三国高僧はみな二尊の本意をあらわされたが、特に善導大師のところであらためて出し、しかも「独明」と言われて

善導大師の面目をあらわしている。

これについては、特に『観経』の見方ということがある。『観経疏』に代表される善導大師の事業の意義が、「独明仏正意」とあらわされている。善導大師は、『観経』を通して『観経』を説かれた釈尊の出世の精神を明らかにされる。「独明」の独とは、『観経疏』制作の事業、古今楷定《ここんかいじょう》の意義である。『観経疏』「散善義」跋文を見れば、古今楷定のために『観経疏』を造られたことが述べられている（真聖全一、五五九頁参考）。

古今の諸師の解釈を楷定するについて、上の道綽禅師を受けて、『観経』が有力なものになってきている。道綽禅師の時には、時代と歴史という課題が大きい。地域ということを考えるならば、依釈段の最初に「印度西天之論家　中夏日域之高僧」（「正信偈」聖典二〇五頁）とあるように、社会的空間として三国がある。やはり、『観経』が特に歓迎されたのは民族によるのであろう。

『大経』は、五存七欠と言われるように幾度も翻訳されている。これは、『大経』が仏教の歴史に影響し、かつ仏教の歴史とともに歩んだことをあらわす。一方『観経』は、翻訳の上から言っても一経のみである。インドにおいては、大小の無量寿経は有力な経典であったことがわかるが、『観経』は取り上げられていない。民族としては、特に漢民族が『観経』に深い関係があると思う。

『観経』は、ただ浄土教の上に力をもっただけではなく、仏教全体の『観経』でもあった。浄土教の中だけで『観経』が受容されたのではなく、聖道・浄土を問わず仏教全体から取り上げられた。純粋な無量寿経の精神というのではなく、『観経』を通して無量寿経の精神に触れる。そこには、時代ともに民族ということがある。道綽禅師の時代に、初めて民族の上に本願が根をおろしたと言える。それを受けて、善導大師が出て来られたのである。「正信偈」についても、一貫しているのは無量寿経の本願の歴史であるが、善導章からは『観経』が表に出てくる。『観経』を通して無量寿経の本願に触れるという形になるのである。

教理としてはいろいろあるが、実践という問題になると、聖道の諸教と言っても、『観経』が意義をもってくる。『観経』については、浄土教の諸師ばかりではなく、天台智顗《ちぎ》や嘉祥寺《かじょうじ》吉蔵《きちぞう》というような、古今の諸師の解釈がある。「独明仏正意」には、そういう背景がある。古今の諸師は『観経』を解釈されたが、その解釈は仏の正意を明らかにせず、かえって仏の正意を覆う結果になってしまっている。善導大師が「独り」、その間違いを明瞭にして、釈迦出世の本意を明らかにされた。「独明仏正意」は、そういう意味である。

諸師の解釈は、まったく本願に触れない解釈である。「独明」の独は、一応は古今の諸師に対して独りというのであって、道綽禅師や七高僧に対して独りと言うのではない。「善導独明仏正意」に続いて、「矜哀定散与逆悪　光明名号顕因縁　開入本願大智海」（「正信偈」聖典二〇七頁）とあるが、「本願大智海」は、その言葉の出どころを尋ねれば、『大経』「東方偈」の「如来の智慧《ちえ》海は、深広《じんこう》にして涯底《がいてい》なし。二乗《にじょう》の測《はか》るところにあらず。唯《ただ》仏のみ独《ひと》り明らかに了《さと》りたまえり」（聖典五〇頁）の「如来智慧海」であろう。そこには「唯仏のみ独り明らかに了りたまえり」という言葉も出ている。

古今の諸師の解釈と違って善導大師の解釈は、如来の本願の智慧に触れた解釈である。如来の本願に触れた智慧をもって、如来の言説を解釈されたのが、善導大師の解釈なのである。つまり、善導大師があっての釈尊なのである。古今の諸師は文字面だけの解釈であったから、釈尊の正意とまったく違っていた。表面には釈尊と善導大師と二つあるが、裏には如来の智慧海という一つのものがある。「仏説まことにおわしまさば、善導《ぜんどう》の御釈《おんしゃく》、虚言《きょごん》したまうべからず」（『歎異抄』聖典六二七頁）と言われるように、一つのものがある。釈尊を釈尊たらしめているものに触れて初めて、「善導独明仏正意」と言える。如来の智慧を理解するのは、如来の智慧である。そういう意味で、釈尊と善導は同じ歴史の流れの上にあり、そこに伝承があると言える。釈尊と善導には、伝承を成り立たせる一貫したものがある。前のものが後を展開し、後のものが前を承けるのは、歴史を超えた一つのものがあるからである。これは己証であり、己証が伝承を成り立たせるのである。

人間の根底に離言の仏道があり、離言に触れてこそ依言の教説が理解できる

天台大師が著した『摩訶止観《まかしかん》』に、内鑑冷然《ないがんれいねん》という言葉がある。天台大師と釈尊との間には、内鑑冷然たるものがあったというのである。そういうものがなければ、一念三千と言われるような独創的なものが生まれるはずがない。己証は、そのような歴史の底に流れるものに触れるところにある。仏教の歴史は、過去の研究からは生まれない。

今日テキストロジーというのがあって、歴史研究が盛んに行われているが、そういうものをいかに一生懸命やったところで真の仏教は出てこない。仏教は過去から現在へではなく、根底から湧き出る

ものでなければならない。梵語の研究から出てくるのではなく、自己の底から出てくるのである。人間の根底に、真の離言の仏道がある。離言に触れて初めて、依言の教説が理解できる。それが、天台で言われるところの内鑑冷然であり、真宗では己証、禅では教外別伝であろう。自分自身が宗教に立って初めて、宗教を理解できるということである。釈尊の言説は、そこから出る。釈尊の言説を超えて、釈尊の自証に触れるのである。

釈尊の説法も本願成就の正覚の智慧をお説きになったものであって、その釈尊の言説にうなずくのも仏の智慧である。それと同様に、本願成就の言説にうなずき得るのは、信心成就の智慧しかない。阿弥陀仏の本願に触れずに釈迦の言説を解釈するのはまったく間違いであって、原理的には完全に誤解である。

仏教は過去から伝わるものではなく、根元から生まれるものである。根元に触れて初めて、過去の時間と現在の時間がうなずき合える。仏仏相念する。阿弥陀仏の本願に触れてこそ、過去現在未来の仏がうなずき合える。根元に触れたものにして初めて、独明ということが言えるのである。

『観経疏』は、古今の諸師の『観経』解釈を楷定するために造られた。古今の諸師の解釈も一つの解釈であり、善導大師の解釈も一つの解釈である。その一方は正しく、一方は正しくないと決めることができる根拠は、原典批評というところにあるのではない。そういうことを言えば、水掛け論になる。そうではなく、仏説を仏説として明らかにするのである。古今の諸師も原典研究をされたのではなく、実践を通して『観経』を明らかにされたのだが、『観経』を見るのに本願に触れていない。仏の精神に立って仏の精神を明らかにしていない。だから、『観経』を解釈することによって、かえって仏の精神を見誤ってしまうのである。

古今の諸師は、本願という宗教的原理に触れない私的解釈になっている。誤りか正しいかを決定する原理は、本願にある。学問的に正しくても、宗教的には私的解釈である。善導大師独りが仏の正意を明らかにしたというその内容が、「定散《じょうさん》と逆悪とを矜哀《こうあい》して、光明名号《こうみょうみょうごう》、因縁を顕《あらわ》す」である。無量寿経の本願の精神を明らかにするのに、『観経』に依られる。『観経』に依るということが、道綽禅師以後の特色である。つまり『観経』には、方便ということがあるのである。龍樹・天親・曇鸞では、三経は本願真実という点で一つのものとしてある。三経をして三経たらしめているのは、選択本願である。上三祖には方便がない。ところが時代や民族によっては、方便なしには真実を真実としてあらわすことができないのである。

真実から方便をあらわし、方便によって真実に触れると立体的になるが、その立体的な二重性を『観経』はもっている。その二重性を、親鸞聖人は隠顕と言われるのである。直接的に純粋に真実というのではなく、方便を通して真実をあらわしている。善導大師は、『観経』において隠顕の特色に注意された方である。もちろん隠顕という言葉を使われたのは親鸞聖人であるが、善導大師の解釈を通して『観経』を見たときに、隠顕があると見えるのである。このように善導大師は本願に触れた眼によって、『観経』という経典の二重性を見出されたのである。『観経』について、ただ顕だけしか見えないところに、古今の諸師の誤りがあり、隠に触れない解釈であって、顕の義しか見えない。隠の義が、如来の智慧海、本願の大智海である。

観仏と念仏

善導大師は、『観経疏』で「『観経』はすなわち観仏三昧《さんまい》をもって宗とす、また念仏三昧をもって宗とす」(『教行信証』聖典三三三頁)と、『観経』には両宗があると言われる。これは、二重性を指摘している。道綽禅師の場合は、「『観経』は観仏三昧を以って宗と為《な》す」(真聖全一、三八一頁)と言われるだけで、念仏三昧は観仏三昧の中に包んである。そういう点が、道綽禅師を受けて、さらに一歩進んで明瞭にされた善導大師の意義である。胎動していた念仏三昧が名告りを上げた。それが両宗である。古今の諸師のみならず道綽禅師をもってしても、観仏三昧しか見ることができなかった。

古今の諸師も念仏三昧を説かれるが、それは観に誘引するためである。観の眼で念仏を見る。念仏も称名も観のための方便であり、眼目は観にあるという考えであって、念仏を念仏と見る眼が開かれていない。観仏しか見えないのは、浅く幼稚であるということではなく態度の違いである。つまり、自分から見るのは観仏である。見えないのは頭が悪いのではなく、自分が見るからである。人間が経典を見るからである。それでは念仏が説かれていても、観仏しか見えない。

善導大師の根元が、善導大師を破って眼を開いた。そうでないと、念仏の独立性が出てこない。観を破って観を超越したのが、念仏である。そういう念仏を、諸師は見ることができなかった。

それならば観仏を説かずに初めから念仏を説けばよいようなものだが、観によらざるを得なかったところに大きな方便があり、その方便に漢民族が依ったのである。『観経』が重んぜられた意義も、力をもった意味もここにある。もし本願に触れなければ、観仏と念仏との間に区別は成り立たない。観はそもそも仏教学全体の方法を代表する概念であって、広い意味では思惟の道、思惟が道である。信仰は、思惟がないのではない。観は信仰における内面的思惟、今日の言葉では実存的思惟である。観は思惟の道であり、思惟だけが人間が実在に触れる道になる。観は、仏道全体を実践的に代表する概念である。それ以外に念仏があるはずはない。観念するという観と念との間には、何も区別はない。観という字が、大乗小乗を問わず教学を代表する概念である。このような一般理解の立場に立つと、観と念との区別はないのである。

しかし、だからと言って、観仏と区別されるような念仏はないというのは、独断である。善導大師が、『観経』は観仏三昧を宗とし、また念仏三昧を宗とすると言われるのは、本願に触れたからそう言い得るのである。本願に触れていても、観仏と念仏とに区別がつかないのは混乱である。

観仏三昧の観は、人間の努力があらわされている。自己の努力で自己にかえろうとすることが観の字であらわされている。しかし、念仏は努力ではない。念は正念と言って八聖道の一つでもあり、その場合は念が行として取り扱われている。しかし、この念の心理を考えると、それは記憶である。『大経』に「聞法能不忘（法を聞きて能《よ》く忘れず）」（聖典五〇頁）とあるが、この「不忘」が念である。心理としては『成唯識論』に「曽習《ぞうじゅう》の境《きょう》」（「云何爲念。於曾習境令心明記不忘爲性」〈大正三一、二八頁b〉）とあるように、つまり記憶のことである。過去の経験が、記憶の意識作用の特色であって、これは希望というような作用とは違う。

記憶は、仏教では別境のグループに入る。別境とは、特色ある意識作用ということである。過去はすでに無くなったことであるが、無くなったことを無くなったと言えるのは、無くなったものが無くならずに今もあるからである。しかし、記憶が信仰の行として用いられる場合にどういう意味をもつかと言うと、ギリシャの哲学でプラトンなどが言うように想起である。仏教では、念仏である。龍樹章にある「憶念弥陀仏本願」という言葉が、念仏をくわしく言っている。

本願の本とは、もとという意味である。自分の忘れているもとを思い起こす。自己の根元を自覚するのが、信心である。ひとたび根元に目覚めたならば、その自覚は時を貫いて止むことがない。一旦目を覚ましたら、眠ることはない。自覚された願は、自覚した者を統一してくる。根元的統一である。これは、努力ではない。根元自身が、自己を統一する。根元に目覚めたからと言って枝末の経験が消えるのではないが、目覚めた自覚は日常経験によって乱されることがない。日常生活によって奪われることがない。日常に即して日常を超えて、日常を包む。総合統一が、根元の超努力的な力である。観仏などに比較できるものではない。

念仏は、観仏のできない者のために止むを得ず勧めるような小さい努力の中の一つというものではない。人間の努力からは考えることができないのが念仏である。念仏は、人間を破って根元に呼びかえす力である。憶念執持ということがあるが、根元が我われを憶念している。そういうとき、我われは憶念せざるを得ない。無限の連続である。小さな努力の枠を破っているのである。

『観経』について、観仏しか見えないのは、人間の眼で『観経』を読んでいたからである。その場合は結局、私的解釈であって、自分が読むのである。自分の思惟や体験をもとにして読む。それでは経典は読めない。本願自身が、我われを圧迫してくる。本願自身の努力の方が、我われに呼びかけてくる。観の固執を破って、我われの眼を開かせるのが念仏である。善導大師は、そういうものに触れたから、経典が読めたのである。善導大師は自分から解釈したのではなく、読む眼を仏の方から与えられているのである。いろいろな解釈ではなく、これでなければならないというものを押さえるのが、宗ということである。これは、ただ味わうというのではない。

善導大師が『観経』を解釈されたことは、『観経』が選択本願の眼をもって見られたという意味をもつ。釈尊が選択本願に立って説かれたのであるから、選択本願に呼び覚まされた眼でなければ、釈尊の正意を解釈することができないのである。『観経』に観が説かれてあるのは誘引のため、努力に固執している人間を目覚めさせるためである。観の一字に、一代仏教がある。一代仏教を転じて『大経』の本願に開示悟入せしめるというところに、『観経』の使命がある。

『観経』は弘願を顕彰し、『大経』は弘願を広開する

法然上人は、念仏を選択本願念仏と言われたが、念仏は別意の弘願であり、観仏は『観経』の顕説である。別意の弘願が、隠彰の実義なのである。『観経疏』「玄義分」の初めには『観経』の大意が説かれており、そこに「遇《たまたま》韋提、請《しょう》を致《いた》して」（真聖全一、四四三頁）と、韋提希の要請が出ている。韋提希夫人はまず観を求めた。そしてその後に、「しかるに娑婆《しゃば》の化主《けしゅ》、その請に因《よ》るがゆえに、すなわち広く浄土の要門を開く」（『教行信証』聖典三三三頁）とあるように、韋提希の要請に応えて釈尊が定散両門を広く開かれたのである。

「矜哀定散与逆悪」の定散が、「広く浄土の要門を開く」門になる。浄土は本願の世界であるが、門になるのは定散二善である。これと区別して、「別意《べっち》の弘願」（『教行信証』聖典三三三頁）と言う。観というのは、ここで言う定である。韋提希は散善を請うたのではないが、釈尊は散善を付け加えられた。韋提希の要請に散善を説くことで応えられた。韋提希の外の要求に応えられたのである。『観経』では、「別意の弘願を顕彰」（同頁）してある。こういうところから親鸞聖人は、顕彰という字を拾われたのである。

『観経』は別意の弘願を顕彰しているが、広開はしていない。『観経』に広開されているのは、定散二善である。弘願を広開してあるのは『大経』である。要門と弘願が、相対してあらわされている。そのように見れば、『観経』は立体的な経典になっていることがわかる。念仏は弘願の行、人間の努力を超えた如来自身の行であって、要門にまったく包むことのできないものである。しかし、要門の要という言葉は、必要があるということである。善導大師は弘願を真宗と言われるが、人間の立場に弘願をそのまま説いても誤解されるだけである。しかし、説かなければ通路がない。ここに、アポリア（aporia）、行き詰まりがある。

努力無用の自覚を俟って、努力を超えたものに触れる

そのアポリアを開くのが『観経』である。誘引とは、通路を開くことである。浄土の要門というと第十九願のことであるが、その場合の要は重要という意味である。しかし、要には必要という意味もある。方便であるということは、真実に目覚めるためにはそれが必要であることを意味する。定散二善が成り立たないことを、自覚する必要がある。自力無効を知ることが、必要なのである。そうでないと、弘願に触れられない。努力無効を自覚して初めて、努力無用の真理に触れる。人間の努力のままでは真理に触れられないが、努力を止めてしまえばなおのこと触れられない。その場合に、アポリアを開くのは否定の否定である。努力の否定媒介しか、道はない。

否定媒介が、必要な方便である。努力無用の自覚を俟って、努力を超えたものに触れることができる。本来努力を超えているが、努力の挫折の自覚を俟つ必要がある。人間を超えた真理は、人間を必要とする。真理が独走してみても、我われには触れることができない。人間を超えた真理には、人間が要る。人間の努力が無効であると言うのは、有効な努力もあるというのではない。無効が努力の本質である。有効のように思えるのは、思いに過ぎない。無効は思いではなく、本質である。努力しないから、努力は有効だと思う。何もしない人間は、初めから成功している。失敗を恐れるなら、何もしないに限る。

韋提希夫人が観を求めたのは、ある意味ではできないものを求めたということである。人間は、できないものを求める。有るものは嫌で、無いものを求める。外に引きずり回されているのが韋提希で

あったが、その韋提希が内の世界、自分にない世界を求めたのである。釈尊は、その韋提希の求めるものに応えることによって、求めるものの成り立ち難いことを教え、それを通して求める必要のない本願の世界を明らかにした。観は、人間が求めて描くものではないか。観行と言うが、観は描くもの、描かれた行である。本願になると、描かれた行ではない。このように、要門の中に入らないものを要門に包んであらわしてある。

努力の本質は無効であり、その本質を知ることが自覚なのである。努力を捨てるとは、そういうことである。本質を知らないと、ただ止めるだけである。観は、求めても成就しないものだが、本願は求めずして与えられる。そういうところに、観から念に移るときに、見ということが出る。観の成就が見である。観は求めても成就しない。念というところに、観が求めずして成就している。

見という字によって、観仏と念仏との関係が明らかになる。第九真身観に「諸仏を見たてまつるをもってのゆえに「念仏三昧《ねんぶつさんまい》」と名づく」（『観経』聖典一〇五～一〇六頁）とある、これが大事な点である。見のために観を行ずるが、観を行じても見にならない。観をやれば見になるというのは理論であって、実際にはそうならない。観はどこまでも、描くものである。見にならないから、描くしかない。今日はできないが、と明日に延ばす。明日に延ばしたら、永遠に延ばしたのと同じである。延ばすということが、本質である。観は延ばすものとして成り立っている。つまり、描かれたものなのである。本当のものは、かえって求めずして成り立っている。それが真実である。求めずして実現しているのが、行である。仏を念ずるときに、仏である。観と見とが、明瞭に区別されている。

古今の諸師の『観経』解釈は、かえって仏の正意を覆う

「善導独明仏正意」とあるこの最初の一句で、善導大師の一代の事業、善導大師の面目が代表されている。「独」と言っても、他の七高僧に対して独と言っているのではない。仏の正意を明かすことは、七高僧の一貫した事業なのである。依釈段の初めに「顕大聖興世正意　明如来本誓応機」とあり、如来の本願を大聖出世の正意としてあらわしてある。二尊の本意を明らかにすることは七高僧に一貫しており、「仏正意」とは大聖興世の正意である。

大聖興世の正意は如来本誓であり、特にそれが開顕されているのが『大経』である。しかし、善導大師を含めて道綽禅師以後は、『観経』を通して『大経』の精神が明らかにされている。善導大師の「大聖興世の正意を顕し、如来の本誓、機に応ぜることを明かす」という事業は、『観経疏』で代表されている。

もともと『観経』は、ただ浄土門の経典というより、聖道・浄土を通じて実践門の意義をもっていた。それほど『観経』は、漢民族に深い影響を与えたのである。『観経』には古今の諸師の解釈があり、善導大師独りというのは、その諸師と区別して独りと言うのである。古今の諸師の『観経』解釈は、かえって仏の正意を覆うものだと言うのである。その解釈の誤りを正して仏の正意を開顕するという意義が、善導大師にはある。

こうしたことを直接『観経疏』「玄義分」に見てみると、「明仏正意」という精神が『観経疏』を一貫している。古今の諸師の解釈を楷定するということが「玄義分」の跋文に述べてあるので、昔から

これを古今楷定と言っている（真聖全一、五五九頁参照）。

古今の諸師の解釈を楷定された徳を、この一句であらわしてある。これが善導大師一代の業績を代表するものであり、また『観経疏』を一貫して流れる精神である。まずそのことをここで明らかにして、次第に古今楷定の意義を展開してある。

本願を抜きにすれば、観仏と念仏とは区別できない

「矜哀定散与逆悪　光明名号顕因縁　開入本願大智海　行者正受金剛心　慶喜一念相応後　与韋提等獲三忍　即証法性之常楽」。これが、善導大師独りが明らかにした仏の正意の内容である。『観経』の宗について、『観経疏』「玄義分」には「今この『観経』はすなわち観仏三昧《さんまい》をもって宗とす、また念仏三昧をもって宗とす」（『教行信証』聖典三三三頁）という言葉がある。つまり、一経両宗である。一方、『観経』を解釈された道綽禅師の『安楽集』には、「観仏三昧を以って宗と為《な》す」（真聖全一、三八一頁）と、観仏の内に念仏を包んであらわしてある。善導大師になると、観の中に胎動している念仏が、観を破って、観に相対するという形をとっている。『観経』が一経両宗という二重の構造をもっているということを、善導大師は見出しておられるのである。

善導大師の古今楷定の意義は、観仏から念仏を明確に区別したことに要約できる。それに対して古今の諸師は、観仏と念仏とを混乱して解釈している。念仏も観仏の一つだと思うのであって、結局は念仏に触れない解釈になってしまっている。念仏というところに、如来本誓、つまり阿弥陀仏の本願

の独自の意義、別願の別願たる所以がある。そうであるにもかかわらず、古今の諸師は、『観経』をただ観を説いた経典であるとするのである。

観は、仏教一般の実践方法である。仏教の概念は初めから実践的意義をもったものであり、それを代表するのが観である。つまり、仏教の実践的意義をもった「観」が、教学の内容である。大乗・小乗を通じて、教学とは観なのである。

古今の諸師は、一般仏教の立場から『観経』を解釈している。仏教をして仏教たらしめているところの本願は、仏教の原理であり、人間の原理である。しかし古今の諸師は、そういう宗教原理に触れずに『観経』を見ているわけである。その見方は、一般論であり公式的なものであって、独自の本願、別願に触れない立場である。古今の諸師は、一般論を破ってそれを超えた、本願という独自の眼を開いていていない。本願を抜きにすれば、観仏と念仏とは区別できない。念仏と言っても、念は観念することであると解釈する。観仏と念仏は区別がなく、仏の相を観想するということだけのことになる。

しかしながら、選択本願というのは観に入らないものであり、むしろ観の中に観を超えたものをあらわし、そのことによって観を転じて本願に誘引する。そういう意義を、『観経』はもっているのである。

古今の諸師では、観の中で純粋な観の意味をもつのは、定善観である。『観経』は十六観を説かれているので、十六観経とも言われている。これについても、古今の諸師と善導大師とは解釈が違っている。観仏を押さえれば、定善の行ということになる。定善は定心をもって行ずる行であり、観を厳密に言えば、止観である。止は定と言い、特定の態度によって成り立つ行である。定善に耐えない者のために、散善を開く。散善の散は散心と言って、日常的な心のことであり、そういう心で行ぜられるのが散善である。これは、定善から見れば低い。その散善すら不可能な者に対して開かれるのが、称名念仏である。しかし一応、称名念仏も散善のためであり、散善は定善のため、という形になっている。

　定善と言っても、純粋な観となると、空観や唯識観など、どのような観であるかが問題になる。諸法実相を観ずるのは理観と言い、これが純粋な観である。『観経』に説いてある観は、事観という。聖道一般の観は理観であり、実相を諦観する。しかし、これは容易ではない。だから『観経』が歓迎されたのである。念仏も、もともとは事観に導くための方法であった。理観の方便としての事観というわけである。念仏が説かれたのは、劣ったものを事観に誘引するためと見られていた。念仏と言っても、観仏の方便であり、観仏に耐えられないものを誘引するための方法、つまり観仏の代用品として見られていたのである。

　それに対して善導大師は、念仏とは、劣った機を誘引するための方便ではなく、まったく純粋清浄なる本願海をあらわしているのだと言われる。念仏は、絶対不二の一道という意義をもっていると言われる。観は人間の努力だが、人間の努力を超えた、努力不要の純粋仏道の原理が本願であり、純粋仏道そのものが念仏である。念仏は、劣った人間を誘引するものではない。観を完全に超えている。それを観の中に用いてあるのは、観のためではない。念仏は、人間の努力である観が回転《えてん》して、絶対不二の道にかえすためのものである。かえって観こそが方便である。絶対不二の道に信心の眼を開かせるのが、『観経』の眼目である。そのような釈尊の正意を、古今の諸師は覆ってしまっている。だから古今の諸師の誤りを訂正し、『観経』を説かれた釈尊の御精神を明らかにする。善導大師の古今楷定とは、こういう意味である。観仏と念仏は、並んで同じ立場にあるのではない。方向がまったく違い、質を異にする。観は、自分の考えで『観経』を見ることである。それは、人間の考えで経典を見ていることである。いかに深く読んだとしても結局は、自分の考えで経典を読み、自分の読み込んだだけを読み取っているに過ぎないのである。

念仏とは、存在とその根底の間の深い生命的交流である

善導大師はそうではない。読み込んだのではなく、人間が翻され、自己の根元に目覚めさせられ、そのことによって目覚めたものとなる。念仏によって、信心の眼が開かれるのである。信心の眼を開けば、その自己の根底を自覚した信心の眼によって、自己の根底を憶念する。根底を憶念するというよりもむしろ、根底を憶念した時には、すでに根底から憶念されているのである。

そのように、衆生と仏とは、存在とその根底という関係である。念仏とは、その間の深い生命的交流である。我われを取り巻いているのは根底を失わせるような状況であるが、我われが心の眼を開けば、いかに取り巻かれている中にあっても、取り巻かれていることを縁として、根底にかえっていく、根底にかえらされていく。いつでもどこでも、どんな環境にあっても、前後際断して根元にかえるの

である。

根元にかえることによって、状況に耐え得る力を見出してくる。前後際断とは、時間・空間を破ることである。時間・空間を破ることによって、時間・空間に無限である力を見出してくる。その力は、統一力というべきものである。いかなる散乱粗動の中にあっても、それを恐れない。根元の大きな統一の中に組織されていく。これが、信念である。努力によって暗中模索するのではない。実在の統一力を発見したことが、念仏である。実在の統一力の発見が、念仏の意義である。それは、我われが手探りでつかんだものではなく、呼びかけによって目覚めさせられたもの、出遇うものである。決して探究によってつかむものではない。

本願に出遇った深い感激をもって、善導大師は『観経』を読まれた。本願の感激をもって、『観経』を一貫して解釈された。古今楷定にはそういう意義がある。法然上人は、その古今楷定によって廃立ということを明らかにされた。『観経』では、正宗分に定散二善が要門として説かれているが、その定散二善こそ『観経』独特の内容である。釈尊は、韋提希の請によって広く浄土の要門を説かれた。つまり、浄土の要門は定散二善である。それに対して、阿弥陀仏が別意の弘願を顕彰された。別意の弘願は、要門に対する弘願である。弘願は、要門諸行に相対して念仏を明らかにしている。

廃立と隠顕

それについて、法然上人は廃立を言われた。善導大師の事業の中から古今楷定の意義を学び取られて、廃立ということを明らかにされたのである。廃立とは、諸行を廃し念仏を立てることである。この廃立の教学を、法然上人は学び取られた。廃立とは、あれかこれかという Entweder-Oder（エントヴェーダーオーダー）、二者択一である。念仏と諸行は、自分の性格に合う方を選べばいいというものではなく、また能力があるからといって、両方すればいいというものでもない。あれかこれかの判断がなければならない。つまり、自分の努力に立つか、あるいは自分の努力を捨てて本願に立つかであって、二つともに立つということはできない。このような廃立という意義を、法然上人は見出してこられたのである。

『教行信証』にはもちろん、廃立もあるが、さらに隠顕ということがある。親鸞聖人は、古今楷定の意義の中に隠顕を学びとられた。このことは「化身土巻」にくわしく出ている。顕彰隠密は、簡単に言えば、顕と彰に分けられる。古今の諸師は、顕である。彰は、隠密という意味をもっている。そのため彰のほうは、「彰隠密」と三字であらわすわけである。

顕と彰については昔からいろいろな解釈がある。一つの文章もその取り方で二つの意味があるというように解釈されている場合が多い。それならどちらでもよいことになるが、そうではない。彰は、これでなくてはならないというものをあらわす、ということでなければならない。顕れているものはそうだが、彰そうとするものはここにある、ということであり、どちらでもよいというものではない。これを彰そうとしているのだ、というのが彰隠密の意義であり、それは経典の叫びである。それをこそ聞かなければならない。彰は実義、言わんとするところ、叫んでいるところ、つまり声である。経典の声を聞くことが、大切なのである。

観仏と念仏とが混ざって説かれていて、念仏と言っても意味の取り方次第では、観仏であったり本願であったりする。ここは観仏の意味の念仏、ここは本願の意味の念仏だと、そのような見当を言っているのではない。念仏はどこにあっても本願である。古今の諸師は、混乱しているのである。取り方でどうにでもなるというような、だらしのない話ではない。観仏と念仏は、明確に一線を画する。それを混乱しては経典の精神を失う。本願に眼を開くならば、念仏は観仏とまったく質を異にしたものになる。本願を取り去ってしまえば、区別はできない。本願に立つならば、念仏は観を破って観を超えた意義をもってくる。経典の叫ぶところが、つまり本願の精神であろうと思う。

そのように隠顕について見れば、『観経』では、観と見とを区別してある点が大切なのではないか。このことが最も明瞭に出ているのは、第七華座観である。観からさらに、見を開いてある。親鸞聖人は「釈家《しゃっけ》（善導）の意《こころ》に依《よ》って、『無量寿仏観経』を案《あん》ずれば、顕彰《けんしょう》隠密《おんみつ》の義あり」（『教行信証』聖典三三一頁）と言われているが、そういう意味で『観経』の経文は立体的である。その例証を「化身土巻」に挙げ、隠彰の実義として韋提希の別選ということが出されてある。

『観経』序分の中でも特に大切な「欣浄縁」と言われるところに「我今楽生　極楽世界　阿弥陀仏所（我いま極楽世界の阿弥陀仏《あみだぶつ》の所《みもと》に生まれんと楽《ねが》う）」（聖典九三頁）という韋提希の言葉が出ているが、これは釈尊の教を通して根元への宗教的要求に目覚めた言葉である。韋提希は、諸仏を通して阿弥陀仏を選んだのである。つまり『大経』には法蔵の選択本願が出ているが、『観経』ではその選択本願を、韋提希の上に明らかにしてある。

思惟と正受

韋提希は、「教我思惟　教我正受（我に思惟《しゆい》を教えたまえ、我に正受《しょうじゅ》を教えたまえ）」（『観経』聖典九三頁）と、本願の世界を求め、また本願の世界を得る方法を求めた。本願の世界を得る方法が思惟と正受であるが、この言葉についても善導大師と古今の諸師とは解釈が異なっている。古今の諸師は、思惟は散善、正受は定善と解釈しているが、善導大師は概念から言ってもそのようなことは無理だと言われる。思惟も正受も定善をあらわす。思惟は観の方便であり、正受は観の成就だと言う。これが見の意義をあらわすのではないか。

親鸞聖人は、これを「化身土巻」の隠顕の解釈のところで取り上げておられる。善導大師は、思惟を観の方便と言われる。それに対して親鸞聖人は、「「教我思惟《きょうがしゆい》」と言うは、すなわち方便なり。「教我正受《しょうじゅ》」と言うは、すなわち金剛の真心なり」（『教行信証』聖典三三一頁）と述べて、観は方便であり、正受は金剛の真心、真実信心であると言われている。これは、古今の諸師の解釈を楷定した善導大師の解釈をまたさらに変えたのではなく、善導大師の言わんとする意義を明瞭にされたのである。

一見すると、方便を行ずれば思惟によって自然に成就し正受が得られるように見えるが、親鸞聖人の見方はそれとは一線を画する。我われ人間の努力の及ぶ範囲は、思惟というところまでである。ここまでが我われの実践の中に入ってくるのであって、正受は我われの努力を完全に超えた世界だという意味である。観にも像観ということがあり、我われの思惟の及ぶのは、この、仏の像を観ずるというところまでである。第八像観までが、思惟の中に入る。次に出てくる第九真身観は、我われの努力にまったく入らないものであろう。

人間が観ることのできる仏は、人間の思い描いた仏だけである。仏を描くことは本当はできない。夢にも描けないものが仏である。それは、遇って得るものなのであり、描いて努力で実現するものではない。像観は理想観であり、浄土でも仏でも、努力の中で理想として描く。実在の表象は、実在自身ではない。思惟をやっていれば自然に正受にいくというのではない。そのように思惟の限界を示してある。思惟と正受とは方法がまったく違ってくるのである。正受は思惟の延長ではなく、思惟の限界を示すことである。正受というまったく別の方法が生まれているわけである。一般仏教の方法では、本願を見ることはできないのである。

一般仏教を回転するものを、別願と言う。このようにして、釈尊から始まった仏教を回転して、釈尊を超えて釈尊をして釈尊たらしめている仏道が、展開されてきているのである。像観は、「現身の中において念仏三昧《ねんぶつさんまい》を得《う》」（『観経』聖典一〇四頁）と結ばれている。その念仏三昧の意義を明らかにするのが、次の真身観である。つまり、観から念仏を開き、念仏というところに見が出てくる。観仏三昧から念仏三昧を開き、真身観は念仏三昧を明らかにする。そこに見という字が出る。「諸仏を見たてまつるをもってのゆえに「念仏三昧《ねんぶつさんまい》」と名づく」（『観経』聖典一〇五～一〇六頁）という有名な言葉である。

観は見のためにするのであるが、その見が成就する保証はどこにもない。見を求めて見が成就しない。念仏において、見を求めずして見が成就するという意味が出てくる。見が正受、つまり真実信心の世界である。念仏が真実信心を開く。そして信心を開くならば、信心の自覚において深広無涯底の本願を憶念し、かつ憶念される。仏仏相念の世界が展開されてくる。

観は観想、こちらから観る立場である。観を観ると言うならば、見はあらわれることである。観る立場を転じて、あらわれる立場を開いてきた。これが『大経』の仏法である。仏教一般から『大経』の仏法に至るまでには、どこかに方法論の回転があった。仏教一般を破って根元の仏教に立場を見出したところに、『大経』の教学、念仏の教学がある。これが大事なことである。

観仏と見仏

古今の諸師も『観経』を解釈したのであるが、善導大師がより深く解釈した、というのではない。善導大師の方が、頭が良かったというのでもない。こちらから解釈する立場が古今の諸師であるが、善導大師はそうではなく自分の方が目覚めさせられたのである。向こうの方から開かれてきている。経典の叫びを聞き、叫びに触れて、経典を読む眼を開かされた。自分の識見で読んだというのではない。

『大経』「智慧段」に、見ということが出ている。阿難が五体投地し合掌礼拝し頭を上げるや否や、阿弥陀仏の光を見た。その光によって、また阿弥陀仏の世界を見た。見られて、見た。阿弥陀仏の光により賜った眼が、阿弥陀仏を見る。「世尊《せそん》、願わくは、かの仏・安楽国土《あんらくこくど》およびもろもろの菩薩《ぼさつ》・声聞《しょうもん》大衆を見たてまつらん」と。この語《ことば》を説き已《おわ》りて、すなわちの時に無量寿仏《むりょうじゅぶつ》、大光明を放《はな》ちて普《あまね》く一切諸仏の世界を照らしたまう。金剛囲山《こんごういせん》・須弥山王《しゅみせんのう》・大小の諸山《せん》、一切所有《しょう》みな同じく一色なり。たとえば劫水《こうずい》の世界に弥満《みまん》せる、その中の万物《まんもつ》、沈没《ちんもつ》して現ぜず。滉瀁浩汗《こうようこうかん》として、唯《ただ》大水を見るがごとし。かの仏の光明またかくのごとし。声聞《しょうもん》・菩薩《ぼさつ》、一切の光明みなことごとく隠蔽《おんぺい》して、唯《ただ》仏の光の明曜顕赫《みょうようけんかく》なるを見たてまつる」（聖典七九～八〇頁）と雄渾な文章で語られる。このような世界を広く説いたものが、「願生偈」の二十九種荘厳である。

これは、光に埋没しているのである。光に照らされて、光を見れば見る自分も、見られた光の中に解消してしまう。光ならざるはない。仏を描こうという心を捨てれば、捨てるところに描く必要のないものを見出す。求めることが消えて、光の中に埋没している。求めるのは、遇っていない証拠である。見ていないから、見ようとする。見ようとすることで、見ることから遠ざかる。その努力の虚しさが見えてくるとともに、そこには虚しさがない。そういう世界が描いてある。

観仏は結局、暗中模索の世界であるが、見仏は模索する余地すら与えない世界である。我われが実在に照らされて、実在そのものの中に組織されてしまう世界である。この二つはまったく違うのであり、比較できるものではない。思惟の道と正受の世界は、完全に一線を画している。思惟もだんだん行けば正受になるというのではない。求めることを捨てるところに求めずして成就している。それが、本願念仏の世界であり、信仰の世界である。

親鸞聖人が「「教我正受《しょうじゅ》」と言うは、すなわち金剛の真心なり」（『教行信証』聖典二二一頁）と言われるように、観と見の立場はまったく違う。観によって求めたものが、見において求めずして成就している。つまり我われが仏を見ることは、実は仏自身の実現として成り立つのである。仏自身のあらわれとして仏を見る。我われが仏を見るということは、実は仏自身が自己を実現しているはたらきである。

根本仏教は、釈尊が説いたのではない。釈尊の意義を明らかにしている仏道、釈尊によって証されている仏道である。釈尊が成道されたことにより、あらゆる衆生が仏であることが証明されている。一切衆生はみな仏であると証したのが、釈尊である。我われのために、我われをして仏たらしめている本願を、釈尊が証されたというのが、根本仏教である。その根本仏教の行を、念仏と言うのである。釈尊に始まる仏教は観を説いたが、観は、釈尊が証したことにより釈尊だけを仏にするのではなく、あらゆる衆生を仏にする。衆生をそのことに目覚めさせるために証されたのである。

ここに、教えに触れて自己の根元から湧き出してくる、仏教の原理がある。打てば響くと言うが、自己が響くのである。自己の考えの延長線上に描くのではなく、脚下に見出すのが仏道である。これから努力して理想を実現していくというのではない。つまり実在に触れる道は、いかなる善もたすけにならないし、いかなる悪も碍《さまた》げることができない。なぜなら、我われは皆すでに実在の内にいるからである。本願の内にいながら、自己の思いに迷って外に求めているわけである。本来あるものに目覚めないために、かえって描いたものを求めてしまう。

定散二善は、行ではなく機をあらわす

善導章第二句に「矜哀定散与逆悪」と、定散ということが出ている。定散の行に希望を抱いている間、つまり自己信頼のある間は、本願に遇うことができない。念仏が見えない。努力の成就し難さに虚しさを感じ、自分の努力はただ暗中模索であって、やせ我慢だと見えてくる。それが自力無効ということである。自力無効という自覚がなければ、信仰は成り立たない。信仰は回向の信心と言われるが、回向の信心に大切なのは、自力の無効の自覚ということである。大言壮語するところに、回向はない。

自力無効の自覚をくぐれば、もう自力を必要とせず、一切衆生がそのまま安んぜられる。永遠の生命の泉に触れているからである。理想を描いている間は、そういうことはできない。理想を描くことが暗中模索だと見えてくる。自力無効と言うが、有効の自力はない。無効が自力の本質である。有効に見えるのはやらないからで、やってみれば無効とわかる。自力を捨てるということが、無効の自覚にある。止めるのではない。止めるなら、それはむしろ捨てない立場である。

定散二善は、努力をあらわす。努力は、人間がどうにかすればどうにかなるという、どこにも保証のない主観的確信の上に立てられたものであり、それが定散二善ということである。これを親鸞聖人は、「定散《じょうさん》の自心」(『教行信証』聖典二一〇頁)と言われている。定散二善を修するとは定散自心に迷うこと、自分の思いに迷うことである。どうかすればどうかなるという、自分の思いに迷うわけである。

『観経疏』「序分義」に「定善は観を示す縁なり」や「散善は行を顕《あらわ》す縁なり」（『教行信証』聖典三三六頁）という言葉があるように、定散二善は一見すると行のようである。しかし善導大師は、『観経疏』「序分義」で「これは一切衆生の機に二種あることを明かす。一つには定《じょう》、二つには散《さん》なり」（同三三四頁）と言われるように、実は機なのである。「定散二機」（『唯信鈔文意』聖典五五七頁）をあらわす。定散は善の機であり、逆悪は悪の機である。つまり「矜哀定散与逆悪」とは、善悪の二機を矜哀するという意味である。古今の諸師は、定散を機と思わずに行だと思っていた。それでは念仏の行は見えない。定散二善の中で見るから、念仏も努力の一つとなるし、しかもそれが代用品としてである。定散二善は、自力の本質が無効であるという自覚がないまま、自己自身に迷っている。希望の上に立てられたものである。行と言うけれども行ではなく、実は機をあらわしている。

善導大師は、「序分義」の散善顕行縁の解釈（真聖全一、四八七〜四九二頁）で散善を明らかにされた。定散二善について、善導大師と古今の諸師との解釈にははっきり違いがある。諸師の解釈では、「思惟」は散善で「正受」は定善であり、定善も散善も韋提の求めたものであり、さらに『観経』のいわゆる散善顕行縁と呼ばれている一段が正しく散善に応えるところであって、後の十六観は定善に応えられている、となっている。しかし善導大師では、そうではない。『観経疏』「玄義分」に「定善の一門は韋提の致請にして、散善の一門は是《これ》仏の自説なり。」（真聖全一、四四六頁）とあるように、韋提の求めたのは定善であって、散善は韋提が求めなかったものである。定散二善を機と見る立場からは、こういう意味になる。

韋提希は定善の機を代表して求めたが、それだけなら散善の機は漏れるであろう。韋提希は求めなかったが、一切の機を漏らさず、定善に耐えられない機をも摂取し、定散二善の機を回転して本願の機（信心）とするために、釈尊は散善を説かれた。転機、つまり回心である。定散は、定散を求める機であって行ではない。だから、諸行や雑行、あるいは万行と言う。邪定聚・不定聚・正定聚と言うように、いろいろあって、変わるものが機である。それに対して、変わらないものが法である。

誰にあっても変わらないものが、法である。古今の諸師は、定散二善を行法だと見ていた。これでは、法も見えず機も見えない。結局、自分自身の心に迷っているので、自分自身の心がわからない。自分の心がわからないから、行を描く。人間は、自分の心に夢をもつ。「私も捨てたものではない、何かできるはずだ」と思うのが、人間である。

行としてみると散善よりも定善ということになり、結局、実相観が中心となる。一般仏教で、念仏よりも散善、散善よりも定善、定善の事観よりも理観が上、ということになるのは当然である。これを機としてみると、逆悪ということが重要な意義をもってくる。逆悪の機こそ本願の正機、つまり悪人正機である。「弥陀《みだ》の本願には老少《ろうしょう》善悪《ぜんあく》のひとをえらばれず。ただ信心を要《よう》とすとしるべし。そのゆえは、罪悪深重《じんじゅう》煩悩熾盛《ぼんのうしじょう》の衆生《しゅじょう》をたすけんがための願《がん》にてましますと」（『歎異抄』聖典六二六頁）と言われるように、本願の機は、罪悪深重煩悩熾盛の衆生である。

実業の凡夫こそ人間の実相である

定散も矜哀の中に入るが、矜哀の重いことを逆悪があらわしてくる。それには、自己自身に迷っているものを矜哀するという意味がある。逆悪を機として、そこに逆悪もさまたげにならない願を明らかにしてくる。定散に徒《いたずら》に理想を描いていることに対して矜哀する。さらに逆悪に人間は絶望するので、矜哀がなければならない。逆悪に対して人間は、絶望するほかはないのである。それを転じて、定散にも逆悪にも変わらない、善もたすけにならず悪もさまたげにならない、平等一如の確信を人間に開いてくる。『観経』の面目は、悪人正機が明らかになってくるということ、悪人が本願の機になっているということである。これは、深い痛みである。

このような問題がどこから来るかと言うと、韋提希に対する見方からである。諸師は、韋提希をただ文学的に象徴と見ていた。大乗経典の一つの象徴として、初めから権化《ごんけ》の仁《にん》と見ていた。つまり、『観経』には韋提希といういかにも凡夫である人間像が描いてあるように見えるが、それはあくまで像であり、実は菩薩なのだ、凡夫を教化するためにわざと凡夫の形をとられたのであって、本来聖者なのだ、というようにしか、諸師は韋提希を見ない。経文を複雑に、意義深く見てしまって、言葉通り読むことができない。凡夫と書いてあるのに、文字通り凡夫と読むことができない。

一般仏教から言えば、凡夫というのはそれほど重い意味をもたないし、罪悪も人間の過失に過ぎない。煩悩と言っても、客塵煩悩《きゃくじんぼんのう》と言うように客塵として表面的に迷っているだけだと言う。人間に対する見方が精神的なものを失わない見方、つまり人間観が理想主義的である。罪悪はあるのだが、罪悪を媒介として、アウフヘーベン、止揚しているのだと考える。否定もあるけれども、否定はさらに大きな肯定のためだ、と観念操作することができる。

しかし、善導大師はそうではない。凡夫ということが人間の本質であり、精神は妄想だとご覧になる。定散二善は努力というけれども、それは精神主義ではないか。清沢満之の反対を言うようであるが、精神主義をかなぐり捨てる。本願の仏教は、宗教が精神主義でないということを明らかにするのである。善導大師は、正に文字通り経典の中に自己をご覧になったのである。凡夫こそ人間の実相であるとご覧になった。人間の本質は精神であると見るのは、我われの夢想に過ぎないのであって、凡夫というところに人間の実相がある。定散を機と見る立場は、こういうところにあるのではないか。そうではない立場は、ただ自分の考えているままが考えている自分だと思う。自分に起こってくる考えの如きものが自分である、と思う。人間に起こる考えが考える通りに、人間を捉える。それでは、人間に対する理解が表面的である。

考えは泡のようなもの、浮いたものである。人間を人間たらしめているのは、観念ではない。もっと深いところに人間を生かしているものがある。それは精神といったものではない。むしろ物質と言ってよいと思う。それをあらわすのが業である。業という思想は、精神主義に対する一つの抗議ではないか。精神が人間の本質であるという解釈を否定するものが、業という思想にある。

精神は、現実を精神で支配しようとする人間の傲慢さの遺跡である。精神は現実を支配できるものだと考えるのが、精神の傲慢さである。現実は精神を否定するものではあるが、精神の弁証法的な発展のための契機に過ぎないと考えるのは、精神の驕《おご》りである。そういう精神の傲慢さや驕りを打ち砕くのが、業ではないだろうか。もちろんマルクスの言うような物質ではないが、言うならば人間物質である。

業を社会科学などで洗練してくれれば、経済構造といったものも出てくる。そういうもののもとになるものが業である。言葉ではあらわせないが、もしヨーロッパの言葉であらわせばNaturではないか。人間を、業道自然として見てくる。人間の本質を、Naturに見て、Geist（精神、心、霊魂）やSeele（霊魂、心、精神）に見ない。業には、そういう人間観の回転がある。

精神の驕りや妄想を捨てるところに、大地にかえされるという意味が、業にはある。業が大地となる。かえされるところが、また同時に立ち上がるところとなる。立ち上がらせるものが本願である。本願は、業として、業という繋縛において我われを招喚している。

機については九品ということがあるが、ここにも定散がある。定散と逆悪を、『観経』では九品であらわしている。これは行の差別ではなく機の差別であり、上上品に定善を入れる。この九品の解釈がまた、善導大師では古今の諸師とまったく異なる独自のものがあり、善導大師が力を尽くされたところである。

上品は大乗の聖者、中品は小乗の聖者、そして下品は大乗始学の凡夫としてある。諸師は聖者を人間の一つのタイプとして見るが、善導大師はそうではない。大乗の聖者ではなく大乗に遇った凡夫であり、小乗の聖者ではなく小乗に遇った凡夫であるとご覧になる。全部が凡夫であって、ただ遇った縁において異なっているだけであるとする。人間の本質は凡夫だが、人間の形態が縁によってあらわされる。縁によっていろいろに変わるのが、凡夫であるとする。

自分で自分を変え得ると思うのは、自己解釈である。変えるのでない。変えられているのである。善い心が起こると、その心に迷い、善いことができるものだと解釈する。しかし、そうではない。善い心が起きることは、そういう縁に遇ったということであり、能力の如何《いかん》ではない。結構なご身分だというだけのことで、誇るべきものではない。

同じように逆悪も、ただ勝手に、慰めに逆悪を起こしているのではない。起こさざるを得ないのであって、この縁を責めることは誰にもできない。起こさざるを得ずして起こしている。それが人間の本質である。それまでの解釈は、業を個人的に解釈したから間違っていた。縁に遇うのが、業である。縁に遇って、動かされていく。遇うという自覚が、凡夫の自覚である。聖者には、遇うことがない。思った通りにいくのが聖者であって、聖者にはいろんなプランも立ち得る。しかし、遇うということが、業としての人間である。そういう人間であればこそ、また本願にも遇うのであり、凡夫でなければ遇うということはない。聖者の自覚からは、本願に遇えない。業ということが、遇縁ということで凡夫を規定している。人間の実存的解釈として、大切な規定ではないかと思う。

諸師は、人間の本質を精神として見る、本質仏教の立場である。それに対して善導大師は、人間の本質を実存として見られる。本願の仏教は、実存仏教である。宗教は精神的なものである、と見るのを止める。そこには、大きな回転がある。自然ということは『観経』にはなく『大経』に多いことが昔から注意されている。業道自然・願力自然・無為自然を、三自然としている。自然は無為というのが、本当なのであろう。三つが別にあるのではない。

自然が、仏教でいう実存の意味である。精神を捨てて、自然に帰する。我われを迷わせるのは自然ではなく、精神の分別である。自然の道理は因縁であり、自然の現実的内容は業である。業を形而上学的に考えるのは外道であって、因縁ということが、分別を超えているということである。因縁に目覚めないから、分別によってしまう。精神主義は、分別主義である。

19、行者正受金剛心

行者正受金剛心　慶喜一念相応後
与韋提等獲三忍　即証法性之常楽

行者《ぎょうじゃ》、正《まさ》しく金剛《こんごう》心を受けしめ、慶喜《きょうき》の一念相応して後《のち》、韋提《いだい》と等しく三忍《さんにん》を獲《え》、すなわち法性《ほっしょう》の常楽を証せしむ、といえり。

矜哀・顕・開入という動詞が、文章の連絡を作っている

「善導独明仏正意　矜哀定散与逆悪　光明名号顕因縁　開入本願大智海　行者正受金剛心　慶喜一

念相応後　与韋提等獲三忍　即証法性之常楽」。「善導独明仏正意」の一句に、善導大師一代の事業が代表されているように思う。「独明」に、『観経疏』制作の事業、古今楷定の意義があらわされている。仏の正意はもちろん、「依釈分」の最初に出ている「顕大聖興世正意　明如来本誓応機」、つまり如来の本誓をもって大聖興世の正意とするということである。

これは『大経』の所説であるが、『大経』にあらわされている本願の精神を、『観経』を通して明らかにされている。本願の眼で、釈尊の教説を明らかにされた。そこに、「独明」の意義が出る。「独明仏正意」の内容を、次の三句「矜哀定散与逆悪　光明名号顕因縁　開入本願大智海」であらわす。「本願の大智海に開入すれば」となっているから、「すれば」は次につながるが、しかし一応は切れているといえる。切れて続く。「開入せしめられる、そして開入せしめられるのだから」というように、次へと移っていく意味になるのではないか。

定散と逆悪とを矜哀し、光明名号の因縁をあらわして、それによって本願の大智海を開き、それに入らしめる。「独明仏正意」の趣旨が、ここまでで完全に尽くされている。仏の正意を明らかにされたのをここまでの三句で、そしてその要点を後の四句であらわすのではないか。如来の本願をあらわすのが、仏の正意である。その本願の要《かなめ》を「行者正受金剛心」（「正信偈」聖典二〇七頁）以下であらわす。本願の要は、信心である。信心を成就して、それによって仏たらしめる。成仏の因たる金剛心を成就する。これが本願の要点である。こういうことで、矜哀・顕・開入という動詞が、文章の連絡を作っていることがわかる。

「矜哀定散与逆悪」は、逆悪だけではなく、定散も矜哀されることを示す一句である。定散と逆悪であらゆる機をあらわす。本願は、あらゆる機を矜哀するのである。定散は善機、逆悪は悪機であり、善悪の機を平等に矜哀して、それを本願の大智海に悟入させる。その本願の大智海を法としてあらわすのが、光明名号である。善悪の機を矜哀して、善悪を超えた法をあらわす。光明名号は、法になる。古今の諸師では一応、定善散善を法と考える。しかし定善十三観、散善九品に分けられるということは、法と言っても機の制限を受けているから、機の制限のある法という意味になる。機の差別があるのが、純粋な法でない根拠である。差別された法は、純粋な法とは言えない。機の色を帯びた法ということになる。

そして古今の諸師は、韋提希は定善を求め散善を求めたと解釈するが、それは言葉から言っても無理がある。「思惟」も「正受」も定善の名であるというのが、善導大師の解釈である。散善を求めたのではない。『観経疏』「玄義分」に「思惟正受は但是《ただこれ》三昧の異名なり」（真聖全一、四四八頁）と言われるように、思惟は観の方便であり、正受は観の成就であるから、結局韋提希は定善を求めたのだと言う。また、「定善の一門は韋提の致請にして、散善の一門は是《これ》仏の自説なり」（真聖全一、四四六頁）とあるように、定善は韋提希の求めたものであるが、散善は釈尊自らお説きになったと述べてある。釈尊の自説に、あらゆる機を、定善に耐えない者をも漏らさない配慮があらわされている。

しかし、『観経』の、この「正受」という概念には、隠顕という深い意味がある。思惟をやっていれば自然に正受が得られるというのではないし、求めるけれども与えられるものではない。徒《いたずら》に求めるが成就しないということが、実践の上にある。

描いているものを描いているものだと覚らせて、自己にかえらせる

「開入本願大智海」の次に、「行者正受金剛心」とある。このもとは『観経疏』「帰三宝偈」の「正受金剛心」（聖典一四七頁）であり、『観経』の「教我思惟、教我正受」（聖典九三頁）とは場所が違うが、そういう意義がある。韋提希は定善を求めたが、求めたものは必ずしもできるものではない。思惟を求めるのは、思惟の成就する機をあらわすのではなく、思惟を求めずにはおれない縁に触れたということである。人間には、できないものを求めるということがあるのである。

思惟を求めることで、かえって韋提希自身が「散動の根機」（『教行信証』聖典三三四頁）であること、悲劇によって動乱された機であることがあらわれる。思惟によってたすかると思うのは、頭で描くだけである。悪のあるものは、悪を見ずにかえって善を求め、求めた善によって悪を克服しようとする。徒《いたずら》に求めるが、それは成就しない。求めること自体が、深い根拠からではなく、どうにかしようという分別の立場から出ている。現実から逃げ出そうとするのである。このように、釈尊が韋提希に定善を説かれたことは、散機を定善に入らしめるためだというのが古今の諸師の解釈である。しかし善導大師の精神を徹底すれば、定善を求めるのは散善の機である。散善を求める者に対して散善を与えるのは、かえって混乱させるだけである。人間は、正反対のものを求める。しかし、描いたものによって実現しようとする道は、かえって人間を混乱させるのである。

結局、定散二善を求めるのは、定散に迷っている心である。親鸞聖人はその心を、「定散自心」と言われている。凡夫の心に迷って、凡夫である自分に聖者を描く。描いたものを破って現実にかえすのが、『観経』の教えである。描いたものに応えることは、人間を混乱させることなのであって、描いたものを現実にかえらせるのが、発遣である。描いたものを破ると言うが、描くなと言っても、破ることはできない。描いたものを描いたものだと知らせる現実がある。描いたものは当為であり、定善散善は当為としての法である。当為で描くと、描いた当為が、実現できない自己を暴《あば》くという、大きな矛盾がある。これは二律背反である。理想と現実の二律背反を自覚させる。

こういうところに、『観経』の教えが方便と言われる意味がある。二律背反の自覚は、二種深信で出ている。描かれた理想が現実なのではなく、理想を描くところに現実の人間がある。聖者を描くのは、凡夫の証拠である。描くままが凡夫なのである。凡夫が凡夫を引き受けない。凡夫に直面しようとしない。凡夫に迷っているのが、定散自心である。それだから、描かれたものが描くものの本質ではない。結局、描いているものを描いているものと自覚させて、描いていない自己にかえらせるしかない。

凡夫のいろいろな形態が、定散の機である。善も悪も縁による。善は善の縁に遇った凡夫であり、悪も悪を犯す縁に遇った凡夫である。縁に動かされるのが、凡夫である。凡夫は、単に能力の欠如態なのではなく、現実に生きているのである。自分に理想的人間を描くのは、動かされて生きているのだということを、自覚しないからである。それは迷いである。描いているものを描いているものだと覚《さと》らせて、描いている自己にかえらせる。二律背反が、それにかえらせる。矛盾が、現実にかえしていく。

逆悪も矜哀されるが、定散も一層矜哀される。自己の描いたものに自己を失っているというところに、矜哀がある。定散によって逆悪を克服するのは、人間の理想主義の高揚である。理想主義は理想主義自身によって倒れるのが、理性の二律背反である。定散も自己に迷っている衆生であって、一層矜哀がかかる。

悪を嫌うのは自心に迷っているのだが、善を好むのも同じことであり、無い善を徒《いたずら》に求め、有る悪を嫌う。善悪の分別が、定散自心である。人間の分別的構造を矜哀する。だから、矜哀されるのは逆悪だけではない。凡夫を自覚しない凡夫が、矜哀されている。そして、法は差別することがない。定善散善は法ではない。それを法と考えると、迷わせる法になる。定散は法ではなく、機である。善悪を超えて善悪を包んだ法、そういう純粋な法をあらわすことによって、区別している機を純粋な機、平等の機に転ずる。到達点からは法も機も平等だが、機は差別するところに原則がある。

思想が思想に破れて絶対現実の世界をあらわすのが、仏の智慧海である

こういうことがあって、善導大師は『観経疏』「玄義分」に「五乗をして斉《ひと》しく入らしむ」（真聖全一、四五九頁）ということを言っておられる。「開入本願大智海」の「入」は、そこから出ている。「斉」は等しいという意味である。前に「凡聖逆謗斉回入」ということがあったが、「行巻」では「皆同斉」（『教行信証』聖典一八九頁）という言葉に強めてある。これは、「玄義分」の言葉によられているのである。

『教行信証』「行巻」には「大小の聖人《しょうにん》・重軽《じゅうきょう》の悪人、みな同じく斉《ひと》しく選択《せんじゃく》の大宝海《だいほうかい》に帰して、念仏成仏すべし。」（聖典一八九頁）とあるが、これはつまり、機をえらばないということである。『法華経』は二乗皆会の立場だが、善導大師の場合、もっと広く五乗皆会、いわば凡聖皆会である。二乗と言うと、聖だけになる。「開入本願大智海」の「開入」という字は、『法華経』「方便品」の「開示悟入」（「諸佛世尊。唯以一大事因縁故出現於世。諸佛世尊。欲令衆生開佛知見使得清淨故出現於世。欲示衆生佛之知見故出現於世。欲令衆生悟佛知見故出現於世。欲令衆生入佛知見道故出現於世。」〈大正九、七頁a〉）から来ている。開入は開示、悟入は仏智見であり、三乗を回して一乗を開く。本願の大智海を一乗とあらわすのは、善導大師である。

五乗の衆生を導いて一乗の本願である『大経』の本願に入らしめるのが、『観経』である。あらゆる衆生を入らしめるところに、初めて『法華経』の課題に応えているというのが善導大師である。『法華経』は聖だけだが、本願は凡聖斉しく、である。聖者といっても、勝れた人間があるのではない。世間生活に埋没せずに、思想を立場として、思想の力に立っているのが聖者である。思想がすべてと思う立場が聖者であり、背に腹は代えられないのが凡夫である。

勝れた思想に立って、現実を見てゆくのが聖者である。現実を思想の展開の契機に転ずる。そういう信念を立場にするのが、聖者である。これをもっと深い反省から見ると、思想をもち得る状態にいるというだけのことである。思想が思想に破れて絶対現実の世界をあらわすのが、仏の智慧海ではないか。海が絶対現実をあらわす。矜哀という字は、人間の根元から人間全体を見た言葉である。

人間の立場から人間を見るならば、価値の欠如態が逆悪になる。そうすると、そこには誇りと卑下、成功と失敗がある。善を為し得た誇りと、悪に対する絶望がある。誇りも絶望も、絶対現実の自己を見失っているのである。人間の根元である絶対現実から、人間の全体を見通すならば、聖者も結局、人間の一現象形態に過ぎない。上中六品は聖者であり下三品は悪人凡夫であるが、凡聖ともに凡夫の現象形態である。聖者は、聖者という形で現象している凡夫である。


真理は、人間を殺すと同時に人間を生かし、人間を根元にかえす

『法華経』の二乗皆会に対して、『観経疏』の「五乗斉入」は深い。人間全体を見通すところに矜哀があり、機を超えた純粋な法をあらわす。人間の描いた法ではない。法という言葉からは、教理だけを考えるが、教理も法の形態である。法性は、主観・客観の意識の構造を離れてあらわになるものである。およそ人間の思考し得る形態を止めて、ものがもの自身をあらわしてくる。描かれたものが法なのではない。法に照らして、初めて自己や自覚が成り立つ。法によって見られた自分、そこに自己がある。

法がないと、自己が見えない。そこから実存的人間や社会的人間という、いろいろな解釈、いろいろな人間観が出てくる。これは、自己が自己によって自己を解釈したことである。法によって見える自己は、人間に自覚された法ではないか。法を純粋に考えなければならない。正法によって正見を得る。法を求めるけれども、法が描かれるだけであって、定善散善は理想的に描いたものである。描かれたものは当為、Sollenであるが、当為の法はそうではなく、本当の意味のSeinである。

法とは、実在をあらわす。我われによって描かれたものではなく、実在の真理である。それが法性であり、我われの思いで変えることのできないものである。ただ実在と言っても、実在に形はなくわからないが、実在としての真理がある。そういう真理に触れて、人間は実存に転ぜられる。そういう衆生が、行者である。

これはSollenやSeinではあらわせないが、真にあるものであるがゆえにあるべきものである。そして真にあるべきものは、本来あるものである。そのような真理に出遇えば、その真理に触れることによって描くものが破られ、描いているものに死んで、かえって現実の自己に生きるものになる。つまり実存になるのである。

定散二善は人間を救うのではなく、かえって人間を迷わせるものである。止《や》めるならよいが、本当に真面目であろうとする人間を、矛盾に陥らせるものである。理性が純粋なものであるならば、理性をもつ人間はかえって理性に背くものであると、理性自身が明らかにするのではないか。描くということの放棄に即して、描かれたものを単に描かれたものではなく、現実として与える。真理は、人間を殺すと同時に人間を生かすもの、人間を根元にかえすものである。描かれた真理は、発展の夢に覆われているものであり、かえって人間を迷わせ流転させるような真理である。

法という言葉は、これまでにある概念で代用させたり置き換えたりすることができない。用語例は多く見られるが、その中に教法もある。教法は所依の法、行法は所修の法、証法は所得の法と言われる。教・行・証は、道という形で具体化された法である。法は、人間を凡夫である状態から仏にする真理である。仏法によって仏が生まれた。法は仏の状態にするものである。本当の意味で仏教における存在そのものと言えば、法になるのではないか。仏教の存在論は、法法性論ではないだろうか。

矜哀・顕・開入という動詞で捉えられる動きを見ることが、大切である。矜哀は、実在に立って人間を見るときに実在の痛みをあらわす言葉である。そして実在が、実在を失っているものを痛んで、人間を実在にかえす法に自己をあらわしてくるのが、光明名号である。法によって根元が道となる。人間の方法で、法にかえることはできない。人間の方法によって人間にかえることが可能なら、それはヒューマニティ（人間愛、人間性）であろう。

ヒューマニティからは、人間は迷ったものという、つまり迷悟の範疇は出てこない。迷うものを矜哀し、それを覚らしめる実在が、実在に迷っているものを実在にかえらせる法になる。これが、方便であろう。方便は方法である。これにまで具体化してくる。実在にかえることとは、実在自身が法になることによる。実在を自覚することも、実在のはたらきによる。はたらく実在、実在の運動と言ってもよい。実在が用（はたらき）となり、実在である自体にかえす。実在自体がはたらく。他にはたらき、はたらくことによって自にかえす。他の形をとることを媒介として、自にかえす。方便という概念ははたらきであるが、意味は媒介ということが出てくる。

実在が人間を矜哀し痛むような具体的な法になった、それが光明名号である

方便は、媒介概念である。媒介にならないものは、方便にもならない。権化方便も施造方便もあると言われ区別するが、一つではないか。権化ということが施造したものであるという意味をもたなければならないのである。権化は、仮に立てたものである。施設は、他の形に自己を立てることである。だから、権化も施造の意味をもたなければならないであろう。もしそうでなければ、方便にすらならない。権化であっても、方便になることが大切である。他の形をとるが、他の形をとった自体である。自体がまったく無くなって他の形になったら、それは虚偽である。虚偽になったら、方便にもならない。

自己否定ということも、自己のはたらきである。自己否定によって自己が自己でなくなるのではない。自己否定は自己の否定態であり、自己でありながら他の形をとる。実在が法にまでなったとき、実在は本願である。実在が、人間を矜哀するような実在、人間を痛むような実在として法になった。それが光明名号であり、仏法である。

これは、形なき本願が形をとるということである。本願は、自分に形がないから、人間という他の形をとる。本願は、定散や逆悪に現象している人間に通ずる形をとる。光は見るものであり、名は聞くものである。つまり、聞く、あるいは見る、などという形をとる。本願は、見られるもの、聞かれるものになる。そのことによって我われに、声無き声を聞き、形無き形を見る道を開いてくる。声無き実在が声となり、無色無形の実在が、色や形として見られるものになる。人間の形をとった実在が、

光明名号である。方便法身ということを曇鸞大師が言われるのは、こういう意味である。「光明《こうみょう》名号《みょうごう》、因縁を顕《あらわ》す」。光明は縁であり、名号は因である。因縁は、分別ということと区別する言葉ではないか。分別を超えて、どう考えようが考えを超えて人間を動かすものが、因縁である。分別して描かれるものではない。分別されないものが、かえって人間を動かす。分別の立場や思想の立場を超えて、純粋な意味の行がはたらく。実在の運動、実在の行である。実在が行ずるわけである。

思想や分別の道は、聖道である。思想という立場をとる仏教が、聖道門仏教である。それは、どうしても人間から出発して人間を超えて行こうとする道である。そうではなく、人間の考えとはまったく別に、分別があろうがなかろうが無関係に、分別にかかわりなく分別を超えて人間を動かす。どんな考えをもとうと、もっと人間の根底から動かす。そういう根元の自覚が、信心である。自覚と言っても、分別的自覚ではない。因縁によって因縁を自覚するのである。自覚も因縁の中にある。

この根拠は、「正信偈」の前の『往生礼讃』の引文にある（『教行信証』聖典一七四頁参照）。その引文の中で、諸仏平等であるが特に阿弥陀仏を明らかにするという問題を取り扱ってある。「行巻」そのものが、本願を法としてあらわすのである。

弥陀の証は諸仏と平等であり、因位の本願に弥陀の弥陀たる独自性がある

諸仏と弥陀の関係だが、衆生と諸仏を媒介的に成就するのが弥陀ではないか。大乗仏教では、一切衆生が皆仏であるということを教えるが、それを成就させるのが弥陀である。諸仏と弥陀は、果であ

る証において区別するわけにはいかない。さとりの世界に、高い低いはない。証に立てば、仏は平等である。これは、仏教で大切な点である。証についてまで、弥陀の証は諸仏と平等でない唯一の証であるなどと言うと、theism（人格神論、唯神論）の考えになる。

そうでなく、証は平等である。証という点で、諸仏と弥陀に区別はない。禅も念仏も、証において区別はない。証をいかに実現するかという道、方法に区別があるだけである。仏の区別は、菩薩の因位本願による。証をいかに具体化するかということが、つまり本願である。区別のない仏を、菩薩で差別する。平等の証を、いかに具体化するかにある。だから善導大師は、「諸仏の所証は平等にしてこれ一なれども、もし願行《がんぎょう》をもって来《きた》し取るに、因縁《いんねん》なきにあらず。しかるに弥陀《みだ》世尊、もと深重《じんじゅう》の誓願《せいがん》を発《おこ》して」（『教行信証』聖典一七四頁）と言われる。弥陀独自の意義は、本願に立って考えなければならない。因位の本願に、弥陀の弥陀たる独自性がある。独自の方法によって、平等の証を実現する。大乗仏教を具体化する方法が、ここにあるわけである。

善導大師は続いて「光明《こうみょう》名号《みょうごう》をもって十方を摂化《せっけ》したまう。ただ信心《しんじん》をして求念《ぐねん》せしむ」（『教行信証』聖典一七四頁）と言われる。この言葉で、弥陀仏の誓願の独自の意義を明らかにされている。平等即差別であり、証は平等であり、本願に差別がある。弥陀とは、差別として具体化された平等を言うのである。弥陀とは、因位法蔵を媒介とした如来を言う。弥陀の本願に独自の意義があるから、その本願を別願と言う。別願の内容は、光明名号をもって十方を摂化するということである。実在が、実在自身を具体化した。我らの側に求められているのは、ただ信心だけである。我らの仕事はその信心を明らかにすることである。「行者正受金剛心　慶喜一念相応後」（「正信偈」聖典二〇七頁）は、求念された信心をあらわす。

絶対の法によって五乗の機に自覚として生まれたのが、信心である。証には区別はないが、信に区別がある。宗教はみな信仰ということを言うが、鈴木大拙には禅と念仏というテーマ、曽我量深には救済と自証というテーマがあるように、念仏の信はキリスト教のように単純にはいかない。ティリッヒは、解脱の上に立った宗教、あるいは福音に立った宗教、また観念論的な形をとった宗教などが、宗教の形態として考えられると言う。

真宗は、善悪の範疇で人間をあらわしている。そこに倫理的、福音的と言われる所以がある。大乗仏教の中でも、『大経』の宗教は信仰の仏教である。信仰はみな共通というのではなく、信一つに全体がある。信で、教・行・信・証全体を代表させる。厳密な意味の信仰の仏教が、念仏の仏教である。浄土真宗は、純粋に信仰としての大乗仏教である。龍樹菩薩は易行を言われるが、それは「信方便の易行《いぎょう》」（『教行信証』聖典一六五頁）である。信をもって方便とするのが、易行である。

念仏は、信心の道、信心の仏道である。曇鸞大師は、「信仏の因縁《いんねん》」（『教行信証』聖典一六八頁）ということで易行道の意義をあらわしておられる。因縁は、方便になる。弥陀仏の誓願独自の意義は、信仰の道として覚りを明らかにしたところにある。自己が自己になる道を信仰として明らかにしたと、言えると思う。

禅などは、悟りに、つまり終わりに重きを置く。信は、ただ序の口であり、初めに過ぎない。初めから終わりへ、というのは人間の考えだから、これはわかる。本願の立場はわからない。初めは、終わりが終わりへと始まったのである。終わりから始まった。証という平等が、信という差別として具体化してきた。その点に、阿弥陀仏の本願の意義がある。宗教は即信仰というような、簡単なものではない。仏道をどこまでも信仰という形で具体化したのが、『大経』の仏法である。したがって、光明名号が福音になるのである。

安田　理深（やすだ　りじん）

仏教哲学者、真宗大谷派僧侶。

1900年、兵庫県生まれ。青年時代は禅やキリスト教などを学ぶが、金子大栄の著作に影響を受けて1924年大谷大学に入学、曽我量深に師事する。1935年頃より京都で学仏道場「相応学舎」を主宰し、唯識論や親鸞思想などの講義を行った。生涯無位無官を貫き、在野にて自己の思索を深めるとともに、後進の指導にあたり多くの学生・僧侶らに影響を与えた。1982年、逝去。

著書は、『信仰的実存』（文明堂）、『人間像と人間学』（文栄堂）など多数。

その他、『安田理深選集』全15巻・補巻・別巻4巻（安田理深選集編纂委員会編、文栄堂）、『安田理深講義集』全6巻（相応学舎編、大法輪閣）などがある。

正信偈講義　第三巻

二〇一五年　七月二〇日　初版第一刷発行
二〇一八年一〇月一五日　初版第二刷発行

著　者　安田理深
編　者　相応学舎
発行者　西村明高
発行所　株式会社　法藏館
京都市下京区正面通烏丸東入
郵便番号　六〇〇-八一五三
電話　〇七五-三四三-〇〇三〇（編集）
〇七五-三四三-五六五六（営業）

装幀　山崎　登
印刷・製本　中村印刷株式会社

© Sōgakusha 2015 *Printed in Japan*
ISBN978-4-8318-4098-1 C3015
乱丁・落丁本の場合はお取り替え致します

願心荘厳	安田理深著	二、二〇〇円
正信念仏偈講義　全五巻	宮城　顗著	二七、六七〇円
正信念仏偈講義　全三巻	仲野良俊著	一五、〇〇〇円
講話　正信偈　全三巻	寺川俊昭著	一三、五九二円
金子大榮講話集　全五巻	金子大榮著	一五、〇〇〇円
曽我量深説教集　全十巻	西谷啓治 訓覇信雄編 松原祐善	三五、〇〇〇円
CD版　曽我量深説教集　全三集		各一〇、〇〇〇円

法藏館　　価格税別